本成果受河北大学燕赵文化研究院学科建设经费资助
本书得到河北大学政府管理与公共政策研究中心支持
河北省社会科学基金项目“京津冀劳动力市场一体化对农民工就业水平影响研究”的阶段成果（项目编号：HB19GL067）
河北省教育厅重点项目“就业质量视域下推进农民工市民化的对策研究”的阶段成果（项目编号：SD201014）
河北省人力资源和社会保障厅项目“河北省失业保险基金结余促就业功能研究”的阶段成果（项目编号：JRS－2019－1025）

欧洲失业保险制度及其启示研究

于艳芳　李　林　铃青莲　著

中国财经出版传媒集团
中国财政经济出版社

图书在版编目（CIP）数据

欧洲失业保险制度及其启示研究 / 于艳芳，李林，铃青莲著．-- 北京：中国财政经济出版社，2020.5

（国家治理体系和治理能力现代化研究丛书．民生卷）

ISBN 978-7-5095-9695-1

Ⅰ.①欧…　Ⅱ.①于…　②李…　③铃…　Ⅲ.①失业保险制度－研究－欧洲　Ⅳ.①F845.061.5

中国版本图书馆 CIP 数据核字（2020）第 036650 号

责任编辑：彭　波　　　　责任印制：史大鹏

封面设计：卜建辰　　　　责任校对：胡永立

中国财政经济出版社 出版

URL：http：//www.cfeph.cn

E-mail：cfeph@cfemg.cn

社址：北京市海淀区阜成路甲 28 号　邮政编码：100142

营销中心电话：010-88191537

北京财经印刷厂印装　各地新华书店经销

710×1000 毫米　16 开　14.25 印张　232 000 字

2020 年 5 月第 1 版　2020 年 5 月北京第 1 次印刷

定价：68.00 元

ISBN 978-7-5095-9695-1

（图书出现印装问题，本社负责调换）

本社质量投诉电话：010-88190744

打击盗版举报热线：010-88191661　QQ：2242791300

前　言

失业保险制度是国家通过立法强制实施，由社会集中建立失业保险基金，对非因本人意愿中断就业失去工资收入的劳动者提供一定时期的物质帮助及再就业服务的一项社会保险制度。失业保险制度对于化解社会风险，缓和社会矛盾发挥着巨大作用。世界大多数国家和地区都相继建立了失业保险制度，尤其是欧洲失业保险制度经过多次改革，逐步成熟完善。

《欧洲失业保险制度及其启示研究》一书以凯恩斯的有效需求理论、劳动闲暇理论、岗位搜寻理论、自然失业率理论等为基础，运用文献研究法、历史研究法、比较研究法以及定性与定量分析相结合、总量与个量分析相结合的方法，在对欧洲9个典型代表性国家失业保险制度的基本内容、运行政策和主要特点进行研究的基础上，比较欧洲各国失业保险制度的差别，评价欧洲失业保险制度的运行效果和面临挑战，并针对我国失业保险制度具体情况，提出相应的完善对策。

基于以上研究思路，本书主要从三个部分，分十一章展开研究：

第一部分，研究的基础，主要为第一章和第二章。包括选题背景与研究意义、国内外文献研究综述、研究内容与框架结构、研究方法与主要创新点，欧洲失业保险制度相关概念界定和相关理论基础，为本书的研究提供了理论支持。

第二部分，研究的主体和核心，主要为第三章到第十章。从纵向深度剖析欧洲失业保险制度，研究欧洲失业保险制度的发展历程和历史演进特点；从横向深入剖析欧洲失业保险制度，研究有代表性、典型性的9个欧洲国家失业保险制度的基本内容、运行政策和主要特点；对欧洲失业保险制度进行国别比较和总体评价，主要是运行效果评价以及风险挑战探析。

第三部分，研究的落脚点，主要为第十一章。在对我国失业保险制度运行进行评价，分析失业保险制度功能障碍与原因的基础上，借鉴欧洲失业保险制度经验，提出完善我国失业保险制度的具体对策。

本书在撰写过程中参考了国内外专家的优秀研究成果，本书的顺利出版得到了中国财政经济出版社的支持和帮助。在此一并表示感谢！

目　　录

第一章　导论 …… 1

第一节　选题背景与研究意义 …… 1

第二节　国内外文献研究综述 …… 2

第三节　研究内容与框架结构 …… 10

第四节　研究方法与主要创新点 …… 12

第二章　相关概念界定与理论基础 …… 15

第一节　相关概念界定 …… 15

第二节　相关理论基础 …… 21

第三章　欧洲失业保险制度的历史演进 …… 28

第一节　欧洲失业保险制度的起源 …… 28

第二节　欧洲失业保险制度的发展 …… 30

第三节　欧洲失业保险制度的完善 …… 32

第四节　欧洲失业保险制度的演进特点 …… 34

第四章　德国失业保险制度 …… 37

第一节　失业保险制度基本内容 …… 37

第二节　失业保险制度运行政策 …… 43

第三节　失业保险制度主要特点 …… 51

第五章　英国失业保险制度 …… 54

第一节　失业保险制度基本内容 …… 54

第二节　失业保险制度运行政策 …… 58

第三节　失业保险制度主要特点 …… 65

第六章　法国失业保险制度 …… 69

第一节　失业保险制度基本内容 …… 69

第二节　失业保险制度运行政策 …… 75

第三节　失业保险制度主要特点 …… 78

第七章　瑞典失业保险制度 …… 82

第一节　失业保险制度基本内容 …… 82

第二节　失业保险制度运行政策 …… 89

第三节　失业保险制度主要特点 …… 100

第八章　北欧、西欧其他代表性国家失业保险制度 …… 104

第一节　丹麦失业保险制度 …… 104

第二节　比利时失业保险制度 …… 111

第九章　中欧、南欧其他代表性国家失业保险制度 …… 119

第一节　匈牙利失业保险制度 …… 119

第二节　意大利失业保险制度 …… 127

第三节　西班牙失业保险制度 …… 137

第十章　欧洲失业保险制度国别比较与运行评价 …… 151

第一节　欧洲失业保险制度国别比较 …… 151

第二节　欧洲失业保险制度运行效果 …… 158

第三节　欧洲失业保险制度面临挑战 …… 162

第十一章 欧洲失业保险制度对我国的启示 …… 168
第一节 我国失业保险制度的历史变迁 …… 168
第二节 完善我国失业保险制度的必要性和可行性 …… 170
第三节 我国失业保险制度运行评价 …… 175
第四节 我国失业保险制度面临的障碍及其原因 …… 183
第五节 完善我国失业保险制度的对策 …… 186

参考文献 …… 193
后记 …… 217

第一章

导　　论

第一节

选题背景与研究意义

一、选题背景

就业是民生之本，安国之策。失业和就业是一个问题的两个方面。一直以来，失业问题都是困扰一国社会经济发展的关键问题，引起了国内外政府官员、专家学者的广泛关注。失业问题处理不好，必然会影响社会的安定团结，制约社会经济的向前发展。所以，解决失业问题具有十分重要的政治、经济以及社会意义。

20 世纪 30 年代，欧洲各国初步建立了失业保险制度，通过实行一系列劳动立法缓解失业给经济运行造成的冲击。自 20 世纪 70 年代中期的石油危机以来，随着经济增长速度放缓，欧洲的失业率开始增长，特别是 20 世纪 90 年代以来，失业率持续居高不下，失业成为政策制定者和社会公众最关注的重要问题之一。为了应对失业问题，欧洲各国不断进行失业保险制度的改革，逐渐形成了各自的特点，且卓有成效。总之，欧洲率先建立的失业保险制度对于化解社会风险，缓和社会矛盾发挥着巨大作用。

近年来，我国失业保险制度建设受到党中央、国务院的高度重视，多次提出完善失业保险制度，既要保障好失业人员的基本生活，又要充分发挥失业保险预防失业、促进就业的作用。而我国的失业保险制度虽然在覆盖范围、基金规模、保障生活功能方面取得了重要成就，但无论是制度本身建设还是从发挥制度促进就业、预防失业功能方面，都仍存在一些问题，亟须完善。欧洲失业保险制度为我国失业保险制度的改革提供了一条可供借鉴的路径。我国应该借鉴欧洲失业保险制度的经验，结合我国实际情况，不断完善失业保险制度，缓解失业问题。

二、研究意义

首先，通过探讨现有相关概念和理论的研究成果，界定欧洲失业保险制度相关概念，厘清基本理论的思路，深入理解失业保险制度的内涵，揭示失业保险制度的本质，为进一步研究提供新的视角。

其次，通过对欧洲失业保险制度的深入探讨，全方位剖析其历史演进、基本内容、运行政策、主要特点以及国别比较和运行评价，为进一步研究奠定基础。

最后，借鉴欧洲失业保险制度的经验，为完善我国失业保险制度，构建保生活、防失业、促就业“三位一体”失业保险制度提供基本思路和具体措施。

第二节 国内外文献研究综述

一、国外文献研究综述

（一）失业保险制度对就业的消极影响

Feldstein（1982）通过实证研究，认为与未参加失业保险的失业人员相比，获得失业保险金的失业人员重新找到工作的时间延长，更多的享受闲暇。Meyer（1990）通过大量的调查发现，失业保险金越高，重新寻找工作所花费的时间则更长；并且获得失业保险金的条件越宽松，失业率也越高。[①] Jackman，Layard 和 Nickell（1996）提出，导致欧洲失业的原因有三个，其中第一

① Meyer. B. Unemployment Insurance and Unemployment Pells [J]. Econometrica，1990，58（4）：757-782.

个就是失业救济导致了欧洲长期的失业。Blanchard（2000）总结了各种制度对失业的不同影响，他认为影响失业的制度因素中首要的是失业保险制度，认为慷慨的失业保险从两个渠道增加了失业。Julie Berry Cullen 和 Jonathan Gruber（2000）发现，高水平的失业保险津贴不仅打击了失业人员再就业的积极性，也减少了失业人员家人的劳动供给。R. A. Mundell（2009）认为，高水平的失业保险收益不利于促进失业人员再就业。Blanchard 和 Wolfers（2010）对 20 世纪 90 年代早期失业增加进行了研究，认为这一时期的动荡根本上是由宏观经济震荡所带来，并且分析认为慷慨的失业保险金待遇导致了失业的增加。William Beranek 和 David R. Kamerschen（2015）通过大量的实验数据证明，如果目前领取失业救济的失业工人获得更多的福利，那么平均失业期和失业水平都将增加。[①] Andersen，Torben 等（2014）认为失业保险待遇水平过高容易滋生享受待遇人员的懒惰心理，导致失业者积极寻找工作的主观意愿降低。[②] Conny Wunsch（2015）认为就业支持计划有可能减少失业人员主动寻找工作的积极性和努力程度，因此最佳做法是在失业初期提供支持，且时间不能太长。[③] Schmieder 等（2016）研究表明失业保险受益期延长对再就业工资具有显著的负效应。[④]

（二）失业保险制度对就业的积极影响

Karan（1991）认为，为失业人员提供失业保险金虽然提高了失业人员的保留工资，但失业人员重新就业时有较高的就业质量；而且享受失业保险金的失业人员重新就业时的工资水平比未享受失业保险金的人员要高。[⑤] Low（1991）认为失业人员重新寻找工作时，享受失业保险金的失业人员可以把这

---

① William Beranek，David R Kamerschen. Unemployment Benefits and Unemployment [R/OL]. Social Sciences Research Network. http：//papers. ssrn. com/sol3/papers. cfm? abstract_id = 1756263. 2015 - 11 - 10.

② Torben M. Andersen，Michael Svarer. The Role of Workfare in Striking a Balance between Incentives and Insurance in the Labour Market [J]. Economica. 2014（321）.

③ Conny Wunsch. Do Long - term Unemployed Workers Benefit from Targeted Wage Subsidies? [J]. German Economic Review，2015，16（1）.

④ Schmieder，J. F.，Till. von Wachter，and Stefan Bender. The Effect of Unemployment Benefits and Nonemployment Durations on Wages [J]. American Econconomic Review，2016，106（3）：739 - 777.

⑤ Karan. Unemployment Insurance and Job Search Decision [J]. Industrial and Labor Relations Review，1991（30）：505 - 517.

笔资金用于系统而有目的的搜寻工作，可以节省时间和精力，重新找到工作的效率更高。[①] Davidson 和 Woodbury（1997）通过对失业保险制度的构成要素进行对比研究，发现失业保险金领取时间越长，失业率越低，在假定基金数能够无限支撑的条件下，支付期应该无限期延长，从而达到失业率的理论最低值。[②] Carling 等（2001）通过对瑞典失业保险基金的分析，发现在 20 世纪 90 年代瑞典将失业保险替代率从 80% 下调到 75%，这一改革措施激励了失业人员在失业期间积极寻找工作，避免了失业人员对失业津贴的依赖，同时，再就业率上升了约 10%。[③] Basvander Klaauw 以及 Jan 和 Van Ours（2010）介绍了荷兰鹿特丹"胡萝卜加大棒"形式的失业保险制度，肯定其具有激励失业人员再就业的积极作用，并用实证研究表明，相比再就业津贴，处罚可以促进失业人员更快实现再就业。[④] MartaLachowska 和 MerveMeral 和 StephenA. Woodbury（2016）在对再就业者的收入、工作时间、就业和工作匹配质量进行的研究结果表明：失业保险对再就业有积极影响，可以缩短再就业时间。[⑤] Soltes（2017）的实证研究表明，发达国家失业福利增加与生产力增长呈正相关。失业金慷慨度提高 1 个百分点，生产力增长 0.8% ~1.1%。[⑥]

（三）完善失业保险制度的对策

Meyer（1990）提出向快速就业并保持新工作一段时期的失业者提供再就业奖金，可以加快失业者的再就业。[⑦] Fredriksson 等（1998）认为随着失业期

---

① Low. The Effect of Unemployment Insurance on Unemployment: The Case of Federal Supplemental Benefit [J]. The Review of Economics and Statistie, 1991 (2): 34 -38.

② Davidson C, Woodbury S A. Optimal Unemployment Insurance [J]. Journal of Public Economics, 1997, 64 (3): 359 -387.

③ Carling et al. The Long Road to Flexicurity: The Development of Job Security Regulation in Denmark and Sweden [J]. Nordic Political Science Association, 2010, 32 (4).

④ Bas van der Klaauw, Jan C. van Ours. Carrot and Stick: How Reemployment Bonuses and Benefit Sanctions Affect Job Finding Rates [J]. IZA Discussion. Paper, 2010 (7): 1 -31.

⑤ Marta Lachowska, Merve Meral, Stephen A. Woodbury, Effects of the Unemployment Insurance Work Test on Long - term Employment Outcomes [J], Labour Economics, 2016 (5): 246 -265.

⑥ Soltes M. Does Unemployment Insurance Affect Productivity [R]. Charles University: Institute of Economic Studies (IES), 2017.

⑦ Meyer, Bruce. Umployment Insurance and Unemployment Spells [J]. Econometrica, 1990, Vol, 58 (4).

的延长，失业金水平应不断下降，从而刺激失业者快速就业。[1] M. Innerhand（1999）梳理了七个欧洲国家（包括丹麦、芬兰、瑞典）的国家税收和救济条例的规章制度，并用经济学方法对大量数据进行了比较分析，研究指出这些国家的失业保险和社会救助制度存在很多不足，大量失业人员对失业津贴产生依赖，在领取失业保险金期间不愿意再去寻找工作，建议用最低工资政策与失业保险相结合的模式来改善福利。Boone 等（2000）认为受到福利惩罚的失业者会更加积极地搜寻工作。[2] Lalive 等（2005）和 Arni 等（2013）发现，警告也可以促使没有满足求职要求的人加快求职速度，缩短失业金领取时间。[3] Brown（2006）建议从提高机制效率的角度对失业保险制度进行改革，他认为现行的失业保险制度不利于激励失业人员再就业，政府对失业人员的就业支持会造成“养懒汉”现象，他建议用个人失业账户来代替现行的失业救济体系，政府可以在失业的初期提供支持，但时间不能过长。[4] Hotz 等（2006）认为提升失业者的工作技能的培训项目更加重要。[5] Hägglund（2007）研究分析后发现，职业咨询对失业青年重返劳动力市场起到了积极作用。[6] Fougère（2009）发现职业介绍可以使劳动力市场中的空缺岗位与失业者之间进行快速匹配，特别是对低技能失业者会产生重要帮助。[7] Conny Wunsch（2010）认为公共失业保险的作用是基于政府未能承诺未来失业率而制定的，如果政府可以承诺最低工资，失业保险可以下放给私营部门。但是，如果不这样做，代表工人利益的

---

① Fredriksson Peter and Holmlund Bertil. Optimal Unemployment Insurance in Search Equilibrium [J]. Journal of Labor Economics, 1998, 19 (2): 370 - 399.

② Boone, Jan and van Ours J. C. Modelling the Effect of Sanctions on Unemployment Duration [R]. Tilburg University, 2000.

③ Lalive, R., Jan C. Van Ours and J. Zweimüller. The Effect of Benefit Sanctions on the Duration of Unemployment [J]. Journal of the European Economic Association, 2005 (3): 1 - 32.

④ Brown, New Settings for the European Labour Markets: the Flexicurit Model [J]. Paradigmes, 2014 (14).

⑤ Hotz, V. Joseph, Guido Imbens and Jacob Klerman. Evaluating the Differential Effects of Alternative Welfare - to - Work Training Components: A Re - analysis of the California GAIN Program [J]. Journal of Labor Economics 2006 (24): 521 - 566.

⑥ Hägglund, Pathric. Are There Pre - programme Effects of Swedish Active Labour Market Policies? Evidence from Three Randomised Experiments [R]. Uppsala: Institute for Evaluation of Labour Market and Education Policy, 2007.

⑦ Fougère, D., J. Pradel and M. Roger. Does the Public Employment Service Affect Search Effort and Outcomes? [J]. European Economic Review, 2009 (53): 846 - 869.

政府不会将失业保险下放到私营保险公司，在没有承诺的情况下，私人失业保险的平衡将不存在。[①] Maibom 等（2017）发现社会工作者为刚失业的劳动者提供的两周一次的职业咨询提高了再就业率。[②]

二、国内文献研究综述

（一）关于失业保险制度保障基本生活方面的研究

王延中，张车伟（2005）基于在正规部门就业的城镇职工除为数不多的公务员外，基本上已经纳入到失业保险制度的这一事实，认为大力提高失业保险的覆盖质量，应把着重点放在灵活就业人员上。[③] 吕学静（2009）从失业保险金水平为最低工资一定比例以及我国低工资的现实角度出发，认为在失业保险基金能够承担的情况下，应适度提高失业保险金水平。[④] 郑秉文（2010）提出了对失业保险金的享受期限进行调整，失业保险金的享受期限不能一成不变，应根据经济环境和就业失业情况的变化来进行调整。可以设立三条预警线：总失业率、参保失业率、失业收益率，当失业率超过规定的指标时，可以自动延长失业保险金的享受期限，而不同失业率的地区也可以根据自身的情况进行调整。[⑤] 张能强、易守宽（2012）认为失业保险金的水平较低，对失业人员在失业期间的帮助较小，应提高失业保险金对工资的替代水平，以更好的帮助失业人员就业。[⑥] 郑秉文（2015）认为在新时期应发挥失业保险“三位一体”的功能，失业保险由保障生活功能向预防失业与促进就业功能的转变是必然性的趋势。[⑦] 李常印（2019）认为我国失业保险支付期限较

---

① Conny Wunsch, Optimal Use of Labor Market Policies: The Pole of Job Search Assistance [J]. IZA Discussion Paper. 2010.

② Maibom Jonas, Rosholm Michael and Svarer Michael. Experimental Evidence on the Effects of Early Meetings and Activation [J]. Scandinavian Journal of Economics, 2017, 119 (3): 541 – 570.

③ 王延中，张车伟．当前失业保险制度需要新的发展定位［J］．中国党政干部论坛，2005（7）：22 – 24.

④ 吕学静．中国失业保险面临大考［J］．中国社会保障，2009（1）：30 – 31.

⑤ 郑秉文．中国失业保险基金增长原因分析及其政策选择——从中外比较的角度兼论投资体制改革［J］．经济社会体制比较，2010（6）：1 – 20.

⑥ 张能强，易守宽．失业保险制度促进就业功能浅析——以昆明市为例［J］．云南财经大学学报（社会科学版），2012（3）：118 – 120.

⑦ 郑秉文．失业保险条例亟待修订［N］．中国证券报，2015 – 04 – 27.

长，待遇偏低，从推动我国失业保险制度可持续发展的角度，建议失业金支付应该与个人收入或缴费工资挂钩，降低支付周期，建立最优失业保险金支付制度。[①]

（二）关于失业保险制度预防失业方面的研究

杨文忠（2003）认为失业保险制度应随着企业改革持续深入这一事实，在防止失业方面发挥更大的作用，建议将保生活与促就业相结合转变为预防失业与促进就业相结合。[②] 吕学静（2010）认为可以通过对企业提供工资性补贴和发放培训补贴两种途径来预防失业。[③] 何灵，郭士征（2010）认为，与保生活和促就业这两大功能相比，预防失业是目前失业保险制度运转中最薄弱的环节，一直未受到重视。建议政府部门尽快转变观念，树立失业预防为先的思想，尽快将预防失业提上工作日程。[④] 吕学静（2010）提出失业保险缴费费率对不同的企业可以差别征收，借鉴“浮动费率”制度，对裁员率较高的企业征收较高的失业保险费，对裁员率较低的企业征收较低的失业保险费，这种做法不仅可以减少企业裁减员工，还可以平衡失业保险金的收支。[⑤] 袁良栋（2018）倡导健全全国统一失业监测预警机制。[⑥]

（三）关于失业保险制度促进就业方面的研究

邓大松，黄溪（2009）认为应加大失业保险在促进就业方面的支出，不仅限于就业培训和职业介绍两个项目，可以与在劳动力市场衔接各个方面进行补贴。[⑦] 赵俊康（2010）认为，从理论上讲，失业保险制度应具备预防失业、促进再就业和保障基本生活三大功能，这些功能是通过合理设置失业保险基金

① 李常印. 各国失业保险制度比较研究及完善我国失业保险制度的建议［J］. 中国人力资源社会保障，2019（2）：40－42.

② 杨文忠. 充分发挥失业保险综合服务功能［J］. 中国社会保障，2003（11）：18－19.

③⑤ 吕学静. 预防失业稳定就业——我国发挥失业保险基金预防失业促进就业功能的措施与成效［J］. 中国就业，2010（1）：51－53.

④ 何灵，郭士征. 完善失业保险制度应对国际金融危机冲击——以上海市失业保险制度为例［J］. 经济纵横，2010（3）：70－73.

⑥ 袁良栋. 失业保险制度的现状与发展［N］. 工人日报，2018－12－4.

⑦ 邓大松，黄溪. 金融危机冲击下的中国就业难题与制度完善［J］. 财政研究，2009（8）：65－68.

支付结构实现的，我国目前失业基金的给付结构过多偏重于保障功能，预防失业和促进就业支出偏少。[①] 唐克（2011）认为，为应对严峻的就业形势，迫切需要发挥失业保险的功能和作用，特别是就业促进方面。考虑到今后很长一段时期内，我国将处于劳动力供大于求的状态，失业保险制度和政策的功能性转变势在必行，失业保险政策应实施积极就业政策，发挥其应有的作用。[②] 赵静（2014）通过问卷调查和双重差分分析法，对失业保险基金的支出进行研究，提出要扩大失业保险基金的支出水平和范围，尤其是在促进就业服务方面，应加大投入力度。[③] 张玲玲（2016）认为失业保险中促进就业的措施较少，仅有就业培训和职业介绍，并且就业培训的内容不够完善，很多培训流于形式，不能发挥使失业人员再就业的作用。[④] 李常印（2019）认为应加大对失业者再就业的支持力度，提高就业培训支出占比，加大提升就业培训或职业介绍等支出比例。[⑤]

（四）关于欧洲失业保险制度改革对我国的启示方面的研究

杨勇（2006）认为，根据英国、法国等失业保险制度比较完善的国家的经验，凡是有可能失业的劳动者，都应该纳入失业保险制度的覆盖范围。因此，我国也要打破所有限制，扩大失业保险的覆盖范围。[⑥] 何欧（2007）总结了国外失业保险在促进就业方面采取的措施，提出我国可对企业采取差别费率的征税制度，抑制企业对员工的解雇，保持企业工作岗位的稳定，缓解社会的失业压力。[⑦] 信长星（2007）分析了可以供我国借鉴的国际经验，提出我国要不失时机地推进失业保险制度改革，充分发挥其促进就业、减少失业的功能和作用，主要改革措施有：建立失业保险、城市居民最低生活保障与促进就业联

---

① 赵俊康．积极社会保险策略助推就业［J］．中国社会保障，2010（2）：29－31.

② 唐克．中国失业保险促进就业功能研究［D］．硕士学位论文，吉林大学，2011.

③ 赵静．社会保险缴费结构的就业效应研究［J］．重庆大学学报（社会科学版），2014（4）：39－45.

④ 张玲玲．城镇失业人口再就业问题分析——以沈阳市为例［J］．现代经济信息，2016（4）：467.

⑤ 李常印．各国失业保险制度比较研究及完善我国失业保险制度的建议［J］．中国人力资源社会保障，2019（2）：40－42.

⑥ 杨勇．中英失业保险制度比较分析［J］．兰州大学学报，2006（6）：108－115.

⑦ 何欧．国外失业保险在促进就业方面采取的措施及对我国的启示［J］．人口与经济，2007（4）：122－124.

动机制；建立差别费率和浮动费率相结合的费率调整机制；扩大失业保险促进就业政策的受益对象范围；扩大失业保险基金促进就业支出范围。[①] 李炜（2009）通过分析瑞典福利模式的改革，建议我国失业保险制度的建立与完善必须与经济发展水平相适应，坚持公平原则，让所有劳动者享受到失业保险的福利。[②] 李元春（2011）通过借鉴瑞典、丹麦失业保险制度的改革，提出扩大失业保险覆盖面、重新设计失业保险收益水平、收益期限及收益结构、减少失业保险管理的漏洞、发挥失业保险促进就业的作用等措施完善我国的失业保险制度。[③] 张新文，李修康（2011）从覆盖和范围、筹集和使用、待遇标准和监督管理四个方面对中英两国的失业保险制度进行了全面的比较和分析，并提出，英国和中国的失业保险制度都是在特定的社会背景和条件下建立和发展起来的，因此我们在学习借鉴国外有益经验的基础上，要立足中国国情，不断地创新和完善我国的失业保险制度。[④] 马永堂（2015）分析了国外失业保险制度的发展与改革，提出进一步改革和完善我国失业保险制度的建议，其中指出要针对不同失业人员，采取不同的措施。对接受就业培训的，可发放生活费和交通补贴费；对实现灵活就业的，可以暂不停发失业保险待遇，帮助他们积累职业经验，寻找更稳定的工作；对创办微小型企业的，在其创办初期继续发放一段时间的失业保险金，提供小额贷款担保或其他支持措施等。[⑤] 王佳玮（2017）通过借鉴国外失业保险制度促进就业的做法，建议从调整失业保险金的给付期限、扩大失业保险基金支出范围以及加大再就业基金的支出等方面提高失业保险基金的使用效率。[⑥] 郝君富，李心愉（2018）提出失业保险发展的趋势和改革启示，进一步扩大失业保险的覆盖范围，更好地发挥失业保险促就

---

① 信长星．借鉴国外经验 充分发挥失业保险促进就业的作用［J］．中国党政干部论坛，2007（8）：21－24.

② 李炜．瑞典福利模式的改革及启示［J］．河南师范大学学报（哲学社会科学版），2009，36（2）：60－63.

③ 李元春．国外失业保险的历史与改革路径——政治经济学视角［M］．北京：中国财政经济出版社，2011.

④ 张新文，李修康．英中两国失业保险制度比较研究［J］．湖南行政学院学报，2011（3）：98－101.

⑤ 马永堂．国外失业保险制度改革及对我国完善失业保险制度的启示［J］．中国劳动，2015（4）：36－39.

⑥ 王佳玮．基于再就业视角的失业保险基金运行状况研究［D］．硕士学位论文，辽宁大学，2017.

业、防失业的职能，合理确定失业保险的受益水平，与其他社会保险体系、社会救助体系衔接等。[①]

第三节 研究内容与框架结构

一、本书的研究内容

本书共分为十一章，主要研究内容如下：

第一章导论。主要包括本书研究的背景与意义、国内外文献研究综述、研究内容与框架结构、研究方法与主要创新点。

第二章相关概念界定与理论基础。主要包括失业、社会保险、失业保险等相关概念以及凯恩斯的有效需求理论、劳动闲暇理论、岗位搜寻理论、自然失业率理论等理论依据。通过细致的梳理国内外学者的不同观点，提出本书的研究角度和侧重点，为下文进一步研究奠定基础。

第三章欧洲失业保险制度的历史演进。主要包括欧洲失业保险制度的思想渊源、制度起源，欧洲失业保险制度的发展、完善阶段，以及欧洲失业保险制度的演进特点。

第四章德国失业保险制度。主要包括德国失业保险制度基本内容，德国失业保险制度保障生活、促进就业、预防失业的运行政策，以及德国失业保险制度主要特点。

第五章英国失业保险制度。主要包括英国失业保险制度基本内容，英国失业保险制度保障生活、促进就业、预防失业的运行政策，以及英国失业保险制度主要特点。

第六章法国失业保险制度。主要包括法国失业保险制度基本内容，法国失业保险制度保障生活、促进就业、预防失业的运行政策，以及法国失业保险制度主要特点。

---

① 郝君富，李心愉．失业保险制度机制设计的国际比较与启示［J］．兰州学刊，2018（8）：173－185.

第七章瑞典失业保险制度。主要包括瑞典失业保险制度基本内容，瑞典失业保险制度保障生活、促进就业、预防失业的运行政策，以及瑞典失业保险制度主要特点。

第八章北欧、西欧其他代表性国家失业保险制度。主要包括丹麦、比利时失业保险制度基本内容，丹麦、比利时失业保险制度保障生活、促进就业、预防失业的运行政策，以及丹麦、比利时失业保险制度主要特点。

第九章中欧、南欧其他代表性国家失业保险制度。主要包括匈牙利、意大利、西班牙失业保险制度基本内容，匈牙利、意大利、西班牙失业保险制度保障生活、促进就业、预防失业的运行政策，以及匈牙利、意大利、西班牙失业保险制度主要特点。

第十章欧洲失业保险制度国别比较与运行评价。主要包括欧洲失业保险制度的国别比较、运行效果评价，以及欧洲失业保险制度面临的挑战。

第十一章欧洲失业保险制度对我国的启示。主要包括我国失业保险制度的历史变迁，我国失业保险制度完善的必要性与可行性，我国失业保险制度保障生活、促进就业、预防失业功能评价，我国失业保险制度面临的障碍与原因，完善我国失业保险制度保障生活、促进就业、预防失业“三位一体”功能的对策。

二、本书的框架结构

本书的研究在结构上可以分为三大部分。第一部分为总论，从第一章到第二章，是整体研究的基础。包括选题背景与研究意义、国内外文献研究综述、研究内容与框架结构、研究方法与主要创新点，欧洲失业保险制度相关概念界定和相关理论基础，为本书的研究提供了理论支持。第二部分为分论，从第三章到第十章，是研究的主体和核心部分。从纵向深度剖析欧洲失业保险制度，研究欧洲失业保险制度的发展历程和历史演进特点；从横向深入研究欧洲失业保险制度，选取有代表性的、典型的欧洲国家，总结出各国失业保险制度的特点；在对比不同欧洲国家失业保险制度的基础上，总体评价欧洲失业保险制度的运行效果，以及欧洲失业保险制度面临的挑战。第三部分为结论，主要包括第十一章，是研究的落脚点。在对我国失业保险制度运行进行评价，分析失业保险制度功能障碍与原因的基础上，借鉴欧洲失业保险制度经验，提出完善我国失业保险制度的具体对策。

本书具体框架结构，如图 1－1 所示。

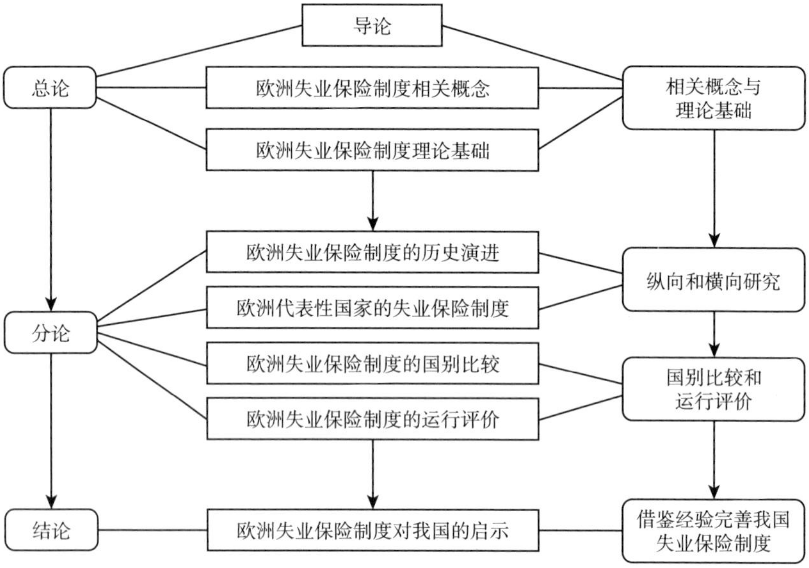

图 1－1　本书的框架结构

第四节

研究方法与主要创新点

一、本书的研究方法

（一）文献研究法

本书在充分收集国内外公开发表或出版的关于欧洲失业保险制度和我国失业保险制度研究成果的基础上，经过筛选、梳理，深入的分析，找到研究的切入点，展开后续研究。

（二）历史研究法

任何事物都不是突如其来的，都有一个连续发展的过程。要弄清事物的本质，揭示其内在的发展规律，必须追根溯源，应用历史研究法。本书深入的研究了欧洲失业保险制度的思想渊源、制度起源，发展、完善阶段，以及历史演进特点。通过细致的梳理，发现欧洲失业保险制度演进的历史规律。

（三）比较研究法

欧洲各国情况千差万别，有比较才有鉴别。本书分别研究了德国、法国、英国、瑞典以及丹麦、比利时、匈牙利、意大利、西班牙等9个国家的失业保险制度的基本内容及其具体运行政策，并总结出各个国家失业保险制度的基本特点，从失业保险的覆盖范围、资格条件、给付标准、给付期限、费用负担以及管理体制等方面进行比较。

（四）定性分析与定量分析相结合的方法

为了客观评价欧洲失业保险制度，深入揭示事物的内在本质，本书在对欧洲失业保险制度进行大量定性分析的基础上，选择有代表性的9个欧洲国家的数据资料，从就业率、失业率和劳动力参与率三个方面进行定量分析。

（五）总量分析与个量分析相结合的方法

总量分析与个量分析实际上是同一活动的两个方面，不过是关于原则上应该研究其整体还是研究其部分。总量分析以欧洲失业保险制度整体为研究对象，个量分析以各欧洲各国家的失业保险制度为研究对象。本书采取总量分析与个量分析相结合的方法，总量分析欧洲失业保险制度的历史进程、运行效果和面临的挑战；个量分析欧洲9个国家失业保险制度的基本情况。

二、本书的主要创新点

本书的创新点主要有三个：

一是深入剖析欧洲失业保险制度。从纵向研究欧洲失业保险制度的思想渊源和制度起源，并将欧洲失业保险制度划分为良性发展阶段、出现“福利病”阶段、下行改革阶段和“回归”阶段；从横向研究德国、英国、法国、瑞典、丹麦、比利时、匈牙利、意大利、西班牙等9个欧洲代表性国家失业保险制度的基本内容、运行政策以及主要特点。

二是客观比较和评价欧洲失业保险制度。从欧洲代表性国家失业保险制度的覆盖范围、资格条件、给付标准、给付期限、费用负担、管理体制六方面比较差异，从失业率、就业率、劳动力参与率三方面进行评价，并客观分析欧洲失业保险制度面临的挑战。

三是提出确立失业与就业联动机制，失业保险与就业服务紧密结合，加强对失业人员的动态管理，实现经办机构与就业服务机构的一体化运作，最终实现雇主、雇员、工会、雇主协会、经办机构等各方面多层次、多角度促进就业的格局。

第二章

相关概念界定与理论基础

第一节

相关概念界定

一、失业

广义的失业概念，是指生产资料和劳动力相互分离的状态。在经济学范畴中，失业是指有劳动能力并处于劳动年龄的劳动者，有就业意愿却暂时失去工作的现象。

首先，失业按照劳动者的个人意愿可以分为自愿性失业和非自愿性失业。自愿性失业是由劳动者的主观意愿决定的，外在经济环境的改善对自愿性失业不能发挥效果。其次，非自愿性失业按导致失业的原因不同，可以分为摩擦性失业、结构性失业、季节性失业和周期性失业。摩擦性失业是指寻找工作的失业人员在求职的过程中，由于对职位的空缺缺少足够的了解，信息不能完全沟通，而暂时不能找到合适工作的情况。摩擦性失业的存在周期一般比较短，但在劳动力供给和需求之间也是不可避免的。结构性失业是指在经济生活的某种行业或领域中，由于劳动力的供给和需求不相匹配而造成的失业。比如，在一些高端领域，由于与之相对应的人才缺乏某种技术而无法实现的就业，抑或者由于缺少流动性而使一些地区劳动力富余而另一些地区缺乏劳动力形成的失业。季节性失业是指一些对气候有特殊需求的工作种类，或者消费需求随季节变换的行业，从事此类工作的人员随季节变换而失去工作。周期性失业是指随着经济周期的变化而在经济处于低谷时失去工作，这种类型的失业一般持续时间较长，是由于需求不足而引起的。最后，还有一种失业具有隐蔽性和不易被发现的特点，被称为隐性失业。隐性失业人员表面看似乎有工作，但实际上却是闲职，他们的边际生产力几乎为零，没有为社会的发展尽自己的一份力量。隐性失业广泛地存在于我国的农村地区，由于农业产业化的发展所需的农业生产人员减少，大量的富余劳动力滞留在农村，并且受到户籍的限制，农村劳动者不能顺利的转移到城市，就成为隐性失业人员。在城镇的一些企业中，也时有人浮于事的现象发生，他们每天几乎没有实质性的工作，或者虽然有工作，但也是隐性失业人员。另外，刚毕业寻找工作的大学生也是隐性失业的来源之一。

具体失业的类型，如图 2－1 所示。

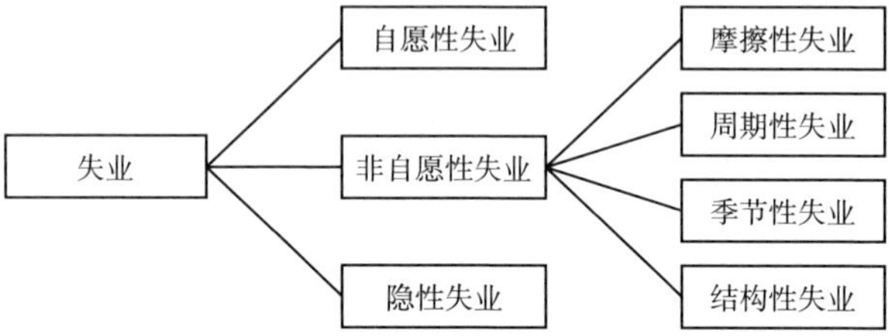

图 2－1　失业的类型

二、社会保险

社会保险（Social Insurance）是指国家为了预防和强制社会多数成员参加的，具有所得重分配功能的非营利性的社会安全制度。社会保险是一种为丧失劳动能力、暂时失去劳动岗位或因健康原因造成损失的人口提供收入或补偿的一种社会和经济制度。社会保险计划由政府举办，强制某一群体将其收入的一部分作为社会保险税（费）形成社会保险基金，在满足一定条件的情况下，被保险人可从基金获得固定的收入或损失的补偿，它是一种再分配制度，它的目标是保证物质及劳动力的再生产和社会的稳定。社会保险的主要项目包括养老保险、医疗保险、失业保险、工伤保险、生育保险。它是通过筹集社会保险基金，并在一定范围内对社会保险基金实行统筹调剂至劳动者遭遇劳动风险时给予必要的帮助，社会保险对劳动者提供的是基本生活保障，只要劳动者符合享受社会保险的条件，即或者与用人单位建立了劳动关系，或者已按规定缴纳各项社会保险费，即可享受社会保险待遇。社会保险是社会保障制度中的核心内容，具有以下主要作用：

第一，社会保险能发挥社会稳定器的作用。社会成员老、弱、病、残、孕以及丧失劳动能力是在任何时代和任何社会制度下都无法避免的客观现象。社会保险就是当社会成员遇到这种情况时给予适当的补偿以保障其基本生活水平，从而防止不安定因素的出现。

第二，社会保险有利于保证社会劳动力再生产顺利进行。劳动者在劳动过程中必然会遇到各种意外事件，造成劳动力再生产过程的停顿。而社会保险就是劳动者在遇到上述风险事故时给予必要的经济补偿和生活保障，使劳动力得以恢复。

第三，社会保险有利于实现社会公平。由于人们在文化水平、劳动能力等方面的差异，就会造成收入上的差距。社会保险可以通过强制征收保险费，聚集成社会保险基金，对收入较低或失去收入来源的劳动者给予补助，提高其生活水平，在一定程度上实现社会的公平分配。

第四，社会保险有利于推动社会进步。保险本身具有互助性的特点，社会保险更能体现出互助合作、同舟共济的精神。

三、失业保险

失业保险是为了防止劳动者在失业期间失去生活来源，由国家强制为劳动者建立失业保险基金，以保障失业人员的基本生活。失业保险的首要目的是为失业人员提供物质帮助，保障其失业期间能正常生活。在保障正常生活的基础上，为失业人员提供就业培训和职业介绍等，帮助失业人员尽快回到工作岗位上。

（一）失业保险的特点

一是普遍性。它主要是为了保障有工资收入的劳动者失业后的基本生活而建立的，其覆盖范围包括劳动力队伍中的大部分成员。因此，在确定适用范围时，参保单位应不分部门和行业，不分所有制性质，其职工应不分用工形式，不分家居城镇还是农村，解除或终止劳动关系后，只要本人符合条件，都有享受失业保险待遇的权利。分析各国失业保险适用范围的变化情况，基本呈逐步扩大的趋势。比如，我国从国有企业的四种人到国有企业的七类九种人和企业化管理的事业单位职工，再到《失业保险条例》规定的城镇所有企业事业单位及其职工，充分体现了普遍性原则。二是强制性。它是通过国家制定法律、法规来强制实施的。按照规定，在失业保险制度覆盖范围内的单位及其职工必须参加失业保险并履行缴费义务。根据有关规定，不履行缴费义务的单位和个人都应当承担相应的法律责任。三是互济性。失业保险基金主要来源于社会筹集，基本由单位、个人和国家三方共同负担，缴费比例、缴费方式相对稳定，筹集的失业保险费，不分来源渠道，不分缴费单位的性质，全部并入失业保险基金，在统筹地区内统一调度使用，以发挥其互济作用。

（二）失业保险的类型

一是强制性失业保险。强制性失业保险主要体现在对雇主、雇员或双方对失业保险基金供款的强制性规定。二是非强制性失业保险。非强制性失业保险一般是由工会组织实施的，雇主、雇员自愿参加，由工会建立的失业基金会管理，政府提供一定的资金支持。三是失业补助制度。失业补助制度一般也是由政府组织实施的，其特点是需要对失业人员的经济情况或收入情况进行调查，失业救助金只发给符合经济情况或收入情况调查规定的救助条件的失业人员。四是双重性的失业保险制度。双重性的失业保险制度又有两类：一类是强制性失业保险制度与失业补助制度并存；另一类是非强制性失业保险制度与失业补助制度并存。

（三）失业保险的目的

失业保险的基本目的是为失业人员提供基本生活保障，帮助失业人员重新就业。具体体现在以下几个方面：提供现金给付，维持失业人员的基本生活水平；提供求职的缓冲时间；帮助失业人员重新就业。失业保险通过提供就业咨询、职业介绍，让失业人员能比较充分地进行职业选择，指导、帮助他们尽快重新就业。同时，举办转业培训，使失业人员提高生产技能，增强竞争就业的能力，为他们稳定就业提供条件，开展生产自救。

失业保险的派生目的是指通过举办失业保险，能够促进经济稳定，提高经济效率。比如，失业保险能够通过失业保险费的提取和失业保险津贴的给付，客观上起到抑制周期性经济危机的作用。

(四) 失业保险的功能

一是保障基本生活功能。失业保险的保障功能体现为生活保障功能，即失业保险机构通过向符合条件的失业人员支付失业保险金，保障了失业人员的基本生活，维持了劳动力的再生产。通常来说，劳动者在失业后，无经济收入来源，生活出现困难，而失业保险通过对失业人员发放失业保险金，以保障其基本生活，使其正常地生存下去，维持劳动力的再生产。

二是稳定功能。失业保险通过发放失业保险金保障了失业人员的基本生活，使其有了一定的收入。这种稳定功能一方面体现为社会稳定功能；另一方面体现为经济稳定功能。失业保险为失业人员提供生活保障，不会因其无法生存使其铤而走险，或在心理上严重失衡而危害社会，有利于维持社会的稳定。失业保险金的筹集、发放具有减缓经济周期波动的作用，是“减震器”，减轻了经济波动的剧烈程度，使家庭关系保持稳定，因此缓解了失业对整个社会带来的冲击和震动，从而有利于维护社会的稳定和正常的社会秩序。

三是促进功能。失业保险不仅仅是给失业人员发放失业保险金，更重要的是失业保险机构对职业培训、职业介绍的重视及提供就业信息、有效沟通和对再就业的直接推动上。对失业人员进行培训教育，提升其自身素质，提高其在社会中的竞争能力，并积极为失业人员开展职业介绍等相关服务，促使其尽快重新就业。失业保险的促进功能越来越突出，通过加大再就业培训支出的比重、建立就业导向的机制等来促进失业人员的再就业。

四是合理配置劳动力功能。这体现在两方面：一方面由于失业保险的存在，失业人员在寻找新的就业岗位时获得了经济保障，免除了后顾之忧，失业人员也就有条件尽可能寻找与自己的兴趣、能力相符合的工作岗位，从而有利于劳动力的合理配置；另一方面由于失业保险的存在，用人单位减轻了裁减冗员的经济、社会两方面的压力，有利于单位制定理性的、合理的用人决策，也更有利于劳动力的合理配置。

五是调节功能。失业保险可以通过向失业人员提供物资资助来调节社会上的贫富差距，通过更合理地配置劳动力、更高的劳动生产率来调节经济的运行。

四、国外失业保险制度

国外失业保险制度的主要成果之一，就是向强调多重保障的方面逐步发展，特别是复式保障结构已受到普遍重视。其目的一是扩大失业保障覆盖面，二是提高失业者及其家庭的生活保障程度。目前，下列三种复式结构模式颇为典型，且发展令人注目。

（一）德国的“失业保险 + 失业救济”衔接型

德国的强制性失业保险几乎涵盖了公务员和雇主以外的所有就业人员。德国的失业保险费由劳方和资方各负担一半，给付标准是失业前 3 个月平均工资的 63%，领取期限根据工作年限确定，最长 32 个月，最短 6 个月。在德国，失业者在规定的失业保险给付期间仍未找到工作而发生生活困难的，归入领发失业救济的行列。失业者领取失业救济必须符合失业救济的领取条件并接受劳工局对其及家庭的调查，被确认后，经过半年的过渡期才能领取失业救济金。

因为失业救济金的财源来自国家财政，所以失业者不必承担缴费义务。失业者失业救济金待遇水平也低于失业保险给付额水平的大约 10%，领取期限也缩短 1 年。这一方面体现了失业救济与失业保险在性质上和权益上是不相同的，另一方面也考虑到救济对象是失业者而不是社会贫困者，失业救济的目的是促进失业者再就业，其待遇水平自然要比社会救济高一些。通过失业保险与失业救济的有效衔接，德国又为失业者提供了一个新层次的保障，可以避免部分失业者因未能及时再就业而陷入难以维生的贫困境地。

（二）美国的“失业保险 + 企业补充失业津贴”补充型

美国联邦政府颁布了《社会保险法》。美国失业保险的覆盖范围比较广泛，包括公务员和家佣在内。美国失业保险所需费用主要由雇主承担，给付标准较低，各州通常都将给付标准限制在原工资的 50% 以下。为了避免美国失业者及其家庭的基本生活受到严重影响，美国福特汽车公司在 1955 年率先在企业内部实施“补充失业津贴”制度，并逐渐扩展到行业内其他企业甚至其他行业。“企业补充失业津贴”目前在美国大型企业比较普通，企业效益是实行这种补充手段的基本前提。

美国“企业补充失业津贴”的享受条件，一是获得领取法定失业保险金的资格；二是在企业的工龄在一年以上。“企业补充失业津贴”的费用由雇主和工会共同承担，津贴标准大约为本人失业前工资收入的30%，领取期限为1年。美国“企业补充失业津贴”制度的建立，减缓了失业对失业者及其家庭的冲击，也为降低法定失业保险的给付水平创造了条件，较好地补充了法定失业保险。

（三）加拿大的“失业保险+特殊失业补助”援助型

加拿大被联合国确定为世界上最宜居住的国家。加拿大的社会福利发达，失业保障方面也表现得十分突出。加拿大在普遍实施失业保险的同时，对有特殊困难的失业者还给予社会性援助，即“特殊失业补助”。

加拿大的失业保险是社会安全保障体系中的主要支柱，失业保险费用由雇主、工人和政府三方共同承担，失业保险给付可达到本人失业前工资的57%，期限最长为50周。加拿大“特殊失业补助”的对象包括有特殊困难的伤病失业者、老年失业者和女性孕期失业者。在加拿大，取得“特殊失业补助”的条件是失业者一般应是失业保险的受给者，伤病和孕妇失业者还必须在过去52周内有超过20周的工作经历，并有医生开具的病情证明。加拿大“特殊失业补助”主要是对失业保险对象中的特殊困难者提供1~15周的补助。老年失业者即使未能取得失业保险的资格，亦能取得相当于3周失业保险金额的一次性补助。

加拿大“特殊失业补助”的财源来自国家财政，不同于失业救济，主要是一种专门针对法定失业保险受给者中部分特殊困难者的国家援助，是国家对失业弱者的一项政策性保护措施。

第二节　相关理论基础

一、凯恩斯的有效需求理论

20世纪30年代，资本主义出现了规模空前的经济危机，大量工人失业，企业倒闭。面对危机，凯恩斯对局势进行分析，反思危机发生的原因，认为是有效需求不足引起的，推翻了萨伊定律的自愿失业理论，提出了非自愿失业理论。凯恩斯认为当时的经济形势是由有效需求不足引起的，解决危机就要找到引起有效需求不足的原因。有效需求是指产品的供给价格与需求价格相等时而产生的需求量，企业在一定的雇佣水平和产品成本的约束下会产生供给价格，当需求不足时，企业的供给价格高于需求价格，企业会缩减员工，降低成本，以减少亏损增大盈利，而这种情况下，就会产生工人被迫失业的现象，即非自愿性失业。凯恩斯认为之所以产生有效需求不足，是基于人们的三个心理定律：边际消费递减规律、资本边际效率递减规律和流动性偏好规律。随着收入的增加，每增加一个单位的收入，消费的增量越来越少；同时由于生活方便以及对投机的偏好，随着收入的增加人们会保留更多灵活的货币；并且资本家对经济前景的不确定性看法，也使资本家对资本投入越多所获得收入越多的看法持否定态度。因此，凯恩斯主张用国家干预的手段来解决由于需求不足而导致的失业问题，通过政府的干预，增加公共项目支出和福利支出，包括为失业人员提供补助和帮助实现就业等福利措施。

二、劳动闲暇理论

在微观经济学中，劳动者的个人劳动供给与收入不成正比例关系，而是随着收入的增加，个人的劳动供给先增加，当收入增高到一定水平时劳动供给反而减少，这是收入效应与替代效应相互作用的结果。当收入水平较低时，随着收入的增加人们愿意牺牲更多的闲暇来换取更多的收入，此时替代效应发挥了更大的作用。当收入的增加超过某一节点时，较高的收入已经满足劳动者的消费，劳动者可以用较少的工作时间换取相应的报酬收入，转而减少工作时间来增加闲暇的时间，在这一阶段收入效应发挥了更大的作用。

当劳动者的总时间一定时，在劳动和闲暇之间就会有一条时间约束线 AB，时间约束线的斜率即为劳动者所获收入的工资率，如图 2－2 所示。人的时间既离不开工作又离不开闲暇，两者都有效用，劳动者在两者之间的选择形成无差异曲线 U。无差异曲线与时间约束线的交点即为劳动者最大效用点，此时的闲暇时间为 t，劳动时间为（T－t）。

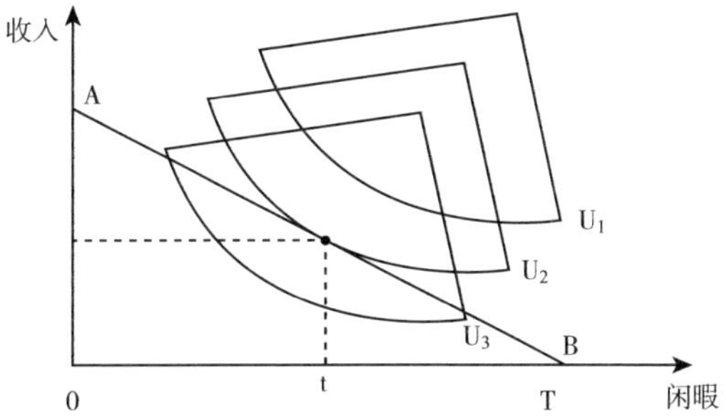

图 2-2 劳动闲暇决策图

把失业人员在失业期间不进行劳动而获得失业保险金的情况引入劳动闲暇模型中进行分析，如图 2-3 所示。失业保险金的给付期为 T_1，正常工作时的时间约束线为 AC，正常工作时的闲暇成本即为工资率 W。当劳动者处于失业状态时，劳动者不用工作即可获得失业保险金，失业保险金的给付带来的是纯收入效应，从而使劳动者增加闲暇的消费，此时的闲暇成本即为放弃工作获得失业保险金而减少的那一部分收入，即为 W(1-r)，r 为失业保险金替代率，反映在劳动闲暇模型中的时间约束线既为 AB_1C_1。在劳动者的无差异曲线不变的情况下，劳动者会延长闲暇的时间，正常工作时的闲暇时间 t，享受失业保险金期间的闲暇时间延长到 t_1。在劳动闲暇模型中，失业保险金的给付延长了失业人员享受闲暇的时间，降低了劳动者寻找工作的积极性，容易使劳动者陷入“福利陷阱”。并且失业保险金给付期限越长，失业保险金替代率越高，失业人员越乐于享受闲暇。

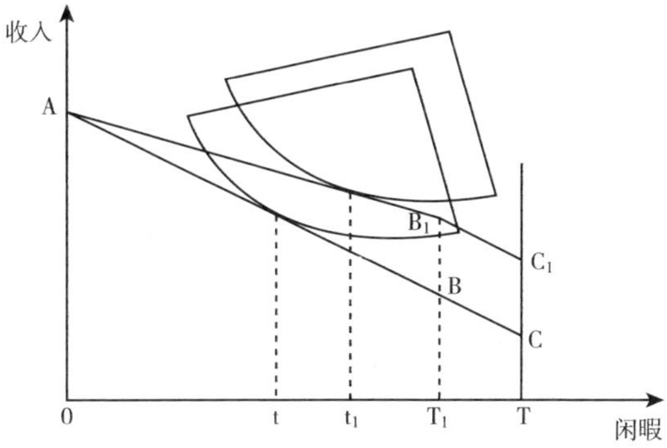

图 2-3 劳动闲暇模型图

也有研究表明，在失业保险给付期限结束时，失业人员寻找工作的努力程度大大增加，即使是比预期工资水平低的工作也愿意接受。因此，失业保险制度改革的重点在于增大失业保险促进就业的功能，以减少失业人员在失业保险享受期内的惰性。

三、岗位搜寻理论

失业人员在失业期间为了找到一份合适的工作，会不断地在劳动力市场中搜寻，以求一份满意的工作。失业人员会根据寻找工作的难易程度、寻找工作的时间、寻找工作的花费以及劳动力市场中所提供工作的工资水平来定位自己对工作的目标和要求，失业人员对新工作期待的薪资水平即为保留工资。岗位搜寻理论认为，失业人员在寻找工作过程中，当新工作超过失业人员的保留工资，达到失业人员的要求后，失业人员就会接受这份工作，结束失业状态。由于信息的不完全，失业人员会不断地寻找工作，寻找工作会付出成本也会获得收益，而接受一份工作是由边际成本和边际收益决定的。随着搜寻时间越来越长，搜寻范围的扩大，失业人员的花费会越来越多，搜寻的边际成本逐渐增高；而劳动力市场中工资增长却是有限的，所获得工作的工资并不随搜寻成本的加大而不断增加，也就是说搜寻的边际收益逐渐降低。

把失业保险引入到岗位搜寻理论中时，失业保险金的给付使搜寻的边际成本整体减低，在降低的同时也延长了失业人员的搜寻时间，搜寻时间的增长延缓了劳动者就业。另外，在信息不完全的劳动力市场中，失业人员失业期间领取失业保险金对失业人员寻找工作提供了物质帮助，有助于失业人员就业。但是，同时也提高了失业人员保留工资水平，使失业人员对新工作的标准要求更加严格。因此，失业保险金的给付促使劳动者找到更好的工作，提高了就业质量。还有研究表明，虽然在失业期间获得失业保险金的失业人员会产生惰性就业现象，失业时间延长，但在失业保险金给付期临近尾端时，失业人员找到工作的成功率大大提高。为了降低失业保险对就业的负面影响，岗位搜寻理论认为应采取控制措施，科学设置失业保险金的给付方式和给付时间，为失业人员提供更多的就业信息，降低失业保险金对失业人员就业的阻力。

四、自然失业率理论

自然失业率由以弗里德曼为代表的现代货币主义者提出。他们认为，只要是自由竞争的市场，工资就是有伸缩性的，劳动力的活动性也比较大，而且关于劳动市场的供求状况的信息能较普遍、较容易地被获得。这样，一切有就业技能且愿意工作的人迟早都会有就业机会，而一切缺乏就业技能又不被雇主需要的人，不管生产量如何变动，他们也不会得到就业机会的。因此不存在非自愿失业，失业都是摩擦性的。从这个观点出发，新古典综合派关于通货膨胀与失业的交替出现的观点是站不住脚的。虽然从暂时看，在自由竞争的市场经济中，雇主和雇工双方都预测物价水平及其变动率，了解货币工资所代表的工资实际数量。但是，又由于货币工资不可能与物价上涨得一样快，雇主会很快感到实际工资的下跌，从而提高对劳动力的需求数量；而雇工则不会马上调整其对价格的预期，以为提高了的货币工资代表较高的实际工资。因此，预期通货膨胀可能会减少一些失业，于是增加劳动力供给，愿意就业。不过，通货膨胀对失业的影响是不会长久的。从长期来看，一旦雇工了解到其货币工资买不到那么多预期的东西即实际工资下降时，就会减少劳动力供给，要求增加工资，然后才愿意就业。因而，一旦价格预期赶上了通货膨胀，菲利普斯曲线就失灵了，通货膨胀和失业之间的持久交替只有在特定条件下才会实现，而自然失业率是不能被通货膨胀所消灭的。因此，新古典综合派以通货膨胀来减少失业的政策是缺乏理论根据而且不会奏效的。可见，现代货币主义提出的自然失业率的理论，其落脚点是为了反对除稳定货币供应以外的一切政府干预措施，并以此为核心阐述与凯恩斯学派不同的政策主张。

五、刘易斯拐点

诺贝尔经济学奖获得者、发展经济学的领军人物、经济学家威廉·阿瑟·刘易斯（W. Arthur Lewis）发表了题为《劳动无限供给条件下的经济发展》的论文。在这篇论文中，刘易斯提出了自己的“二元经济”发展模式。他认为，经济发展过程是现代工业部门相对传统农业部门的扩张过程，这一扩张过程将一直持续到把沉积在传统农业部门中的剩余劳动力全部转移干净，直至出现一个城乡一体化的劳动力市场时为止。这时到来的即为“刘易斯第二拐点”，传统部门与现代部门的边际产品相等，二元经济完全消解，经济开始进入新古典主义体系所说的一元经济状态。此时劳动力市场上的工资，便是按新古典学派的方法确定的均衡的实际工资。刘易斯的“二元经济”发展模式可以分为两个阶段：一是劳动力无限供给阶段，此时劳动力过剩，工资取决于维持生活所需的生活资料的价值；二是劳动力短缺阶段，此时传统农业部门中的剩余劳动力被现代工业部门吸收完毕，工资取决于劳动的边际生产力。由第一阶段转变到第二阶段，劳动力由剩余变为短缺，相应的劳动力供给曲线开始向上倾斜，劳动力工资水平也开始不断提高。经济学把连接第一阶段与第二阶段的交点称为“刘易斯转折点”。

1972 年，刘易斯又发表了题为《对无限劳动力的反思》的论文。在这篇论文中，刘易斯提出了两个转折点的论述。当二元经济发展由第一阶段转变到第二阶段，劳动力由无限供给变为短缺，此时由于传统农业部门的压力，现代工业部门的工资开始上升，第一个转折点，即“刘易斯第一拐点”开始到来；在“刘易斯第一拐点”开始到来，二元经济发展到劳动力开始出现短缺的第二阶段后，随着农业的劳动生产率不断提高，农业剩余进一步增加，农村剩余劳动力得到进一步释放，现代工业部门的迅速发展足以超过人口的增长，该部门的工资最终将会上升。当传统农业部门与现代工业部门的边际产品相等时，也就是说传统农业部门与现代工业部门的工资水平大体相当时，意味着一个城乡一体化的劳动力市场已经形成，整个经济——包括劳动力的配置——完全商品化了，经济发展将结束二元经济的劳动力剩余状态，开始转化为新古典学派所说的一元经济状态，此时，第二个转折点，即“刘易斯第二拐点”开始到来。显然，“刘易斯第一转折点”与“刘易斯第二拐点”的内涵是不同的，都具有标志性的象征意义，前者的到来为后者的实现准备了前提条件，但后者的意义是决定性的。对照“费景汉—拉尼斯模型”中的三阶段划分，该模型中从第一阶段转化到第二阶段的过渡点即为“刘易斯第一拐点”，该模型中从第二阶段转化到第三阶段的过渡点即为“刘易斯第二拐点”。

“刘易斯拐点”的到来，预示着剩余劳动力无限供给时代即将结束，“人口红利”正在逐渐消失。人口发展规律告诉我们，“人口红利”不可能无限期延续。因此我们必须考虑与“人口红利”相伴相随的“人口诅咒”——当我们过分依赖廉价劳动力优势时，久而久之便会失去创新的能力，以致在“人口红利”枯竭时，处于不可持续发展的境地。这个意义上，“刘易斯拐点”不啻为一种“倒逼”，跨过这道坎，展现在我们面前的将是一番崭新的广阔天地。同样，因为“刘易斯拐点”的到来无可避免，中国经济发展也面临着一场“重生”。那些粗放而低技术含量的增长点，该萎缩的尽管让它萎缩；那些仅仅看重我们廉价劳动力的资本，该走的尽管让它走——丢掉这些并不可怕，只要我们能够实现产业升级，提高资源利用效率，提高产品附加价值，把传统制造业改造为先进制造业，提高核心竞争力。

第三章

欧洲失业保险制度的历史演进

第一节

欧洲失业保险制度的起源

欧洲国家在18世纪取得工业革命胜利后，先后迈入工业社会，工业生产逐渐取代农业生产占据经济发展的主导地位，市场经济取代了小农经济，众多劳动者从农村进入城镇工作与生活，并构成日益庞大的无产者阶层，农业经济下原本作为家庭或个人风险的失业以及年老、疾病、工伤等特定事件，开始演变成一种社会风险，劳动者一旦发生这种风险，就意味着失去收入来源和生活保障，成为社会不稳定的因素。当时欧洲各国在发展过程中一直摆脱不了周期性的经济危机，而周期性的经济危机往往伴随着大规模失业，并且带来经济萧条和社会衰落，严重阻碍社会发展。20世纪30年代，基于对经济危机期间失业问题严峻性的认识，欧洲各国初步建立了失业保险制度，并实行了一系列劳动立法，以缓解失业给经济运行造成的冲击。第二次世界大战结束后，由于战后重建需求较大的刺激，欧洲的失业率处于较低水平，失业保险制度的发展有所放缓。然而，自20世纪70年代中期石油危机以来，随着经济增长速度放缓，欧洲的失业率开始增长，特别是20世纪90年代以来，失业率持续居高不下，失业成为政策制定者和公众最关注的重要问题之一。为了应对失业问题，欧洲各国采取了多种措施，失业保险制度再次受到重视。欧洲各国对各自的失业保险制度进行了不断的改革，逐渐形成了带有历史特点的制度。

一、思想渊源

失业保险制度是社会保险制度的一个子系统，社会保险制度是社会保障制度的核心，而欧洲是现代社会保障制度产生的摇篮。欧洲社会保障制度的思想渊源被认为来自英国济贫法制度的启蒙，之后这种思想源流逐渐分叉，最终形成了两种不同的福利国家模式：俾斯麦模式和贝弗里奇模式。

1601 年，英国伊丽莎白时代的《济贫法》是国家在人类进入工业革命时代之初对人类社会安全需求的第一个回应。这是欧洲最早出现的国家济贫制度，开辟了现代社会救济制度的先河，《济贫法》的诞生意味着一个现代社会保障国家雏形的诞生。1793 年，法国《人权宣言》正式提出“社会团结原则”的概念。1834 年，英国《济贫法修正案》对济贫条件作了进一步调整，英国诸多济贫法案的诞生使英国成为“国家保护人”的发祥地。

1880 年，德国首相俾斯麦为挽救其资本主义制度而颁布《工伤法》，这被认为是“社会团结原则”在经历了一个世纪后的首次实践，是对“社会团结原则”从理论到实践的一次跨越，被喻为现代社会保障制度的标志。“国家保护人”被正式赋予了现代法律意义。由此，欧洲被称为“国家保护人”的摇篮。德国统一之后，德国采用了俾斯麦的理念，通过集体力量，正面推动针对所有社会成员的社会福利，特别是针对弱者。至此，“社会政治”与“社会保险”便联起手来。雇主、雇员和国家三方合作共同协商的伙伴主义是“俾斯麦模式”的基石，这是最早出现的社会保障模式，社会保障费用由雇员、雇主和国家三方负担，主要以雇员和雇主承担为主，最终待遇的给付与雇员的收入与其缴费相关联。这一系列制度及立法的实施使“俾斯麦模式”的社会保障制度逐渐得以确立，并形成了自己的特点，影响了整个欧洲。

20 世纪初，在德国的影响下，英国一边效仿着德国的“俾斯麦模式”，一边不断酝酿探索。终于，英国在资助力度方面超过了德国，国家出面对雇员和雇主给予财政上的支持。一直到第二次世界大战，英国创造了适合本国的新模式。欧洲这个现代社会保障制度的摇篮又产生了另外一个模式，即“贝弗里奇模式”。此后，这个模式在欧洲开始广泛普及开来，成为福利国家的一个“样板”。

二、制度起源

现代意义的社会保险制度首先产生于欧洲的德国。德国并非是当时世界上最先进的国家，由于其独特的社会背景和内部的各种因素影响，德国成为最先建立社会保险制度的国家。1881 ~ 1889 年，德国先后制定了疾病保险、工伤保险和老年与残疾保险相关的法律，为之后各险种的诞生奠定了重要基础。但是，世界上最早推行失业保险制度的国家并不是德国。法国于1905年开始实施了一项针对失业人员的公共救助制度，资金来源于政府一般性税收、工会和私人组织的资助。之后，挪威、丹麦分别于1906年和1907年建立了失业保险制度，均属于非强制性失业保险制度，在此制度下参加失业保险与否取决于个人意愿。1911年，英国颁布了《国民保险法》，开创了强制性失业保险制度的先河，人们是否参加意外保险不再取决于本人意愿，在实施范围内，失业人员一律参加失业保险。后来，此制度构成了世界失业保险制度的主流。

第二节

欧洲失业保险制度的发展

失业保险制度在欧洲各项社会保障制度中是发展相对较晚的。自1905年、1906年和1907年法国、挪威和丹麦先后建立起自愿性失业保险制度后，1911年英国建立了世界上第一个强制性失业保险制度。到20世纪20年代，欧洲各国在英国影响下基本上都先后建立了强制性失业保险制度。欧洲的失业保险制度迈入不断发展的阶段。欧洲部分国家失业保险制度首次的立法时间，如表3-1所示。

表3-1　　欧洲部分国家失业保险首次立法时间

国家	时间（年）	国家	时间（年）
法国	1905	意大利	1919
挪威	1906	奥地利	1920
丹麦	1907	比利时	1920
英国	1911	卢森堡	1921
爱尔兰	1911	德国	1927
希腊	1914	瑞典	1934
荷兰	1916	冰岛	1936
芬兰	1917	葡萄牙	1975
西班牙	1919	瑞士	1982

资料来源：（德）沃夫冈·舒尔茨．全球政治经济视角下的社会保障：历史经验与发展趋势［J］．社会保障评论，2017（1）：135-152.

一、20 世纪 30～60 年代：良性发展阶段

20 世纪 30 年代，资本主义国家的经济危机席卷欧洲，有些政治家、学者把摆脱经济危机的措施与“福利国家”联系在一起。英国经济学家凯恩斯于 1936 年发表著名的《就业、利息和货币通论》，提出国家干预，扩大公共福利支出，促进经济增长，实现充分就业等若干理念，成为战后西方国家制定经济政策和建立社会保障制度的理论依据。1942 年，英国伦敦经济学院贝弗里奇提交了名为《社会保障及相关服务》的报告，制定了一整套对英国全体公民实行福利制度的指导原则，设计了“从摇篮到坟墓”的福利措施。1946 年，英国修订了《国民保险法》，该法规定凡是达到就业年龄的每一个公民，都要依法参加国民保险。参加国民保险的公民在足额缴纳保险费的前提下，遇到失业、患病、伤残及其他意外事故而失去生活来源时，可以享受社会保险，得到有关津贴或救济。1948 年，英国政府宣布已经建成“福利国家”。以此为契机，欧洲乃至世界各国的社会保障制度得到了迅速发展。第二次世界大战以后，各国社会保障制度经历了大约 30 年的良性发展。欧洲各国包括失业保险在内的“普遍社会福利”的社会保障制度得到进一步完善，其中社会福利制度发展最完善的首推以瑞典为代表的北欧国家。

二、20 世纪 70～80 年代：出现“福利病”阶段

“普遍社会福利”的社会保障对社会公平与稳定以及缓解经济危机有着积极的促进作用。但是，社会的负担也较重，一旦经济出现问题，社会保障制度将会受到冲击。截至 20 世纪 70 年代初，社会福利在欧洲国家得到普遍提高。一些欧洲国家增加了失业保险金的持续期，降低了取得失业保险金的门槛。总之，无论是从失业资格认定、失业救济金的慷慨程度，还是失业救济金发放的持续时间来看，欧洲的失业保险制度都更为宽松。在英国，一名合格的失业人员可以得到一年时间的失业保险金，一年之后这种失业救济金被另一种有保证的最低收入所替代。虽然并非所有的失业人员都有资格获得失业救济金，但大多数人都能获得某种类型的维持性收入。而欧洲之外的国家，例如美国，大多数失业人员无法得到失业救济金，只有三分之一到五分之二的失业人员有资格

获得失业救济金。高福利保障使得一些失业人员实际上可以无限期地领到失业救济，他们完全可以靠此体面地生活下去，因此许多失业人员不渴望重新就业。此外，少数人在高福利下养成了挑剔工作、讲究条件的心理，有些人宁愿失业以领取高额失业救济金，也不愿意因有工作而必须交纳高额的福利保险金。这种情况在20世纪70年代两次石油危机过后出现了逆转。1973年、1979年两次石油危机引发了经济危机，世界经济出现“滞涨”现象，失业大规模增长，财政赤字上升，福利国家纷纷陷入困境，出现了“福利病”。主要体现在高额的社会保障支出超过了国家的财政支出能力，出现入不敷出的现象。为了清除弊端，欧洲国家于20世纪70年代开始相继出现了改革福利制度的浪潮。但是，由于社会保障制度的不可逆性和刚性，改革虽然收到一定的效果，但并未伤筋动骨。

20世纪80年代以后，“去国家化”的市场经济出现大跨步发展，撒切尔夫人及其支持者通过私有化、削减国家财政支出、去行政化、去边界化等一系列措施，大量释放市场力量，西欧社会保障制度中的国家因素随之出现了向下浮动的大趋势，传统社会保障制度的可持续性一再告急。

第三节 欧洲失业保险制度的完善

一、20世纪90年代：开始下行改革阶段

到了20世纪90年代，德国开始对固化的社会保障制度进行艰难的改革，以“从摇篮到坟墓”著称的福利国家瑞典也着手对其慷慨的社会保障制度进行改革。1994年，瑞典政府提高了失业保险金领取资格，将之前工作时间最低要求由失业前一年连续工作4个月，提高到了5个月。另外，瑞典当局还出台了一系列惩罚措施，在1990~1996年，对拒绝接受所提供的工作和积极劳动力市场政策帮助的失业人员，给予取消1~4周失业保险金的处罚，直到其工作满4周为止。1998年对那些拒绝参加类似工作培训的20~24岁的人员，规定3个月后必须参加1年地方性的工作计划，否则没有资格领取失业保险金。1993年丹麦颁布《再就业法》，规定25岁以下的失业人员在享有失业福

利的13个星期内，25岁以上的失业人员在享有失业福利1年之内，应在政府安排的岗位上开始工作或者接受职业技能培训，不然将没有资格继续领取失业保险金。芬兰之前规定失业人员必须在失业前2年内至少工作180天才可以领取失业保险金，1997年将这一期限延长到300天。芬兰对拒绝接受工作安排的失业人员，采取取消2个月失业保险金的政策，同时还可能永久取消失业人员领取失业保险金的资格。

到了世纪之交，欧洲福利国家模式的发祥地英国、德国、瑞典以及其他欧洲国家都前仆后继开始了削减式的改革。这些改革不仅针对社会保险制度本身，还连带重新规范了劳动力市场，降低了社会保险待遇水平等等。国家法规的制定变得更加宽松和更加能够接受灵活就业，对社会救助的发放不再慷慨，还建立了各种资格查验和待遇控制机制。由此，第二次世界大战以后的欧洲社会保险制度发展史大体呈现出前30余年国家化水平向上浮动的趋势和后30余年国家化水平向下浮动的趋势。

二、21世纪以后：下行改革触底，开始“回归”阶段

进入21世纪后，尤其随着2008年全球金融危机以及此后欧债危机的暴发，欧洲的社会保险制度在显现出危机减震器作用的同时，也开始陷入两难的困境之中，债务危机导致的债台高筑经济下滑迫使各国政府压缩财政开支，削减社会福利待遇。但是，宏观经济的衰退停滞也明显拉大了欧洲社会的贫富差距，社会中下层处境日益恶劣，引发社会底层对政府的严重不满，来自欧洲各国社会底层的力量开始通过各民族主义、甚至民粹主义政党，推动社会保护的再国民化，强烈要求政府提高社会保障制度的待遇，以缩小社会阶层的差距。执政者受到巨大的政治压力，在实施紧缩政策和履行财政纪律时踌躇不前。欧洲社会保险制度的下行改革遇到了强大的压力，出现了触底的迹象。

但是，在全球化继续深化的时代，社会保险制度向国家化的回归并不意味着回归到传统的社会保险制度模式。欧洲社会保险制度转型的焦点不再是维护体系的完整性和高标准，开始聚焦于个人的发展和劳动力的自由流动。现代新兴的技术产业更适合灵活就业。这就需要社会保险制度的转型符合对灵活就业形态的保障。另外，在经济全球化深入发展的背景下，资本和社会

之间固有的利益矛盾在继续扩大。欧盟将这一矛盾归于全球治理的缺失，认为全球化为富人逃税提供了天堂，美国总统特朗普的减税计划更令欧盟担忧，一旦美国实施减税，将削弱欧洲国家的财政，导致社会保险的向下趋同，动摇福利资本主义的基本制度。全球化的自由经济和国家化的社会保护体制之间存在着先天的错位缺陷。欧洲国家也许能够通过国家干预治理“国内市场失灵”，但是没有力量解决“全球市场失灵”。通过国际合作达到相互影响形成趋同，减轻欧洲福利国家的外部竞争压力也许是一个途径。所以，欧洲社会保险制度现在所面临的不仅是内部结构的转型，也包括国际合作政策的转型。

第四节 欧洲失业保险制度的演进特点

失业是国家工业化进程中一个巨大的社会风险。劳动者失去工作就意味着失去收入，生活无着落，对整个社会造成的冲击是巨大的。《世界就业和社会展望报告：2019 年趋势》中显示，在北欧、南欧和西欧，失业率处于十年来的最低水平，并将在2020 年之前持续下降。虽然欧洲的失业状况还相当严峻，但在欧洲率先建立的失业保险制度对于化解社会风险，缓和社会矛盾还是起了很大作用的。

一、以复合型制度为主

欧洲发达国家的失业保险制度主要有“失业保险 + 失业救济”的衔接型，“失业保险 + 企业补充失业津贴”的补充型和“失业保险 + 特殊失业补助”的援助型三种，这三种均属于复合型的失业保险模式。也有些国家实施单一的失业保险模式。总体来看，复合型失业保险模式优于相对单一的失业保险模式，复合型的失业保险模式相当于从实际上扩展了失业保险的覆盖面，提高了失业保险的待遇水平，从而有更大的抵御风险的能力，同时可以提高失业人员及其家属生活的保障程度，可以满足不同层次居民的需要。欧洲部分国家失业保险类型，如表 3 - 2 所示。

表 3-2　　欧洲部分国家失业保险的类型

国家	失业保险制度类型
丹麦	自愿保险制度
法国	强制性失业保险+失业救济
德国	强制性失业保险+失业救济
英国	强制性失业保险+失业救济

二、失业保险金替代率呈递减趋势

由于各国历史文化等的不同，失业保险金的给付水平差异较大，综合欧洲各主要国家的失业保险给付水平，大多数国家失业保险金替代率定在失业人员本人就业时工资的40%~60%，虽然差异较大，但基本上是不高于本国最低工资水平，不低于本国失业救济水平。在欧洲许多国家，失业保险金替代率随着失业人员的失业时间延长呈递减趋势。也就是说，在失业人员失业的初期，失业金替代率较高，随着失业期限的延长，失业金替代率逐渐降低。这与欧洲各国失业保险制度有关，许多国家规定随着失业时间的增加，失业人员所能领到的失业保险金的额度就越低，目的是刺激失业人员寻找工作。欧洲部分国家失业保险金平均净替代率，如表3-3所示。

表 3-3　　欧洲部分国家失业保险金平均净替代率　　单位：%

国家	2006年	2007年	2008年	2009年	2010年
英国	29.01	28.68	28.68	29.45	29.35
法国	49.38	48.88	48.59	49.16	49.16
德国	45.58	44.81	44.50	44.78	43.93
比利时	62.18	62.39	63.18	64.92	64.51
丹麦	64.61	63.63	62.92	63.11	40.21
希腊	22.57	22.98	23.96	24.13	23.08
荷兰	40.59	38.26	38.41	38.05	38.01

资料来源：OECD，Benefits and Wages：Statistics.

三、坚持制度动态调整

从历年的经验看，欧洲各国失业保险制度会随着经济情况以及失业状况的变化而不断做出调整。欧洲各国调整失业保险制度的目的主要在于使政府在此类保险的收支方面达到平衡，另外还包括保障生活及促进就业的目的，但各国政策的侧重点各有不同。有的国家侧重调整失业保险缴纳水平，比如德国、比利时和卢森堡；有的国家则是设法削弱失业人员享有的权利，比如丹麦、西班牙、瑞士和葡萄牙等。总之，欧洲各国失业状况越严峻、就业压力越大，对其失业保险制度造成的冲击和挑战就越大，政策调整的幅度和力度也就越大。

另外，欧洲各主要国家对享受失业保险的资格有着严格的规定。第一，失业人员失业前所从事的工作必须属于失业保险所覆盖的范围；第二，失业人员必须是非自愿失业；第三，失业人员失业前通常要交足一定期限的保险费；第四，失业人员应当处于法定的最低劳动年龄与最高劳动年龄之间；第五，失业人员必须有再就业的能力和本领，并在有关部门登记并接受提供的就业机会。

第四章

德国失业保险制度

第一节

失业保险制度基本内容

一、历史进程

德国失业保险制度源于19世纪末的工业革命。工业革命的发展使得机器取代了人工劳动力，出现了大量工人失业的现象。在这样的危机下，失业工人自发组织建立起了失业救助组织。该组织具有一定的互助性质，要求参与组织的人缴纳一定的费用，当入会的工人面临失业时可以持续12周领取10先令的补贴。

到了20世纪初，面对因战争失去工作的工人，德国政府为其提供失业津贴。德国政府于1926年为停止享受失业津贴的工人提供补助。1927年，德国颁布了《失业介绍法和失业保险法》，标志着德国失业保险制度开始建立。该法案的颁布为丧失工作机会的工人及其家属提供一定程度的生活保障，并设立相对独立的，不以营利为目的的失业保险机构，统一管理失业保险资金。

随着德国社会的不断进步，只是简单被动地为失业工人提供生活保障已经不能满足其新的发展。德国于1969年颁布了《劳动促进法》和《职业培训法》。《劳动促进法》的出台取代了早期的《失业介绍法和失业保险法》，其目的在于促进劳动力合理流动、消除产业结构带来的不利影响以及优化不同地区和产业的雇佣结构等。《劳动促进法》在失业保险待遇、管理机构设立以及促进就业等方面做出相关规定：（1）明确享受失业保险待遇条件为具备正常劳动能力的失业工人必须准备接受劳动部门安排的工作；（2）由德国联邦劳工局及其下设的各州、地区劳动局作为促进就业的机构主体；（3）向雇主提供雇佣失业工人的安置补助。该法案是通过设立一系列预防性措施来防止失业现象出现的，降低了失业率。《职业培训法》则是联邦劳工局根据劳动者的工作经历，根据劳动者实际需要制定培训方案，并承担参加培训人员的必要费用，从而实现促进就业激励的发展。这两个法案的出台，标志着德国政府救助性失业救济、互助性失业保险以及辅助性职业促进三位一体的失业保险体系初步形成。

20世纪70年代以后，由于两次世界石油危机，德国失业率持续上涨。在此背景下，德国于1974年颁布《失业救济条例》，旨在为人民提供更为完善的失业保险。自此，德国失业保险制度得到进一步的发展。德国1994年8月颁布实施的《就业促进法》，允许建立私人职业介绍所。这一措施更有利于降低失业率，预防和减少失业。2000年以后，德国的失业保险与职业介绍工作联系愈加紧密，德国政府出台了一项“2000年联邦劳动局”的机构改革计划。该计划的核心是将失业保险机构与职业介绍机构合并在一起，将职业介绍者和失业保险工作者整合到一起工作，这样有利于失业人员领取失业保险金和进行新的求职。这一改革计划充分体现了德国失业保险发挥促进再就业的功能。2001年前后，德国失业现象严重，失业率居高不下。为解决这一问题，德国政府成立了由雇主、雇员（工会）和政府代表组成的哈茨委员会，主席为彼得·哈茨。哈茨委员会出台了哈茨法案，共4部法律，主要是为失业时间超过1年的长期失业人员提供救济与扶持。

目前，德国所实行的失业保险制度是2002年修改制定的。在德国经济发展迅猛，社会较为稳定的情况下，失业保险制度在降低失业率和促进就业方面起到了较为积极的作用。经过了将近100年的发展，德国已经形成了一套符合实际国情的且具有自身特色的失业保险制度。

二、覆盖范围

德国的失业保险属于国家强制性保险，其保障对象基本采取国际标准，覆盖范围较为广泛。具备正常劳动能力并且确实在寻找工作而没有得到适当工作，导致没有报酬收入的人员都为失业保险覆盖人群。德国政府在《就业促进法》规定的失业保险覆盖范围：除国家公务员（国家行政机关工作人员、政府创办的研究所中的一部分重要研究人员及研究负责人等）、企业雇主、个体经营者、临时工及每周工作时间不足18小时的短工之外的月收入在400～5600德国马克的所有雇员和职工都必须参加失业保险，都可享受到国家提供的失业救济金。

三、资格条件

根据德国《就业促进法》的规定，享受失业保险待遇最基本的资格条件有以下五个方面：

（1）失业人员必须参加了法定失业保险。这里所提到的“失业”主要是指暂时处于失业状态的人员，也包含偶尔还能工作的人，但不包括一周工作时间在18小时以上的人员、在企业帮忙的雇员以及个体经营者。这些都不属于失业人员。

（2）失业人员必须取得保险资格。取得保险资格是指失业人员必须在失业前的一定时期内从事某项具体工作，并且履行了按时交纳失业保险费的义务。即失业人员在失业前的3年内至少应从事过365天义务缴纳失业保险金的工作。

（3）失业人员必须已在劳动局进行过失业登记。

（4）失业人员必须已提出申请享受失业保险待遇。

（5）失业人员必须接受劳动局介绍的职业。《就业促进法》中提到，如果年龄在58岁以下的失业人员想要领取失业保险金或者失业救济金，该失业人员必须接受劳动局所介绍的职业。即概括为符合法律规定的、失业人员有能力承担的且符合失业人员兴趣的、劳动力市场可以提供的职业。同时，也包括相应的职业培训。对于这样的职业，失业人员需要定期去职业介绍所参加培训，不能以各种理由拒绝。

四、给付标准与期限

在德国符合条件的失业人员，可以向当地劳动局提出申请领取失业保险金。德国失业保险金标准的确定主要有两个影响因素：一是纯收入；二是有无子女。纯收入的多少需要依据税收等级来确定，有无子女也对享受失业保险金的影响较大。德国在具体发放失业保险金时作出区别对待，体现了德国失业保险制度的公平性。失业保险金的给付标准为失业人员在失业前3个月的平均纯工资的63%或68%，但纯工资在6800马克以上的部分则不能享受给付待遇，其中无子女的失业人员可以享受的失业保险待遇为纯收入的63%，有子女的失业人员则可以享受纯收入的68%。

《就业促进法》规定，如果失业人员具备了享受失业保险待遇的条件，就可以领取失业保险金。享受失业保险待遇的最短期限为78天，即13周（德国的失业保险金按周发放，每周发放时间为6天），最长时间为832天。德国对享受失业保险待遇规定了两个参数，一是履行缴纳失业保险费义务的工作年限，二是年龄。就业时间长，年龄较大的人，缴纳的失业保险费相对要多，因此享受待遇的期限理应长些。按照规定，当一个失业人员在自己应享受的失业保险待遇期限之内重新就业，那么在今后7年之内一旦再次失业，他还可以将原来应享受而未享受的期限加上。但两次享受期限相加，不能超过按照规定所应享受的最多天数。同时，在享受期限上，德国还做了相应的扣除期限的规定，即当失业人员由于自身过失而被扣除失业保险金时，也要相应缩短其享受失业保险待遇的期限。

五、基金使用与管理

（一）基金的筹集

德国失业保险基金的筹集主要来自四个方面：（1）由雇主缴纳失业保险金；（2）由雇员缴纳失业保险金；（3）联邦政府的财政补贴；（4）通过其他渠道筹集失业保险金。德国全国实行统一的失业保险费率，费率由以前的6.5%调整到现在的3.3%，并由雇主和雇员分别承担一半。并且，失业保险金的费率根据全国劳动力市场的需求以及就业失业状况进行调整。雇员的失业保险金由雇主帮其代缴，如果雇员的工资很少，低于保险金总额的十分之一，那么雇主需要缴纳全部的失业保险金，而雇员则无需缴纳。雇主每月将自己和雇员应该缴纳的失业保险费缴给医疗保险机构，再由医疗保险机构在每月的15日之前将该基金划转到专门负责失业保险业务管理的劳动局。失业保险基金全部交由联邦劳动总局。原则上，每个雇主和雇员都要缴纳失业保险金，但

《就业促进法》的规定也有例外。例如，政府官员、公务员、法官、职业军人、神职人员、短暂就业者、假期打工兼职的大中学生、65 岁以上的人、失去工作能力的人、长期无被介绍工作者、临时就业者、国外进修者都不需要缴纳失业保险费。原则上，失业保险基金的收支自负，但当入不敷出时，联邦政府要给予一定的财政补贴。

（二）基金的使用

德国失业保险基金的使用主要体现在四个方面：（1）在失业人员失业期间支付失业保险金，即保障就业岗位，保障其基本生活。除此之外，劳动局也在失业人员失业患病期间给予一定的医疗补助，并通过医疗保险公司进行发放；（2）劳动局对失业人员进行职业介绍支付的费用；（3）劳动局为失业人员进行职业服务咨询以及技能培训所需的费用。早在 1970 年，德国《职业教育促进法》的工作重点已经逐渐由单纯发放失业保险金向加强职业介绍和职业培训方面转变；（4）劳动局的管理费用，通常只占失业保险金的 3%～4%，超出的部分，政府给予适当的补贴。失业保险金从失业人员正式向劳动局申报之日起开始支付，领取时间的长短根据失业人员失业前的工作时间长短和失业人员的年龄确定。享受失业保险的待遇是 78～832 天。其中，不满 42 岁的失业人员可领取 1 年的失业保险金；42 岁及以上失业人员可领取长达 3 年的失业保险金。另外，在失业保险金的使用上，有一个显著特点就是更加注重对职业培训的财政支出。据统计，有 30% 多的大工业企业和 55% 的手工企业自己办职业学校，有 95% 以上的青年受过免费的职业培训。

（三）基金的管理

在失业保险基金管理方面，德国发挥三方监督作用，实行由雇主、雇员和劳动局方面代表组成的管理委员决策机制，这就增强了失业保险基金的使用效率、提高了管理决策的科学性，保证基金的安全与完整，提高基金使用的经济和社会效益。

德国失业保险的管理工作主要交由德国联邦劳动和社会事务部负责。德国联邦劳动和社会事务部主要负责包括失业保险在内的各类社会保险政策的制定并实施监督。联邦劳动总局和地方劳动局负责具体政策的实施落地，主要负责领取失业保险金资格的审查、发放、宣传就业政策、促进就业等。联邦劳动总局下设管理委员会，由雇员、雇主和劳动局各自出 17 名代表组成。州以及州以下的劳动局同样设有管理委员会，由雇员、雇主和劳动局各自出 5 ~ 7 名代表，人数较联邦劳动总局较少。另外，管理委员会是各级劳动局的最高决策机构，实行“自我管理”，由管理委员会行使决策权，保证决策的科学性。

在具体的政策实施操作过程中，德国的失业保险金是由医疗保险经办机构代收，然后再由医疗保险机构转拨给劳动局的。所以，劳动局有权审查医疗保险机构是否及时、足额将征收到的失业保险转拨到自己的账户上来。与此同时，劳动局还有权对企业缴纳的失业保险金进行审查，一般每隔 4 年审查一次，若在审查过程中发现企业不按规定缴纳失业保险金的，可依法进行追诉；短期拖欠失业保险金的，应按应交额收取，长期拖欠的，要加收利息并缴纳滞纳金。

六、失业保险制度功能

德国失业保险制度自 20 世纪 90 年代创建以来，便开始进行失业保险制度功能改革。德国失业保险制度功能经历了从注重基本生活需求补贴到促进就业再到注重预防失业与促就业相结合的转变过程。

早期德国政府实施“就业计划”，旨在改变德国失业保险重生活补贴、轻促就业的理念，把政府工作重心转移到控制福利支出、加大就业培训力度、鼓励社会投资和促进再就业等方面。但由于德国面临着沉重的福利负担以及所处的社会环境，并没有使德国的失业状况得到有效改善。2002 年德国成立哈茨委员会来解决德国失业问题，其主要改革内容是促进失业人员尽快重新进入劳动力市场。从 2002 年 6 月起，哈茨委员会相继提出了 4 部哈茨法案，对于促进失业人员进行再就业做出了详细的规定。哈茨Ⅰ法案主要是为失业人员提供良好的就业环境和就业服务，并通过一些处罚规定；哈茨Ⅱ法案是鼓励失业人员进行自主创业，创办公司等；哈茨Ⅲ法案是对失业保险金的待遇水平进行调整；哈茨Ⅳ法案是将失业救济金和社会救济金合并。最后一次改革力度最大，是将失业保险和社会救济双轨制待遇运行的传统彻底改变，此后以社会水平来确定保险金额和底线。

2005 年，德国失业保险制度开始转变为预防失业与促进就业的功能并重。2005 年德国政府提出要减轻企业税收负担，放宽劳动力市场；并对一些处于特殊行业的人员发放一定的“开工不足补助金”，目的是防止该行业失业率的上升，同时也希望促进这些人员能够利用各种培训机会实现转业与再就业。德国政府通过立法来限制企业裁员，法律规定企业应给予被裁员的职工一定的补贴，并且需要提前3个月通知职工，而进行大规模裁员的企业必须要提前1~7个月告知政府，政府应为该失业人员提供重新就业的机会，并为破产企业的员工支付3个月的工资补贴来帮助其渡过难关。2008年德国的失业保险费率接连降到3.5%，政府成立专门的就业办公室来制定积极有效的就业安置计划，并为积极参加职业培训的失业人员提供各项补助来满足其基本生活需要。此外，德国政府对于就业办公室的工作业绩进行定期考核评估，保证就业办公室的工作落实到位，保证失业人员能够尽快重返劳动力市场。

第二节　失业保险制度运行政策

一、保障生活政策

德国失业保险制度的基本保障分为生活保障和住房保障。联邦政府负责生活保障，地方政府提供住房保障、子女照顾等。

（一）保障覆盖范围广泛

德国失业保险制度覆盖群体广泛。基本保障的享受对象不仅限于失业人员，还包括那些收入低于最低生活标准的在职人员。领取基本保障者主要分为三种情况：一是没有任何收入的人员；二是全天工作，但工资收入低于最低生活标准，缺口由基本保障补充；三是正在领取失业保险金，但领取后人均收入仍低于最低生活标准，由基本保障补充缺口。基本保障的标准根据所在地的最低生活标准确定。对于家庭而言，人均住房面积低于30~40m^2的，就会给予住房补贴。另外，职业服务中心还按一定数额给享受基本保障者支付养老保险费和医疗保险费。

失业人员如果由于某种原因无权领取失业保险金，则会得到失业救济金。即使没有加入失业保险的失业人员，同样可领取失业救济金。失业救济金与失业保险金的性质有所不同，它属于政府承担的社会义务，是帮助穷人的措施；而失业保险金则是对失业人员的保险支付，不取决于投保人的贫富差别。计算失业救济金的基础是申请者最后的净工资收入，有抚养子女的按58%计算，其余按56%计算。领取失业救济金没有时间限制。

同时，失业人员也应该具有享受医疗和养老保险的权利。德国采取了给失业人员继续交纳医疗和养老保险费的措施，使失业并不影响失业人员享受医疗和养老保险的权利。

（二）待遇标准高

德国失业保险待遇标准较高。例如，2016年德国失业人员每月平均领取879欧元，约合人民币6800元，参考同期上海平均工资约为6504元。具体情况，如图4－1所示。

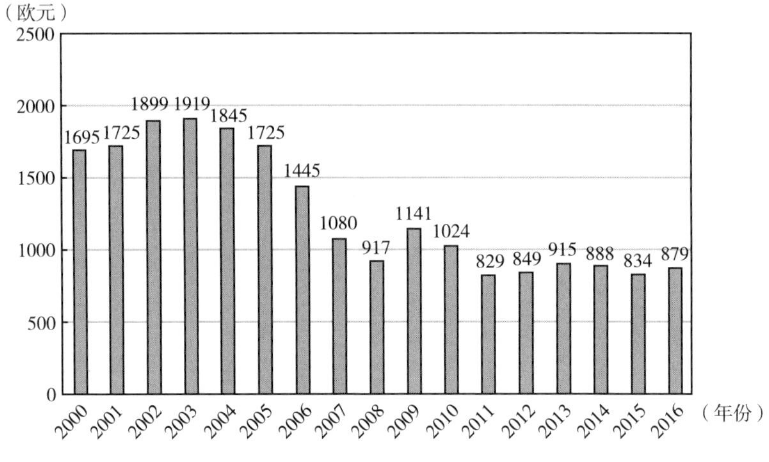

图4－1　德国失业人员每月领取的一类失业金金额

资料来源：http：//de. statista. com/。

与此同时，德国失业保险还有针对企业破产、亏损影响雇员收入时的补偿。雇员在雇主无支付能力情况下，有权申请因破产而损失的工资收入补偿，最长至宣布破产前3个月，破产的雇员收入损失补偿由劳动局支付。同时，劳动局也为当事人交纳与此同期尚拖欠的法定医疗保险费、养老保险费和失业保险费。所有雇员，包括没有加入失业保险的雇员，都能得到破产时收入损失的补偿。

德国的社会保障支出占 GDP 和财政支出的比重在 1995 年分别为 26.6% 和 48.5%；2000 年为 29.3% 和 59%；2003 年为 30.2% 和 58.2%；2009 年为 31.3% 和 57.8%；2010 年为 33.3% 和 56.7%；2011 年为 33.7% 和 56.3%。自德国失业保险制度建立以来，在失业保险和促进就业方面的开支呈现逐步上升的趋势，如表 4－1 所示。这一方面为失业保险制度的实施提供了充足的物质保障，另一方面也促进了德国经济的发展和社会的稳定。

表 4－1　　社会保障各项支出占财政总支出的比重　　单位：%

	1995 年	2000 年	2007 年	2008 年	2009 年
养老	14.2	19.2	19.5	19.3	18.9
健康	14.6	17.6	17.7	17.8	18.0
失业	2.8	3.0	3.2	2.9	3.5
积极劳动力市场计划	2.2	2.7	1.7	1.8	2.1
丧失工作能力	4.9	5.3	4.7	4.8	4.8
家庭	3.9	4.7	4.2	4.3	4.3
住房	0.5	0.7	1.4	1.3	1.3
遗嘱	5.0	5.5	4.8	4.6	4.5
其他社会政策领域	0.4	0.3	0.4	0.4	0.4

资料来源：http：//www.doc88.com/p－7754497581555.html。

二、促进就业政策

（一）给予雇主补贴鼓励雇用失业人员

德国政府通过给予政府补贴的形式来鼓励企业雇用失业人员，旨在弥补企业雇主雇用失业人员而增加的成本。补贴期限一般为半年，补贴额最高不超过失业人员再就业工资的 50%。当企业发生经济运转困难而需要缩减员工的工资报酬时，雇员的工资收入缺口需由政府划拨失业保险基金补贴来承担。

（二）加强对失业人员的职业培训

一是通过加强立法来促使失业人员进行职业培训。德国《职业教育法》明确规定了对失业人员所进行的职业培训、职业进修等。《劳动促进法》也列出了关于失业人员在失业期间进行职业培训可获得相关培训补贴与生活费用补贴的规定。德国颁布的一系列促进失业人员进行职业培训的法律为失业人员能够实现再就业提供了保障。

二是政府加大财政投入力度鼓励失业人员参与职业培训。德国政府每年用于资助失业人员进行职业培训、职业进修的财政资金费用约为55亿马克。目的是为在进行职业培训的失业人员提供相应的财政补贴或优惠减免。当劳动者接受完职业培训后可获得资格证书。若劳动者拥有较多的资格证书，并且通过长期义务劳动来证明自己的劳动价值与能力，联邦劳工局可为其提供适合该劳动者的较为理想的工作。同时德国政府还为提供适合劳动者工作岗位的企业给予期限最长为12个月的工作补贴，达到失业人员和企业同时重视职业培训的目标。

三是政府积极实行培训券制度。自政府开始实施培训券政策以来，大大提高了失业人员的培训质量，有利于该群体早日重新进入劳动力市场。培训券制度实施后，失业人员享有自行选择培训机构以及自己所感兴趣的技能等多种权利。劳动部门在与失业人员沟通时，就其受教育程度、工作经历、对未来的职业规划等方面，判断出劳动者的自身技能缺口，并根据失业人员技能缺口来制定培训券。同时为了保证职业培训的质量，政府还会委托第三方机构对职业培训机构进行考察评估。失业人员在通过评估的培训机构进行培训，所产生的培训费用通过培训券来计算。

四是政府重视对青年的职业教育培训。在早期年间，德国青年失业现象较为严峻。1991～1997年是德国失业率的快速上升阶段，从5.6%上升到9.8%，其中大部分是中断了学业或职业培训。而青年是促进德国经济发展的重要群体，是实现就业目标的关键。因此，为了降低青年群体的失业率，近些年来德国政府实行具有自身特色的双轨制职业教育体系。一方面是在职业学校进行学习，青年在通过学校组织实施的职业专业理论考试后颁发毕业证书。另一方面则是通过在校学生与各类培训企业签订职业培训合同，青年学生通过在企业学习技能，最终由专业的行业学会对其进行考核认证。

五是德国形成了完备的良性职业培训机制。德国的职业培训具有针对性，效率较高。在为失业人员进行职业培训前，联邦劳工局及劳资双方会根据现阶段的工作岗位需求以及对未来技术的发展、产业结构调整的预测，为失业人员做出有关职业培训的专业方向、技能掌握等方面的指导，然后再进行实践。在进行新技能培训前，能够使劳动者在未来产业结构调整过程中降低失业的风险。先了解工作岗位需求，再进行职业培训，就会起到实现推荐就业的良好效果，就能使处于失业状态的人员尽快找到适合自己的新的工作岗位。

德国的失业保险制度侧重于促进就业这一功能。德国政府实行的职业培训计划，不仅能够促进实施积极的就业政策，而且能够确保失业保险制度的有效实施。在对失业人员进行了职业培训后，不仅提高了失业人员自身专业技能素质，增强了就业竞争力，在为再就业创造更多机会的同时，也减少了社会上寻求失业保险庇护的失业人员，减轻了失业保险金的压力。

（三）积极开展职业咨询和职业介绍

德国联邦劳工局每年大约都要投入 5000 万马克的资金用来开展职业咨询和职业介绍等活动，主要包括建立就业情况档案、连接全方位的就业信息系统、出版各类就业咨询与指导资料等。而这些信息的提供面向前来咨询的劳动者都是免费的。

德国的职业介绍对象主要包括两类群体：一类是失业人员，一类是 15～30 岁的青年学生。职业咨询部门的咨询员需要通过特定的培训，必须正确掌握每个职业的具体要求及其发展前景，同时也能够清楚了解每一个咨询者的自身情况以及工作要求，在这样的情况下达到的咨询效果较好，失业人员一般能够在 5 天之内有较为明确的答复，两周之内就能有结果。

德国的职业介绍主要是通过工作介绍券来实现的。当失业人员在寻找工作时，除了去劳动局还可以去其他私营中介机构。只有在当劳动局不能为劳动者提供合适的工作岗位时，劳动者才可以申请工作介绍券。如果能为劳动者介绍到较为成功的工作，工作介绍券则可以代替货币用来支付相应的报酬。工作介绍券的最高上限为 2000 欧元。

（四）实施积极的劳动力市场政策

德国十分重视挖掘劳动力市场对失业保险制度的辅助效果。为促进再就业营造良好的市场环境，积极对劳动力市场进行培育和发展。德国政府通过实施积极的劳动力市场政策来加大劳动力市场的灵活性，其中最突出的做法是缩减工作时间。如德国金属业工会与企业雇主协会达成共识，从 2018 年的 4 月份起，在提高雇员 4.3% 月工资的同时，将原来每周 35 小时的工作时间缩减为

28 个小时。工作时间的调整，对于整个社会而言，无疑是变相地增加了劳动力市场对劳动力的需求，提高了就业率。因为在工作总量不变的情况下，工作时间缩短了，就必须要通过增加劳动岗位才能完成。这一做法有利于推动德国实现就业目标。

（五）创造就业岗位并鼓励自主创业

德国政府为失业人员积极创造就业岗位。对于社会上一些公共事业单位的就业岗位，雇用一名失业人员可以按照 50%～100% 的标准为其提供工资补贴。若为年龄在 50 岁以上，失业时间超过 1 年的劳动者，则按 50%～78% 的标准为其提供补贴。德国政府规定为失业人员提供补贴的时间最长可达 8 年。

同时德国政府为降低失业率，还鼓励失业人员进行自主创业。为了充分提高失业人员的积极性，使他们尽快投入到新的工作中，政府对其提供创业补贴、税收减免、小额贷款等优惠政策。对于失业人员实施的创业项目，政府还会提供专门的技术人员对失业人员的创业项目进行指导，鼓励失业人员充分实现自主创业，促进就业目标的实现。在领取失业保险金方面，失业人员在进行自主创业的前 9 个月可以继续领取失业保险金，此外政府每月还会为其提供财政补贴。

三、预防失业政策

德国的失业保险制度不仅是强制性的，而且还逐渐把一些以预防为主的失业保险措施，如财政拨付、职业进修、职业咨询、增加就业机会等作为失业保险的重点，增强了失业保险的预防失业效果。

（一）资金来源有保障

德国失业保险基金的来源主要采取的是三方原则，即雇主、雇员和国家共同分担。首先是雇主和雇员依据法律规定的失业保险金缴纳比率对半缴纳，然后当出现赤字的情况时由国家财政补贴。国家对失业保险金赤字部分的补贴和失业救济金的全额拨款，主要是由国家财政收入支付。在德国的财政收入中有一个重要的项目，即“强制征收”。这主要体现在，一方面国家依法征收的直接税、间接税和各类地方税；另一方面是社会保险税，也就是政府、社会保险机构向工资收入者、独立劳动者和雇主征收的变相劳动收入所得税，也被称作“社会性征税”。强制性征收在国内生产总值的比重是呈现上升趋势的，早在20世纪60年代就已经占30%，70年代为40%，到80年代就已经接近50%，从而使得国家用于失业保险中的财政补贴有了稳定的资金来源。

（二）劳动力市场信息分析与预测

德国非常重视劳动力市场对失业保险制度的影响和辅助效果，注重挖掘劳动力市场的信息变化并进行深入分析预测，为再就业营造良好的外部市场环境，积极对劳动力市场进行培育和发展。“哈茨计划”提出推广迷你工作，一方面，通过“部分时间工作制”和“弹性工作周制”来增强劳动力市场的灵活性。在德国比较激烈的竞争行业，例如轮胎制造业，星期六、星期日也允许开工，以此来促进就业。德国的“弹性工作周制”规定，只要每年平均周工作37.5个小时即可。另一方面，劳动者在从事本职工作的同时，还可以灵活地兼职做其他工作，并且所得薪酬不与劳动者主要工作的工资累计缴税。迷你工作的收入在400欧元限额以内，还可免缴一切社会保险费，收入在400~800欧元的，要缴纳4%~20%的社会保险费。这些政策在一定程度上增加了劳动力市场对劳动力的需求，增强了劳动力市场的灵活性，缓解了日益增加的劳动力供给压力和失业困境。

德国联邦总局不仅在失业保险基金方面给予充足的补贴，还特别注重依据劳动力市场的职业需求进行职业培训，形成了了解就业需求、进行职业培训、推荐就业的良性培训机制。哈茨Ⅳ法案的主要思想是“要求和促进”。“要求”是指失业人员，特别是长期失业人员在领取失业保险金之后必须接受职业介绍机构提供的任何工作；“促进”主要是指政府为失业人员提供良好的就业指导。并且，德国的职业培训主要依据的是对劳动力市场的信息分析与预测，效率非常高。在进行职业培训时，联邦劳动总局和劳资双方通常根据当前市场工作岗位需求以及对未来市场中先进技术、产业结构调整的预测，规划有关职业培训的方向、专业、技术、规模等，再投入到具体的培训工作中。例如，实施的超前开发新技术的培训，目的在于避免劳动者在产业结构升级调整中存在失业的风险。对劳动力市场信息进行分析与预测，掌握劳动力市场的就业需求动向到对劳动者进行有关的职业培训，这在预防失业方面发挥了良好的效果。据有关调查表明，有75%的失业人员在经过一届职业培训后在半年期间找到了新的工作。与此同时，失业保险制度的一些措施，还拓宽了就业领域，催生了一些部门的产生和发展，例如第三产业、教育和培训等，这些部门又增加了劳动力市场的职业需求，从而形成了良性循环。

（三）对雇主给予支持

德国失业保险制度同样对雇主给予优惠支持政策。主要是通过安置补贴、开工不足补助金等方式鼓励雇主雇用失业人员，目的是弥补企业雇用失业人员而增加的成本。企业在面临经济困难而压缩雇员工作时间或降低雇员报酬的情况下，雇员的工资收入缺口也由政府补贴，从失业保险基金中支付。这是德国立法上的创新，也是失业保险制度预防失业的一种新举措。德国劳动局主要给予雇主提供以下四种待遇：一是提供安置补贴，补贴标准是工资收入的80%～90%，时间不得超过3年。二是鼓励新成立的企业雇用失业人员。对刚成立不足2年的企业提供安置补贴，补贴标准相当于工资收入的50%，时间为1年，上半年的补贴标准是工资的60%，下半年是40%。此外，政府还对该企业给予一定的税收优惠。三是特殊待遇。雇主和雇员签订半年期限的“安置合同”，到时间自动解除，由此来提高雇主和雇员之间建立长期劳动关系的可能性，使雇主和雇员之间可能产生的不满降到最低。并且对签订“安置合同”的人员，劳动局不直接给予补贴，而是对因病、因事不能够按时上班的，当雇主不发放工资时，由劳动局承担。四是残疾人的预防失业措施。对雇用残疾人的雇主，劳动局提高一定的补贴，补贴额为工资收入的90%～100%，但最长期限不超过3年。

哈茨Ⅱ法案还侧重于鼓励个人创办企业，为小型企业和低收入者提供税收上的减免，并对不同企业实施不同的补偿计划。补偿对象主要包括小型企业和微型企业。在哈茨Ⅱ法案中，还提出了个人企业的概念，为劳动者提供了灵活的就业形式。所谓个人企业，是指允许失业人员自我雇佣，自己建立企业，缓解劳动力市场上的就业压力。在企业年收入低于25000欧元的情况下，政府最长会为企业提供3年的资助，其中每月的资助金额分别为第一年600欧元，第二年360欧元，第三年240欧元。超过3年即使企业的年收入没有达到25000欧元，政府也不再进行资助。

依据劳动力调查估计显示，2016年德国的失业人数同比下降8.2%，约16

万人，总数略低于180万人。同期，劳动力市场上活跃的劳动力增加了0.6%，约26.5万人，总数达到4520万人。由此，德国的失业率下降到4.2%，在所有欧美成员国中排名第二，位居捷克共和国之后。由此表明，德国的失业保险制度发挥了至关重要的作用。

第三节 失业保险制度主要特点

一、健全法律法规体系

早在19世纪，德国就已经建立了世界上第一个社会保障制度，并在1927年就已建立了失业保险法律法规，是世界上较早建立失业保险制度的国家。德国实施的失业保险制度是通过所建立的失业保险法律法规固定下来的，为各类失业群体的失业保险制度提供了完善的法律保障。通过实施一系列法律法规，使得德国成为世界上社会保障制度最为完善的国家之一，德国率先建立社会保障制度并成功运行得益于立法先行。

二、实行机构自治管理

德国失业保险机构设置合理化，责任分工明确，实行自治管理，以保证失业保险制度的作用得以充分发挥。德国失业保险的承办机构是联邦劳动局，政策的制定交由联邦劳动和社会事务部负责。而联邦劳动总局及其各地方的劳动局作为独立的法人，主要负责具体的失业保险业务经办以及预防失业、促进就业等事务，这就将政策补贴和积极促进就业紧密联系起来，对预防失业、促进失业人员实现再就业发挥了至关重要的作用。除此之外，劳动局是一个具有公共法人性质的团体组织，实行自治管理，由雇主、雇员和政府三方代表共同参与管理。三方代表平等组成的管理委员会行使政策的决策权，这就在一定程度上保证了决策的科学性、客观性。虽然各类社会保险机构具有公共法人的地位，但在一定程度上仍然受到政府的影响，受其制约。

三、推进职业培训

德国强调促进再就业，大力推进职业培训。德国的失业保险制度突出职业培训，具有完备的职业指导体系、法定的指导机构与多样的咨询机构。德国高度重视职业教育与职业培训，尤其是青年群体的职业教育培训，采取双轨制职业教育体系。在德国的失业治理政策中，推进职业培训以提高劳动者就业能力为核心政策之一。德国政府通过实施一系列职业培训、职业教育及职业介绍等积极就业措施来促进失业人员实现再就业，从而实现就业目标，促进德国经济发展与社会进步。

四、实行失业保险与失业救济双重保障模式

德国实行失业保险与失业救济相结合的双重保障模式。失业人员领取的失业保险金无需再进行缴税，并且劳动部门还为这部分领取失业保险金的失业人员缴纳养老和医疗保险费。针对无权继续享受失业保险金或者本就无权享受失业保险金的失业人员，联邦政府为该部分失业人员提供失业救济。这种将失业保险制度和其他社会保障制度紧密结合的方法，提高了对失业人员的保障水平，使他们全部都纳入到失业保险制度中，应保尽保。通过一系列有效衔接与整合的制度安排，减缓对失业人员在社会、家庭生活等方面的各种冲击，使他们得到全方位的、人性化的保障。

五、实施积极的失业保险和促进就业政策

德国实施积极的失业保险和促进就业政策，变失业被动保险为就业积极保险，结合失业救济和促进就业，更加侧重促进再就业。目前，德国已经基本形成积极的失业保险和促进就业的政策理念。失业保险制度不能只是被动地发放失业保险金，而必须将帮助失业人员再就业作为制度工作的重点。德国之前的经验教训表明，发放失业保险救济金只治标不治本，无法真正解决失业人员的困难，从根本上帮助他们实现再就业。德国联邦政府为预防失业、增加就业岗位，采取了一系列反失业政策措施。例如，紧缩的财政税收政策、灵活的工时

和工资政策、促进私人投资、扶持中小企业等。一方面，为失业人员提供失业保险金等待遇补贴，另一方面失业保险制度的工作着重点已实质性地转向了促进就业。不仅出台了多项优惠扶持补贴政策，而且还投入了大量的资金，并且资金投入量呈逐年上升的趋势，这就使得将失业保险与促进就业紧密结合在一起。另外，雇主、雇员、工会、雇主协会、失业保险经办机构、政府相关部门等都十分注重失业和促进就业问题，各尽所能，采取扶持措施，帮助失业人员找到新的工作岗位，形成了多层次、多结构、多方面预防失业、促进就业的格局，使得德国失业率持续下降，就业人数呈逐年增长的态势。

第五章

英国失业保险制度

第一节

失业保险制度基本内容

一、历史进程

自1990年开始，英国政府致力于对失业保险制度的变革工作，主要是为了完善失业保险制度的功能。英国失业保险制度前期属于一种消极型的制度，主要是对失业人员的基本生活进行保障，失业保险金给付水平较高。失业保险制度的这种高福利容易导致失业人员对其产生依赖。此后，英国政府便开始严格规定失业保险制度的给付条件，并适当降低给付水平，防止“养懒汉”的现象出现。

1998年，英国失业保险制度开始走向促进就业的关键阶段。这是因为布莱尔政府推出了促进工作福利的方案。该方案的根本目标是在给予没有工作能力的人群基本生活保障的基础上也要给那些有工作能力的人群提供大量的就业机会。1998~2000年，英国政府颁布了一系列以不同人群为对象的新政策，主要有“长期失业人员就业新方案”“单亲父母就业新方案”“残疾人就业新方案”“青少年就业新方案”等。此外，政府还委托非政府组织和私人团体提升求职者的技能。求职者如果在期间成功就业，受委托的团体可以保留失业津贴的同时获得政府发放的就业奖励金。

2001年6月，英国成立就业和退休金部。就业和退休金部由原社会保障部和原教育就业部合成。该部门一共有12.5万名员工，工作人员总量占英国公务员总数的四分之一，是一个非常庞大的机构体系，负责1000亿英镑的开支，在英国政治经济及社会生活中具有非常重要的影响。

2002年4月，英国创建了新型的就业服务中心。该中心归属就业和退休金部管理，全面整合了传统的就业服务中心以及社会福利中心两大部门的工作任务，是目前政府最大的服务机构。该机构一共有3.5万名工作人员，而且在全国各地设立了1300多个办事处。新型就业服务中心的目标主要有两个：第一，针对那些有工作障碍的人群给予一定的福利与支持，确保其可以维持基本生活。第二，针对那些具有工作能力的人群给予就业信息帮助与相关服务，促进其再就业。新型就业服务中心使用计算机系统高速和快捷地为求职者、雇主提供服务，并为长期失业人员提供特殊帮助和服务。

为了更好地适应实际发展情况，英国政府于2007年又推出了弹性就业政策。该政策为所有年龄层次的求职者建立了就业服务平台，它是在不分失业人员年龄、工作经历、学习背景、文化背景等因素的基础上，根据求职人员的实际需求提供针对性的就业服务和支持。该政策的主要目的是帮助每一个失业人员获得再次工作的机会，让那些没有工作能力的人群通过该政策的帮助变成能够工作的就职人员，如此能够减少大量的失业津贴。2013年，英国再次推出新政策，名为有偿失业保险计划。该计划规定，在较长一段时间没有就业的人员需要尽自己能力做一些力所能及的工作之后才可以领取失业保险金，而且每天还要按时参加工作中心的职业培训，或者参加全日制的训练课程，以提高自身的专业技能和就业能力，以此增加就业机会。

二、覆盖范围

1911年，英国通过《国民保险法》。由此，英国开创了强制性失业保险制度的先河。英国失业保险制度后来被很多国家效仿，成为世界失业保险制度的主流模式。一直到1995年，英国失业保险的现行立法正式颁布。在英国法律中明确规定，只要拥有固定工作的人员均有义务参加失业保险。可见，英国参加失业保险的条件很宽泛，劳动者是否参加失业保险与个人意愿无关。在英国，凡是周收入在62英镑以上的员工，都在失业保险的覆盖范围之内，此外还包括自我雇佣者或自雇人员、缴纳减额养老保险费的已婚妇女和遗孀。目前，英国86%的劳动力都在失业保险覆盖范围之中。可以看出，英国失业保险制度的覆盖范围非常广泛。

三、资格条件

在英国，失业保险享受的条件还是比较严格的，具体条件包括：一是要求是处于劳动年龄段的劳动者，即年满18岁的失业人员或每周工作时间低于16小时的人员；二是失业人员在失业前必须缴纳一定期限的社会保险费。最近2个纳税年度中，有1年缴纳了全部的社会保险费，并且缴纳社会保险费的收入基数不低于周应税收入最低限额的25倍；或者最近2个纳税年度中，每年缴纳社会保险费的收入基数不低于周应税收入最低限额的50倍；三是失业后需登记备案，要在规定的期间内到对应的职业介绍所进行失业登记，并且两周到职业介绍所填一次表；四是失业人员自身有工作能力，而且自愿从事一定工作；五是当存在以下情况时，都不能给予失业保险待遇：失业人员以不正当的理由辞职、失业而不参加相关职业技能培训、不接受职业介绍所提供的工作。

四、给付标准与期限

根据英国《失业保险法》的规定，失业人员领取失业保险金的待遇标准为：第一，对于年龄在25岁以上的失业人员，每周可以领取49.15英镑的失业保险金；第二，对于年龄在18~24岁的失业人员，每周可以领取38.90英镑的失业保险金；第三，对于年龄在18岁以下的失业人员，按周领取的失业保险金是29.60英镑。英国领取失业保险金的最长期限是6个月。同时，领取上述失业保险待遇还需要3天的等待期。针对那些不符合缴费型失业保险金领取资格的人员，可以领取收入调查型失业保险金。如果符合领取失业保险津贴的要求，就能够获得最高值为周收入的85%，支付最长周期是52周的失业保险津贴。若是超过了一年还未实现再就业，那么就可以申请领取其他的失业救济金了。

五、基金使用与管理

为了促进教育与就业工作之间更好地配合，共同为解决失业问题而发挥各自的作用，英国失业保险基金的使用与管理主要是通过教育就业部和社会保障部这两个部门一起来负责的。教育就业部的主要工作任务是，完成失业情况的登记工作，并为促进失业人员尽快再就业提供特定的培训工作。其中，有关就业服务的具体工作由教育就业部的下属组织，设有个 9 大区局、153 个分区局和 1100 个就业中心的就业服务局完成。社会保障部是失业保障的决策和管理机构，由设在各地的地方社会保障办公室负责具体工作。社会保障部的主要工作任务是，针对教育就业部制定的失业保障机制进行审核，并将失业保险津贴发放给失业人员等。因此，英国在统一社会保险管理机构的基础上，又将社会保险与社会救济等社会保障制度的管理统一起来，全部由社会保障部进行管理。英国管理机构的统一和管理组织的完善，使失业保险金的筹集更加规范，失业保险金的使用更加高效，这也正是英国失业保险制度的优势所在。

六、失业保险制度功能

英国是世界上第一个建立强制性失业保险法律制度的国家。英国失业保险制度历经百年，不断完善，主要发挥了保障生活、预防失业、促进就业三种功能。

首先，失业保险制度可以维护社会稳定，保障失业人员的基本生活。失业保险金可以通过帮助失业人员维持最低的生活水准，从而维护社会和谐，带动经济发展。其次，失业保险制度可以通过帮助稳定就业岗位，来抑制和预防失业。从世界各国以往的经验可以看出，失业保险能够真正发挥“社会稳定器”的积极作用，其不再仅仅局限于强调失业保险的保障生活功能，而在于强调发挥抑制失业和预防失业的功能。最后，失业保险制度可以通过发挥失业保险金的效益来促进就业，以此实现再就业的目的。在确保失业人员失业保险待遇的基础上，失业保险制度进一步发挥促进再就业功能。采取进一步拓展再就业资金补贴渠道，用失业保险金支持参保单位转岗培训，鼓励失业人员自主创业、灵活就业，提升公共就业服务机构职能等方式，通过促进再就业来控制和减少失业，从而在根本上解决失业人员的就业问题。

第二节 失业保险制度运行政策

一、保障生活政策

（一）覆盖范围广泛

英国初期的失业保险制度仅覆盖7个技术性行业的200万左右的体力劳动者。随着英国社会保障制度的改革，20世纪40年代末英国失业保险制度的覆盖范围已扩大到2000万人，占到各类工薪雇员的80%左右。1920年颁布的《失业保险法》将失业保险制度的覆盖范围继续扩大，除农业工人、家庭佣工、教师以及公务员等外，年收入不足250英镑的所有劳动者都可以参加失业保险。1934年，《失业法》进一步扩大强制保险的覆盖范围，为没有参加失业保险或失业保险期已满的失业人员提供援助。1936年，英国失业保险制度的覆盖范围已经扩大到农业工人。由此可以看出，英国失业保险制度的覆盖范围非常广泛。

（二）待遇标准高

在英国，不管失业保险金的受益人在原始工作单位中的收入如何，都将获得相同数量的失业保险金，而且最长申请期为6个月。为了确保失业保险金能够满足失业人员的家庭日常需求，失业人员还可以按规定申请收入补贴。为了鼓励失业人员找到工作，英国在1995年实施的新的求职者法案还规定了一项单一补贴，即“求职者津贴”，用来取代之前的失业保险金和收入补贴。求职者津贴发放给25岁及以上的单身求职者或单亲父母。求职者津贴最高发放可达每周65.45英镑，单身或25岁以下的人士可获得51.85英镑，一对夫妇可获得102.75英镑。另外，还可以根据通货膨胀情况来适当提高当年的补贴支付水准。

二、促进就业政策

（一）实施“新政”计划

从1998年到如今为止，英国推出了一项较大规模的促进就业计划，即

“新政”计划。“新政”计划主要是为促进青年、中老年和其他困难群体就业而给予一定的政策引导。“新政”计划指的是政府通过采取多项措施，给予未找到工作人群一些帮助，以改变其生活状态，从之前只是享受政府发放的失业救济与福利，向获得新的就业岗位进行转变，实现“从福利到工作”。“新政”计划一共涉及50亿英镑的支持资金，其中31亿英镑用于对青年人再就业的扶持。以下五种类型的群体可以获得“新政”计划的帮助。

1. 年龄在18～24岁且失业6个月以上的青年失业人员

“新政”计划在刚刚开始实施的时候，首先针对的就是年龄在18～24岁且失业6个月以上的青年失业人员。这批青年失业人员往往宁愿在家领取政府救济，也不愿出去寻找工作。因此，政府规定只要年龄在18～24岁，而且已经超过6个月都在领取求职者津贴的青年失业人员，均能够申请“新政”计划的帮助。政府会给符合条件的所有青年失业人员均安排一个就业咨询的个人顾问，顾问在了解青年失业人员自身的情况之后，会给他们相对应的咨询意见，激发他们寻找工作的动力。通过就业顾问的引导帮助，青年失业人员可以根据意愿选择直接找工作，或者在志愿部门边干边学，或者找一个全日制学习的机会。

如果青年失业人员选择直接进入工作，雇主会给他提供一个工作期限至少是半年的工作。如果选择全日制的工作，雇主将会得到每周60英镑的补贴。半年之后，一般情况下青年失业人员会继续从事这项工作。如果放弃了这份工作，那么他们在这半年再就业的工作中也学习到了一定的知识与技能，雇主为此还可以得到750英镑的培训费用补偿。如果青年失业人员倾向于留在志愿部门工作，他们能够享受高质量的、有促进技术水平提高的培训，并有望通过培训获得承认的证书，为今后增加就业机会提供基础。在此期间，他们同样有权利获得求职者津贴，还外加400英镑的补贴。有时还直接提供给他们工资来代替津贴，而且其他福利如住房福利等都还照发。如果青年失业人员选择参加全日制的培训和教育，这时他们会参加为期52周的专业培训，并可以取得资格证书。同时，整个培训过程中的书本和其他学习材料费用，可以争取得到个人顾问的帮助。

2. 年龄在25岁以上且连续失业2年以上的求职青年

自1998年4月，“新政”计划的覆盖范围开始扩大到年龄在25岁以上且失业达到2年以上的失业人员。“新政”计划给失业人员两种选择：一是获得全新的工作。为这个计划提供工作机会的雇主可以在6个月内获得每周75英镑的补贴。二是获得为期1年的全日制教育培训机会。

另外，“新政”计划还针对这部分青年失业人员具有一定的技能或专业知识的情况，采取了相应措施：第一，针对这部分青年失业人员的专业知识和专业技能的综合评估结果，给予其一定时期的培训，目的是增加其就业技能。第二，向需要雇用员工的雇主进行强烈推荐，帮助其尽快找到合适的工作。第三，鼓励雇主向这部分失业青年提供具有政府津贴性的工作岗位。雇主如果提供半年每周工作30个小时以上的全日制工作岗位，将得到每周75英镑的工资补贴；如果提供半年每周工作16~29小时的半日制工作岗位，将得到每周50英镑的工资补贴。同时，雇主如果保证为这类雇员每周提供一天的有职业资格证书的培训，还将得到750英镑的培训费。半年以后，如果这类雇员在工作态度、技能和质量方面对企业有帮助，雇主就必须长期雇用他们，而且也不得为了获得工资补贴而辞退正式雇员。

3. 年龄在50岁以上的长期失业人员

针对年龄在50岁以上的长期失业人员，政府制定了以下几项政策。

第一，为这部分失业人员提供就业津贴项目。如果这个年龄组的长期失业人员拥有一份税前年收入在15000英镑以下，且每周需要工作30个小时以上的全日制长期工作，那么这部分失业人员将得到持续52周的每周60英镑的免税就业津贴，以使其年收入至少不低于9000英镑。同时，只要这部分失业人员开始工作，还可以得到750英镑的培训补贴费。第二，为这部分失业人员提供自创小企业项目。创业者先向当地银行的小企业项目提出申请，银行对其提交的创业方案或开办计划审核之后，将52周的就业津贴金和一次性的培训补贴费支付给他们创办自己的小企业。第三，为这部分失业人员提供试工项目。通过试工项目，失业人员可以向雇主展示他们的工作态度和专业技能，一般最长时间是15天。该计划为参与项目的失业人员提供免费的培训课程，并对面试费用进行报销。

4. 单亲家庭者

这里的单亲家庭指的是拥有学龄儿童的单亲家庭。“新政”计划中主要负责帮助单亲家庭的是就业服务机构。就业服务机构会帮助这类家庭进行个人规划以及家庭计划，帮助他们寻找新的工作，帮助照看孩子等，目的是促进单亲家庭去寻找适合他们的工作，减轻来自家庭和工作的双重负担。

5. 残疾人

此项“新政”计划是为了帮助残疾人和患病者而专门制定的政策。目的是让大多数的残疾人由只能依靠残疾人福利保障基本生活转移到新的工作岗位获取工资收入。“新政”计划主要是通过向残疾人提供建议、评价、行动计划、工作安排、工作培训等，使他们重返工作岗位。

针对残疾人就业，政府主要采取以下措施：第一，增强企业的社会责任感，为残疾人就业提供保障。企业可以通过建立工会和企业基金，为残疾人解读职业信息和就业政策，帮助残疾人找到适合的工作。第二，增进残疾人自主能力，在他人帮助下，努力管理好自己生活。第三，加强专业人员的帮助，提供更多就业机会。专业人员可以为残疾人提供心理疏导，帮助他们树立就业的信心，以增强其就业竞争能力。第四，增加就业顾问的专业咨询服务。就业顾问可以采取“一对一”的方式协助残疾人判断适合的工种，并制定求职或培训计划。第五，改变社会对残疾人态度。在社会上营造不歧视残疾人就业的良好氛围，给残疾人更多的关心，支持残疾人就业。

自从1998年开始实行“新政”计划以来，整个英国就已经有38.7万人参与了这一计划。根据相关调查统计，该计划在实施之后，英国的失业率比之前降低了四成左右，其中半数失业人员的再就业是通过该计划完成的。

（二）大力发展职业培训

1. 灵活多样的培训形式

一直以来，英国的再就业培训都将失业人员的实际需求放在第一位。英国制定了诸多灵活的培训形式，每一位失业人员都可以根据自身的情况来选择合适的形式参加培训。比如，全日制学校化培训、远程计算机教育、工作岗前培训等。一般来说，在实际培训过程中都会以个别教学为主，以集体教学为辅的方式来进行。教学方式也多种多样，可以结合教学内容展开讨论，进行案例分析和实践操作等。大多数教学课程也是采用模块化设计来执行的。模块化设计是将培训的内容划分为若干个板块，每个接受培训的人可以根据自身的实际情况来选择合适的板块进行学习。这样人性化的设计不需要接受培训的人每次都从头开始学习，可以随时开始和停止学习，使其以最快的时间获得需要的知识和技能，为他们再次就业争取更多的时间。

另外，政府在与培训机构签订的合同中，也要求其确保能够做到随时开班，以便满足培训者的需求。培训机构的相关培训内容需要根据国家各类职业资格标准予以设计和安排，以帮助失业人员通过培训获得相应的职业资格证书，进而找到一份适合自己的工作。还有一种主要是针对特定人群的培训，比如针对移民者所开展的语言类培训，针对创业者所展开的创业类知识和技能培训。在任何一种培训开始之前，都需要培训师和失业人员共同协调来制定相应的培训计划，计划主要包括培训方式、培训目标、教学计划、教学内容等。

丰富的培训形式可以让不同类型的失业人员找到适合自身的培训方式，满足其自身实际需求，进而获得良好的培训效果。

2. 职业培训与职业资格证书制度相结合

英国的职业资格证书制度是全球学习的典范。职业资格证书制度与职业培训结合起来，可以更好地激发失业人员的培训热情，有利于提升培训的效果。

国家职业资格证书可以证明一个劳动者拥有哪方面的专业知识和技能，且这项知识和技能的熟练程度是国家认可的，也是招聘单位在进行招聘时需要求职者提供的有关证件之一。所以，英国多数职业培训都是结合国家职业资格标准来开展的。依据国家职业资格标准开展职业培训，一是可以在短时间内对失业人员的实际状况和兴趣予以了解，并找到适合的行业和技能，通过展开有效的技能培训，帮助其尽快就业；二是可以确保失业人员长期受益，失业人员进入到职场以后，在现有职业资格证书的基础上继续考取更高级的职业资格证书，在其培训的相关行业不断发展。三是可以培养失业人员的核心能力，这种可迁移性的、从事任何行业都必不可少的跨职业的关键能力，能够帮助受训者更好的适应未来岗位的变换和职业的变更，增强其核心竞争力。

同时，政府会加大对培训机构的财政支持，将财政补贴与职业资格证书获取情况挂钩，受训者获得的职业资格证书越多，财政补贴就越高。这一措施有效保证了培训机构的培训质量和效果。目前，英国有 28% 的劳动力已经拥有国家四级职业资格证书，50% 的劳动力拥有国家三级职业资格证书。通过采用有效的职业培训，可以使更多的失业人员获得国家二级职业资格证书。

3. 注重高等职业培训指导

英国的高等职业培训指导主要是根据当地企业的实际需要而设置的。目前，英国采取工读交替进行的职业培训模式。这种模式在学习理论知识的基础上与实践相结合，将实验、实践与教学融为一体，可以帮助学生在实际的工作环境中进行具体体验，从而提高其工作技能和创造力。

（三）促进贫困人群就业

1. 增强贫困人群持续就业能力

增强贫困人群持续就业能力主要采取以下具体措施：一是强制性再就业培训。英国规定，年龄在 18～24 岁且失业在 6 个月以上的失业人员、年龄在 25 岁以上且失业至少 2 年的失业人员、最小的孩子至少 5 岁的单亲家庭、残疾人以及长期患病者，都需要在获得贫困救助前接受一定的就业培训。二是进行就业心理帮助。通过引入就业辅导员制度，给每个准备求职的贫困者配备一个就业顾问，帮助贫困者树立就业信心，并为其提供就业建议，提升就业竞争力。三是调整福利支出方式。减少直接贫困救济支出，严格贫困救济支出的领取；增加就业能力培育和就业咨询服务等方面的支出，使真正的贫困者得到政府的贫困救助。

2. 政府为贫困者创造就业机会

为贫困者创造就业机会，英国政府主要采取以下政策措施：一是加强公共投资，创造公共就业机会。比如，2009 年 1 月英国政府投入 100 亿英镑的资金用于包括学校和医院修缮在内的公共工程、数码技术、环保项目等，共提供了 10 万多个新的就业机会。二是给雇主直接的补贴，支持雇用贫困者。政府用一定的资金资助雇用贫困者的企业，防止企业效益下降而解雇雇员。同时，地方政府、第三部门、艺术团体及创意产业等单位都可以扩大就业方案向政府提出经费补贴申请。三是大力吸引外资，创造更多就业机会。为了吸引更多企业将总部转移到英国，其政府承诺企业将他国盈余转移到英国时，给予完全免税的优惠政策。四是提供就业信息服务，提供合适的工作岗位信息。英国公共就业服务中心通过互联网全面收集工作岗位信息，并与欧洲其他国家联网，将工作岗位信息及时推荐给求职的贫困者。

（四）严格给付条件

严格失业保险的给付条件，可以促使失业人员主动地寻求工作和重新就业。英国的失业保险制度严格筛选享有失业保险的被保险人，凡是可以获得失业保险津贴的人都是通过筛选后的合格的失业人员。获得失业救济的资格也不再是无条件的，而是以积极寻求工作作为必要的申请资格条件。在领取失业救济金之前，失业人员必须在职业介绍所注册并愿意接受其提供的就业机会。此外，在领取失业救济之前，失业人员必须到职业介绍机构登记，表示愿意接受职业介绍机构提供的就业机会。在领取失业救济期间，失业人员必须定期报告其求职现状，服从相关指挥安排，按失业保险机构规定时间去面试，如果没有认真履行将被取消资格。这个措施降低了失业人员对失业救济的过度依赖，帮助了他们尽快进入新的就业岗位。

三、预防失业政策

（一）资金来源有保证

英国失业保险基金由两部分组成，即国家保险基金的收入和政府的财政拨款。具体来说，国家保险基金由雇主和雇员来共同支付，分别按雇员周工薪收入的一定百分比缴纳。而英国政府则以各种形式对失业保险进行大量投资。英国政府主要的投资方式是在失业保险预算出现赤字时进行全额负担。此外，英国政府还对没有资格领取失业保险金的各种人员提供失业救济。英国实行现收现付制，失业保险基金不会出现因为受到经济波动的影响而遭受损失的情况。英国失业保险基金来源充足，有保障。

（二）实行浮动费率制度

所谓浮动费率，是指根据企业解雇员工人数的多少确定其缴纳失业保险费的比例。英国通过实行浮动费率制度，可以鼓励雇主减少解雇员工的行为，发挥失业保险预防失业的功能。为了使企业尽量多地留住员工，减少解雇行为，根据企业解雇员工的人数或者企业员工人数的稳定情况确定其缴纳失业保险税的税率。也就是说，企业当期解雇的员工越多，企业下期缴纳的失业保险税率就越高。通过实行浮动费率引导企业减少裁员，可以有效预防失业。

（三）加强职业教育与政府、企业紧密合作

第一，促进职业教育与政府之间的紧密合作。政府通过主动参与从而有效地加强职业教育的专业性、实践性和市场性；通过促进职业教育与普通教育之间的合作，形成职业教育的学校—工作多途径办学模式。

第二，促进职业教育与企业之间的紧密合作。这是职业教育发展最重要的

一环，有利于职业教育发展壮大。经费投入不足是目前职业教育发展中不容小觑的问题，校企联合可以解决职业学校办学经费不足的问题，同时也会增强学校的办学活力。通过职业教育与企业联合办学，可以有效利用双方资源，实现社会资源与教育资源的互相转化，也可增强职业教育自我发展的能力，实现共赢。具体来讲，职业学校可以聘请企业具有丰富实践经验的人员到校任教，评价监督教学工作，或者帮助学校更新课程，使课程设置更加贴近于社会需求。职业学校的学生可以通过企业人员的现场指导和教学，比较清晰地了解和把握未来的就业形势，从而提前准备相关基础知识、专业技能等。职业学校也可以在与企业的合作中，及时了解市场需求的变化，并根据需求变化相应调整现有专业和课程。职业教育与企业联合办学的形式，可以使职业学校培养的学生更能符合市场需求，更能胜任企业工作岗位；也可以使职业学校根据岗位的需求调整职业教育目标，更好地适应劳动力市场的变化。

第三节

失业保险制度主要特点

一、发挥政府职能

政府的干预是现代失业保险制度的重要标志。英国政府在失业保险制度中起到了绝对的主导地位作用。主要体现在以下几个方面：第一，从缴费比例来看，英国政府承担了主要的责任。英国失业保险基金来源由国家保险基金收入和政府财政拨款两部分构成。其中的政府财政拨款是失业保险基金的主要来源渠道。英国政府不仅仅提供失业补贴、失业津贴发放的相关费用，还通过税收优惠等方式提供失业保险补助。第二，从法律制度上看，英国都是通过立法来建立和实施每个时期的失业保险制度的。这种基于国家立法并具有系统化和法制化特征的失业保险制度，合法保障了英国公民的失业保险权利，也为英国失业保险制度建立了强大的法律基础。失业保险制度作为强制性社会保险制度，应以健全的法律为基础前提。失业保险先立法再具体实施，已成为失业保险制度发展的基本模式。第三，从管理机构上看，英国的失业保险管理部门是国家的社会保障部，其不仅是管理部门还是直接执行部门。社会保障部全程负责失业保险金的征收、统筹、发放、使用、管理等环节，其统一性和整体性表明了政府在失业保险制度中的主导地位。

二、扩大覆盖范围

英国是世界上第一个建立强制失业保险制度的国家。起初的失业保险制度仅覆盖建筑业、铸铁业、造船业、机械制造业等一些失业风险较大的行业，范围较为狭窄。在后来的两次世界大战期间，失业保险制度的覆盖范围开始逐渐扩大。尤其是1930年之后的经济危机，大大地冲击了就业，越来越多的人开始关注失业保险，失业保险的地位也开始得到提升。自此，英国政府进入失业保险制度的完善期，开始扩展失业保险制度的覆盖范围。1946年，英国修订《国民保险法》，将失业保险的覆盖范围再次扩大。只要符合已经支付了最低额度的国民保险费；开始领取保险金的前一个缴费年度已经支付了对应的最低国民保险费，就可以领取失业保险金。英国一直以普惠制原则进行失业保险制度的制定与执行，每一个国家公民均具有平等享受失业保险的权利。目前，英国失业保险制度几乎不受行业限制，超过八成以上的劳动者享有失业保障。可见，英国失业保险制度的覆盖范围十分广泛。

三、严格领取条件

近年来，英国失业保险制度不断提高领取失业保险金的门槛。只有处于工作年龄阶段，有能力工作，愿意工作并以工资收入为主要收入来源的劳动者，在缴纳失业保险已达到法律规定的期限时，才能在一定时期内领取失业保险金。具体来看，需要符合以下几个条件：第一，失业人员必须是劳动者。只有那些处于工作年龄的劳动者才能列入失业范围。第二，失业原因必须是由客观因素所造成的，即失业人员由于自身主观原因不愿从事其不喜欢或薪资相对较低的工作，也无法领取失业保险。第三，失业人员必须积极寻找工作。1995年“求职者津贴计划”使失业保险与再就业服务更加紧密地联系起来。英国政府在该计划中提供就业咨询、职业介绍等多种就业服务，有针对性的服务帮助失业人员在短期内获得重新就业的机会。第四，失业人员必须是以工资为主要收入来源的劳动者。如果劳动者还有其他收入，那么失业可能不会干扰其日常生活，他们可能就不需要得到失业保险的帮助。第五，失业人员必须履行相应的义务。比如，失业人员必须缴纳一定期限的失业保险费，必须到国家职业介绍所登记，每隔两周必须到职业介绍所填表等。

四、加强职业培训

（一）行业企业全程参与

职业培训是一种与市场紧密联系的教育与学习形式，其主要的实施者和受益者是行业企业。在政府制定相关的政策法规时，英国的企业在宏观的调控和管理、制定职业培训计划、完善国家职业资格证书制度等方面，掌握更多的话语权和决策权。在职业培训行政管理机构中，有企业的雇主和雇员代表，参与确定职业培训政策制定的方向，把握职业培训政策的实施和评价，使国家职业资格证书体系更加符合企业发展的需要，也更加符合就业市场的需要，进而提高职业培训的效果。在国家职业资格委员会中，有一些企业代表，负责制定职业资格能力标准体系和评价机制，监督实践考核的过程。

（二）构建国家职业资格证书体系

英国在职业培训方面做出的最值得借鉴的经验就是构建国家职业资格证书体系。职业资格证书体系极大提高了职业培训的社会地位。国家职业资格证书体系的建立与发展，在很大程度上增强了劳动者的工作能力、生产产品的效率、提供服务的质量，更重要的是可以确保劳动者获得的证书在全国范围内得到统一认可和使用，强有力地调动了劳动者参与职业培训的主动性和积极性。

国家职业资格证书体系不仅受到受训者的青睐，增加了对职业培训的信心，还促进了受训者在全国范围内的职业流动，增加了就业机会。此外，还提高了职业培训机构的培训质量。由于职业资格标准的颁布，职业培训机构必然按照标准培训，以确保受训者达到标准规定的水平。这样，就促使职业培训机构提高培训质量，以获得更持续的发展。

五、完善就业服务体系

英国拥有完善的就业服务体系，主要体现在以下几个方面：一是就业服务主体多样化。英国提供就业服务的主体包括公共就业服务机构、志愿组织，还有私人机构。二是就业服务法律完善。英国出台了《就业和培训法》《工业训练法》等多项就业法律。三是就业服务内容丰富。英国提供分析就业形势、制定职业发展规划、提供求职技术指导、技能培训等多元化的就业服务内容。四是注重职业培训。英国提供工作技能、工作培训、青年培训、岗前培训等各种职业培训。五是就业服务分类化。英国针对不同失业对象，如失业3个月的劳动者、失业6个月的劳动者、残疾人、贫困人群、单身父母等的具体情况，提供个性化、定制化的就业服务。六是采取“一对一”的就业顾问服务模式。英国提供“一对一”的就业顾问服务，通过精准的就业指导，为更多的人解决实际问题。

六、强化促进就业功能

历史上，失业保险制度的功能主要是保障失业人员基本生活需要，然后是帮助失业人员重新获得就业机会，并积极预防失业。但是，失业保险制度经过不断发展完善，已经发生巨大的变化，世界很多国家越来越重视失业保险制度的促进就业功能。1970年以来，英国失业保险制度也改变了以前的保障方式，不仅向失业人员提供失业保险金，更重要的是制定了积极促进就业的政策。英国政府对劳动者的失业帮助不再简单地停留在提供经济补偿上，而是通过制定各种政策来帮助他们不断提高专业水平和综合素质，提高应对经济社会变化的能力，从而更加自信地应对日趋激烈的竞争，更好地规避劳动力市场的失业风险。总之，英国失业保险制度更加重视开展技能培训和提供就业服务，将消极失业保障转变为积极促进再就业的失业保险制度。

第六章

法国失业保险制度

第一节

失业保险制度基本内容

法国属于欧洲大陆福利国家，其社会保障体系强调福利和就业的密切关系，社会福利被视为基于社会保险缴纳的应得权利。在这种制度下，只为就业人员提供全面而优厚的社会保险，但是对劳动力市场外的人提供的社会保障项目则很少。法国从 1905 年开始实施一项针对失业人员的公共救助制度，资金来源于政府一般性税收、工会和私人组织的资助。之后法国政府一直打算出台全国统一的失业保险，但因相当长一段时间法国的失业问题不严重而迟迟未出台。法国失业保险是 1958 年通过三方谈判形成的制度，雇主协会和工会之间协商并签订了《劳资失业保险协议》，宣告法国失业保险制度的正式创建。

由于近年来法国经济增长放缓以及法国颁布了较多较为严厉的劳动法律法规，导致法国国内的工作岗位比较紧缺。同时，法国法律规定企业要对雇员的社保费用负责，一旦企业雇用工人，就要承担大数额的资金负担，所以许多企业为了避免这种负担，不愿意去扩大公司规模，导致了法国较严重的失业问题。除此之外，由于法国政府对失业人员有诸多优惠政策，许多失业人员并不愿意参加劳动，这又诞生了一大批社会蛀虫，造成了法国失业率居高不下[①]，这些反过来也对法国失业保险制度产生了冲击。

---

① 郑炬文．法国高福利保障下的负面影响［N］．中国社会报，2016 －4 －11.

一、历史进程

20 世纪 60 年代，法国经济增幅较大，失业率很低，基本实现了完全就业。20 世纪 70 年代，法国经济开始走下坡路，失业人口成倍增加。1973 年，法国失业保险增加了企业倒闭后支付工资的保险内容。自从 20 世纪 70 年代石油危机开始，失业便在法国社会蔓延开来，而且首先触及的是青年、妇女、低学历人员以及不具备较高资质和经验的从业人员。在法国以就业为基础的财政体系下，失业对社会账户的平衡带来深远影响。

1982 年底，由于失业人数的不断增加，财政平衡日渐紧张，政府驳回了企业主拒绝增加保额的请求。1982 年通过的法令还明确了有权领取失业保险金的失业人员与不符合领取失业保险金的失业人员之间的区别。但考虑到后者的生活状况，可以发给他们福利性失业救助。1984 年，增加了两项内容：一是团结失业保险体系，规定失业保险享受一定期限后，对不再有资格享受国家保障的失业人员，转而享受团结失业保险；二是预退休制度，目的是使达不到法定退休年龄的失业人员能够提前退休，即建立起了由雇主和雇员强制的双层保险制度和政府的基金式制度，属于强制保险与援助制度。1988 年，国家实施了积极的保障政策，引入了“就业培训补助”。

20 世纪 90 年代，法国失业率达到 11%。1992 ~ 1993 年，法国失业保险制度经历了深层次的改革。改革前，法国失业保险给付规定异常复杂，失业保险待遇与年龄、缴费记录、失业时间等相关联。改革后，上述不同的失业保险给付标准被统一，失业保险给付根据失业的持续时间改为递减发放。1993 年，领取待遇期限缩短。同一年，通过政府、雇主、雇员三方协商，将失业保险的缴费率提高，法国政府试图通过这些改革消除失业保险的基金赤字。1994 年，法国积极的保障政策又有了新的发展，实行了就业合作补贴。把原失业保险资金拿出一部分给招聘失业人员的雇主，即每招聘一人，给一定补助。1997 ~ 2001 年，失业率随着经济增长的变化上下浮动，由于经济环境急转直下，失业又回到高点。

2001 年，法国失业保险制度经历了历史性的改革。实施“再就业援助计划”，取代递减的失业保险给付方案，目标是以尽可能有效的方式帮助失业人员实现再就业。对于失业人员重返就业岗位和失业补偿制度必须要在“再就业援助计划”得到规范，并且欲求职者都要签署这份协议。该协议的实施效果非常明显，通过一对一强制性面谈，计划对失业人员实施个性化控制，确定了其相关职业类型，并提供合适的培训课程。本计划由失业保险机构和国家公共就业局联合实施，针对每个失业人员以合同的方式实施系统的监督，要求失业人员接受国家就业部门或失业保险机构提供的培训计划，并要接受合适的岗位，即使此工作的收入比原工资收入还低。如果拒绝遵守合同，失业保险的给付将终止。2002～2005年，在重回财政平衡的背景下，2001年的失业保险合约的附加条款被修改。2003年中期到2006年中期，法国失业率一直稳定在9.3%左右，2007年失业率下降到7.5%。截至2007年底，法国共计209万的失业人员拿到失业补助，其中167万失业人员属于失业保险的保障范围，42万失业人员被社会互助制度覆盖。失业补助金额在2007年的开支为228亿欧元，其中208亿欧元来源于失业保险制度。2008年，法国失业率停止增长，失业状况有所好转。

2011年，法国劳资双方就2011～2013年的失业保险新协定草案达成一致。新草案保留了之前协议的框架，并且在减少职工上缴的社会福利分摊金上取得一定进展。同年，法国失业救助金上调1.5%。2012年，法国工商就业联合会根据法国政府的决定宣布，从7月1日起，将失业救助金上调2%。该项措施惠及法国220万登记失业人员中的186万人，而法国失业保险机构为此将增加1.64亿欧元的开支。其累计债务已经高达141亿欧元。

2017年11月，法国开始施行新的失业保险劳资协议，有效期为3年。新协议中的规定预计可在2020年底以前为失业保险金库节约20亿欧元。新规将法国“大龄级别”失业人员的年龄界限从50岁推迟到了55岁。这个级别的失业人员领取失业金的期限可长达36个月。减少“大龄级别”失业人员的数量可以节约政府失业金的发放。随着相关措施的逐年增强，到2020年可形成每年节约4.3亿欧元的效果。同时，新规基于同工同酬的原则，改变了失业补助金的计算方式，目的是在享受失业金方面终止长期工比短期工有利的局面。考虑到失业保险的享受条件放宽，在最佳的运作状态下，新的计算方式可每年节约5.5亿欧元。新的失业保险劳资协议还包括了放宽享受失业保险条件、缩短延后发放期、加征短期合同的失业分摊金等一系列规定。

2018年3月，法国劳工部长透露了失业保险制度改革的主要措施，内容包括5年一次的“辞职权”、独立职业者破产后的救济措施、针对滥用短期合同的企业实施的“奖惩制”等。在法国的现行体制下，主动辞职的雇员是无法获得失业保险的。而即将实施的新方案将把这种情况覆盖进来。雇员每5年可以有一次“主动辞职同时获得失业保险”的权利。预计这项新规每年涉及的人数在2万~3万人，需要数千万欧元的额外资金。

在独立职业者的失业保险问题上，劳资双方此前没有达成方案，政府准备为其赋予一项权利，即当独立职业者遭受破产时，可以每月领800欧元补助，为期6个月。这项措施大约每年惠及3万人，需要1.4亿欧元资金。在企业滥用短期合同规避社会保险成本的问题上，法国政府准备引入“奖惩制”，即企业累计使用短期合同越多，付出的经济代价将越大。①

二、覆盖范围

1959年，法国的失业保险只覆盖到工业和贸易部门，且雇主必须是雇主协会成员。法国现行的失业保险制度始于1984年4月，属于强制性失业保险和社会援助相结合的双重制度。强制性失业保险的覆盖范围是所有雇员，对于那些没有被雇用的劳动人口则不包括在内，例如不包括家庭用工、季节工等；另外，也不包括另有专门保险制度规定的受保者，例如建筑业、码头、海运和航空等部门的就业者；公共部门中只有一部分雇员能够受益此项保险，例如国家机关和公立学校的非公务员。同时，失业保险只涵盖非自愿失业带来的损失，除非特殊情况，一般不涵盖辞职者。社会援助的保障对象是年轻的求职者，以及鳏寡、离婚、有子女的独身妇女、新近退伍的老兵、学徒、长期失业人员、囚犯。这些失业的投保者可能得到的津贴，共有四种，即基本津贴、初次就业津贴、社会保障权利终止津贴和团结津贴。其中，前两项津贴属于社会保险，后两项津贴属于社会援助的范畴。当然，法国的失业保险制度仍在不断的完善当中，2018年法国失业保险制度进行改革，失业保险将覆盖到个体户和辞职人员。

三、资格条件

在法国，享受失业保险待遇的条件是：（1）属于非自愿失业、在职业介

① 龚鸣．法国改革失业保险，加强对失业人员的监督和核查［N］．人民日报．2018-3-28.

绍所登记失业、有能力并且愿意接受再工作；（2）必须是正式注册并在寻求职业者并且没有享受退休金；（3）1958 年规定的工作时长条件很宽松，要求失业前必须有 12 周的工作经历，1992 年开始工作时长调整为失业前的 12 个月内必须从事 6 个月有收入的工作。

四、给付标准与期限

法国失业人员领取失业保险的标准：一是看年龄大小。一般可分小于 50 岁、大于 50 岁、大于 58 岁的失业人员，超过一定的工作年限可提前退休。二是看工作年限长短。工作年限不同给付标准就不相同，工作年限越长标准就越高。三是看工资的高低。而且，法国对领取失业保险的人员在管理上要求也十分严格。首先，失业人员领取失业金以后，必须定期（一般为每月）向失业接待所汇报一次寻职情况，证明其在不断寻找职业，并提供具体就职单位寻职的有关凭证；其次，失业保险金每季递减，目的在于刺激其再就业、降低失业率，减轻对社会和失业基金支付的压力；再次，对失业人员进行免费培训，增强失业人员竞争求职的能力，促使其尽快就业；最后，失业保险与养老、医疗保险等进行电脑联网，通过电脑随时可以查阅失业人员变化情况，如发现个人申报情况与实际不相符，可要求退回全部失业保险金和赔偿损失，以后再发生失业不能领取失业保险金。

法国参保失业人员可能享受到的津贴共有四种，即基本津贴、初次就业津贴、社会保障权利终止津贴和团结津贴。（1）基本津贴。一般通过一年平均月工资计算出给付标准，发放期限为缴费 3 个月的享受 3 个月救济，缴费 6 个月、12 个月、24 个月的分别享受 15 个月、30 个月和 45 个月救济，如果失业人员年满 50 岁，分别享受 21 个月、45 个月和 60 个月的救济。对于 50 岁以下且投保期较短的失业人员，起初给付全部救济金的 85%，然后每隔 6 个月减发原先救济金的 15%。（2）社会保障权利终止津贴。在基本津贴期满后领取，50 岁以下的可以领 6 个月。基本津贴和社会保障权利终止津贴两者相加，年龄不满 50 岁者，最长补贴期限为 15 个月，年满 50 岁者为 21 个月。（3）初次就业津贴。主要发放给年龄在 25 岁以下，第一次在国家就业局登记就业的青年，要求必须取得毕业文凭或完成中等教育、技术教育；或其他失业人员，如刑满释放人员，政治避难者等。（4）团结津贴。领取对象是享受失业保险待遇已经完全终止的失业人员。在劳动合同终止前10年内从事雇佣劳动满5年的失业人员，每天可领取14.74欧元（此数据为2008年1月1日的标准），领取待遇水平每半年更新一次。这四项里面前两项即基本津贴和社会保障权利终止津贴属于社会保险范畴，后两项初次就业津贴和团结津贴属于社会援助范畴。

五、基金使用与管理

法国目前实施的是强制性失业保险制度，缴纳保险金是雇主和雇员双方法定的责任。在基金筹集方面，主要由雇主和雇员双方共同分担保险费，国家并不承担弥补赤字的责任。基金不足时通过动用结余、贷款和提高费率等办法解决。由于近年来失业率偏高，失业人数增加，出现亏损的情况时有发生。

法国政府不直接参与失业保险基金征缴及发放管理，而是通过签订合同的方式委托失业保险机构管理。失业保险管理机构“全国工商就业联合会”为私营、非营利性质，由3个雇主协会和5个工会共同管理，于1958年成立。该机构设有董事会，雇主和雇员各占一半。另外还有一个执行委员会，负责总经理的任命，在全国设有30个区级机构，其下还设有700多个分支机构。运行管理费用全部来源于失业保险基金。“全国工商就业联合会”主要职责是征缴和发放失业保险费。各地区分支机构的职责主要是收取失业保险费、进行求职登记、发放补助金以及实施并监督再就业计划。

六、失业保险制度功能

法国的失业保险制度在维护社会稳定以及促进经济发展方面起到了很好的作用。首先，法国的失业保险制度保障了人民的基本生活。由于失业保险覆盖范围较广而且补偿水平相对于欧洲其他国家是比较高的，这就使得在经济波动较大、失业人员较多时，人们可以有失业保险金维持基本生活。其次，法国相对完善的失业保险制度一定程度上起到了促进就业的作用。例如，政策规定随着失业人员失业时间的增长，其所能领取到的失业救济金也会降低，从而可以“逼迫”失业人员尽快重新就业。最后，法国的失业保险制度还有预防失业的作用。例如，增加企业解雇难度，增加企业补贴等。

第二节

失业保险制度运行政策

一、保障生活政策

（一）覆盖范围广泛

法国失业保险制度为了防范社会风险，适龄人口基本都参与缴费。应指出的是，法国的失业保险最初并不是作为社会保障制度的一部分产生的，而是工人与业主代表之间达成的有关健康、养老金、产假或家庭福利的临时性协议的结果。而且失业保险的受益人也可以享受其他形式的社会保障权利，可以同时在不同险种之间实现互通。例如，某人缴纳了养老保险费，也就自动缴纳了失业保险费（极少有例外）。找工作的年轻工人和初次进入劳动力市场的人，没有保险记录，却也可以享受某种类型的失业福利金，以促进他们就业，吸引他们日后缴纳保险费。法国失业保险涉及所有在私人企业工作的雇员，对于没有被雇用的人则不包括在内，失业保险涵盖由非自愿性失业带来的损失。

（二）保障水平高且补偿期限长

2012 年 10 月，法国公布的国内企业竞争力研究报告中，负责管理失业保险的“全国工商就业联合会”将本国失业保险制度同欧洲其他 12 个国家的失业保险制度进行了对比，得出的结论显示，法国是欧洲失业救济金最高的国家之一。与其他国家相比，法国办理失业保险的速度最快。自 2009 年开始，工作期限满 28 个月且失业保险缴纳期限达到 4 个月的员工就可以领取失业救济金，而在大多数邻国中，员工缴纳失业保险期限为 12 个月才能领取失业救济金。

失业保险补偿期限最长的国家也是法国。其他欧洲国家中，德国、西班牙、丹麦领取失业救济金的最长期限为 2 年，荷兰相对较长，达到了 38 个月，爱尔兰和卢森堡的失业救济发放期限为 1 年，英国和意大利分别为 6 个月和 8 个月。法国发放失业救济金的原则是“交一天的保险享受一天的补偿”，普通失业人员领取失业救济金的最长期限为 2 年，年龄在 50 岁以上的失业人员领取失业保险金的最长期限则被延长至36个月。超过期限的失业人员还可获得金额最低的积极互助收入（RSA）。截至2018年，法国有360万人享受失业保险，政府每年为此支出约330亿欧元。根据现行相关规定，符合条件的失业人员在法国就业服务中心登记后，可以享受法国政府提供的失业补助金，最低每日可领取补助28.86欧元，根据工龄长短，领取补助的期限最多长达36个月。[①] 在法国对因经济裁员失业而在6个月内再就业的人，由失业保险管理机构发给其相当于原工资80%的转业安置津贴；对6个月后仍未找到工作的，再按失业人员进行登记并领取失业津贴；对领取失业津贴期间愿意从事比原先工资待遇低的工作，或继续寻找更合适工作的，可继续领取失业津贴。[②]

法国的失业救济金最高限额高于除瑞士之外的其他欧洲国家，每月达到了6161.29欧元。比利时、西班牙、意大利和葡萄牙每月的失业救济金最高限额均低于1500欧元，分别为1422.46欧元，1397.93欧元，1119.32欧元和1048欧元。其他欧洲国家的最高限额则超过了1500欧元，德国和丹麦每月的最高限额分别为1940.4欧元和2295.02欧元，瑞士的最高限额为7000欧元。

二、促进就业政策

（一）采取失业保险金递减政策迫使失业人员再就业

法国失业保险救济金的最高限额虽然高于大多数的欧洲国家，但是其失业保险金给付期限和标准不是固定不变的。失业时间越长，给付标准就会越低。这样设计可以避免常见的高失业救济金导致的“养懒人”状况的出现，可以一定程度上规避失业人员对失业救济金的依赖。法国失业人员首期失业金替代率较高，而后每隔几个月便会调低一次比例。调整失业金给付期限和标准的做法，在客观上起到了迫使失业人员尽快再就业的效果。法国还将部分失业保险资金用于就业培训，提高失业人员的个人能力，也有利于进一步促进失业人员再就业。

---

① 龚鸣．法国改革失业保险，加强对失业人员的监督和核查［N］．人民日报．2018－3－28．

② 马永堂．国外失业保险制度改革及对我国完善失业保险制度的启示［J］．中国劳动，2015（4）：36－39．

（二）对失业金的领取附加限制性条件强制失业人员进行求职登记

法国采取了多种措施督促失业人员早日重返职场。例如，要求失业人员在领取失业保险金之前，必须在公共职业介绍所进行登记，必须提供前任雇主的联系方式，必须每周或每隔一周汇报寻找工作的情况，否则将被取消领取失业保险金的资格。总之，各种手段加大了失业人员领取失业保险金的难度。当然，法国政府增大失业人员领取失业保险金的难度的目的并不是单纯为了节约资金。法国政府规定，失业保险基金的26%可用于全国700多所公共职业介绍机构的工作经费，同时法国将失业保险资金用于鼓励企业招聘失业人员。由此可见，某种程度上相当于政府把“节省”的失业救济金用在了促进失业人员就业方面，不管从哪一方面看都起到了督促失业人员尽快再就业的作用。

（三）将失业保险资金用于资助创办小微企业或进行创业补贴

在法国，失业人员自谋职业，可在一定时期内享受国家特别补贴。对自行创办微型企业的失业人员，除给予技术支持外，还由失业保险基金给予担保，由银行给予贷款。在法国，创业者在开业的前几个月内，可继续享受包括失业津贴在内的各项社会保障权利。此外，法国还将失业保险基金用于创造公益性就业岗位以及将失业保险资金用于补助失业人员提前就业或从事临时性的非技能职业。在法国，对因经济裁员失业而在6个月内再就业的人，由失业保险管理机构发给其相当于原工资80%的转业安置津贴。

（四）设置专门机构帮助失业人员再就业

法国的失业保险机构除了全国工商就业联合会及其分会外，还包括职业介绍所，其主要职能是实施积极的失业保障，帮助失业人员再就业。经费由失业保险基金提供。工商就业联合会分会还通过工资补贴的方式鼓励雇主雇用失业人员，以促进再就业。此外，分会对再就业后离家路途遥远等情况的失业人员还提供交通补贴。法国还设有与失业保险并行的国家救助合同，共有五种形式。一是就业团结合同，目的是帮助失业人员找到工作；二是巩固就业合同，目的是使已就业者延长就业合同；三是新企业就业合同；四是创造就业机会合同。这四个合同期限几个月或一年，享受者可免缴所得税和社会保险分摊金。另外，还有第五种就业合同，其内容包括社会保障缴费减免、减轻雇主工资负担等。

三、预防失业政策

（一）增加企业解雇难度

首先，用法规来增加解雇难度，要求经劳动管理部门批准后方可解雇员工。增加行政或司法干预，提高对解雇的监管力度，是法国预防失业的手段之一。其次，通过增加对工资和失业福利金的控制，特别是实行法定最低工资标准调动各方力量增加消费，从而扩大生产，提高对劳动力的需求，同样起到了预防失业的目的。最后，推行通过调节税赋上下限来刺激社会富裕阶层购买力的政策，以避免生产型企业和国内投资的萎缩，客观上也起到了有效预防失业的作用。另外，运用各种手段防止企业倒闭，也起到了预防失业的作用。

（二）给予企业各种补贴

为了防止已就业人员失业，尤其是某些能力不足及低技术人员失业，法国失业保险制度做了不少的努力，想方设法为多种类型的就业者提供各种资助。如再就业者、年轻人、首次签就业合同者、残疾人、年长工人及非技术工人等。失业保险制度还为许多聘用了低技术员工的企业给予补贴，使企业不会因招用此类低生产率的非技术工人遭受损失。对维持低技术工人就业的企业所提供的支持还包括培训、再培训费用，或因气候因素临时停工补偿费等。另外，还采用了降低或取消低收入人群的失业保险缴费金额的政策。这样可以避免对最低工资收入人群的缴费增加无技能劳动的成本，减轻了企业及个人的负担，同时相当于提高了其生产能力，从而可以防止某些企业拒绝对低学历或无学历人员的招募，并设法促进灵活就业而非永久就业。

第三节 失业保险制度主要特点

法国拥有一套相对完善的失业保险制度。这一制度对缩小贫富差距，缓解社会矛盾，促进社会和谐与公正以及维护社会稳定起到了不小的作用。但它也存在不少问题：其一，高福利制度间接导致高失业率和“养懒汉”现象，并形成恶性循环。其二，失业保险制度改革阻力不小。法国劳工保护法律十分严密，雇人容易解雇难，更使企业不愿多雇。法国历届政府均把解决失业问题列为政府工作的重点。法国的失业救济金制度保证了失业人员的基本生活，对社会稳定无疑是非常重要的。但福利政策与鼓励再就业之间存在一定的矛盾。由于有较高水平的救济金，法国人再就业时有些挑肥拣瘦，这也是法国失业 1 年以上的长期失业人员人数众多的原因之一。法国不断改革失业保险制度的目的之一是要根除失业人员一味依赖失业保险金，不再积极寻找工作的依赖和懒惰行为。对改革的需求与对传统的依附常常相互制衡，这可能会使得变革的步伐相对放慢，同时许多曾经被宣布为阻碍改革的传统弊端不断被分解认识，并对此进行过若干改革尝试，以期达到预期的目标。

一、不断扩大覆盖范围

失业保险制度的覆盖范围体现了一国对社会保险政策目标的选择，也反映了一国经济水平的高低。失业保险制度是为因失业暂时中断收入的失业人员提供的一种收入保障，是社会稳定的一张安全网。理论上讲，失业保险制度的覆盖范围应该包括所有劳动者，但是由于经济发展不平衡等多种原因，失业保险制度建立初期的覆盖范围一般较窄。法国最初就只覆盖到工业和贸易部门，而且雇主必须是雇主协会成员。随着社会经济的发展以及人们对失业的理解和变化，法国失业保险制度的覆盖范围逐步扩大，2018 年甚至有自愿失业嫌疑的辞职人员也被失业保险覆盖。

二、变单纯经济保障为兼顾促进就业

法国的强制性失业保险制度自 1958 年建立之初，只专注于失业补偿或求职补偿，对于就业促进及就业机会创造等几乎不涉及。随着时间的推移，20 世纪 70 年代中期以后，法国的失业率逐渐增大。当失业率增加导致失业保险缴费减少，不利于现金赔偿时，法国政府会采取措施，严格制定失业金领取标准或者是降低失业保险金的平均数额，缩短失业保险金领取期限，或是两者一起执行。由于长期以来就业促进并不是法国失业保险制度的核心部分，因而一般只有在失业率达到了警戒水平时，才会下大力气解决就业促进问题。

1997 ~ 2001 年，法国经济稳定发展，随后降低了工人与雇主的失业保险缴费水平。失业人员重新进入劳动力市场后，稳定的失业津贴就会取代之前的递减的失业救济金。这一阶段失业政策调整，失业人员只要在过去的 18 个月里，在主要岗位工作满 4 个月后就可享受到无固定就业失业福利金，从而可以帮助失业人员重新就业。该失业保险制度因在解决个体就业方面效果明显，受到好评。

针对企业的招工困难，为加速失业人员重新就业法国又引入新的失业福利金制。其目的是支持短期培训，并一定程度抑制长期培训。这种改革使失业保险机构与国家就业服务机构之间出现了竞争，都在争取就业人员的资源。法国的就业服务工作由两个部门负责管理，劳工部负责职业培训的管理，国家就业局负责职业介绍的管理，就业局是劳工部下属的一个独立部门。另外，设立一个独立的委员会监督政府和就业局是否履行合同。

就业局的主要职能是帮助失业人员建立就业信息，为用人单位提供求职信息。因其所提供的服务属于公共服务，失业人员和用人单位不需要缴纳费用。在工作程序上，就业局与失业保险管理机构、职业培训机构保持着密切联系。失业人员失业后首先到就业局进行失业和求职登记，然后到失业保险管理机构申请失业保险金。在领取期间，由就业局针对每个人的具体情况，评估就业能力，提供用人信息，联系用人单位，帮助失业人员尽快就业。如果需要培训的，由就业局推荐到职业培训机构，先进行职业能力测评，然后根据测评结果确定培训项目。失业人员在领取失业保险金期间，就业局每个月向其提供一份求职情况表，要求失业人员在两天内填好并交回失业保险管理机构，以便失业保险管理机构了解其再就业情况。

对不按要求做的，失业保险管理机构有权停发失业保险金。为促进就业，法国政府合并了失业保险与就业服务机构，以便能在失业补偿和就业促进职能之间确定一个最适宜的财政资源分配方案。

三、预防失业人员消极懈怠就业

根据现行相关规定，符合条件的失业人员在法国就业服务中心登记后，可以享受法国政府提供的失业补助金，失业人员若不积极求职，将从法国就业服务中心“除名”，且失去失业补助。法国的失业保险因让部分人“坐享其成”广受诟病。根据最新数据，2017 年经法国就业服务中心核查的 27 万名失业人员当中，14%的失业补助领取者不符合规定，小部分人滥用这项福利，这对于在职者和积极求职者是不公平的。根据改革纲要，法国政府对“合理职位”机制进行强化和细化。现行的“合理职位”机制规定，法国就业服务中心可以向失业人员推荐工作机会。如果失业人员连续两次拒绝岗位面试，就业服务中心将在一段时期内视情况减少或取消对失业人员的就业服务和失业补助。改革纲要对拒绝“合理职位”的失业人员制定了更严厉的惩罚：一次拒绝岗位面试将被取消 1 个月的失业补助，两次拒绝取消 2 个月失业补助，第三次则取消 4 个月失业补助。这一改变使得惩罚措施更加严格，同时也更加人性化、效率更高。为避免部分人投机取巧、冒领补助，改革纲要提出，将负责监督和核查失业人员的岗位从 2015 年的 200 个增加到 2019 年初的 600 个，到 2020 年再扩大至 1000 个。此外，法国就业服务中心将从 2019 年 1 月起试行“求职日志”，把失业人员每月的求职经历、简历、面谈情况等资料进行整理和更新，以便跟进求职状态，预防失业人员消极懈怠，促进其与职业咨询师之间的交流。

总之，为解决失业问题，法国失业保险制度不断完善其促进就业方面的功能。

第七章

瑞典失业保险制度

第一节

失业保险制度基本内容

一、历史进程

瑞典是典型的福利性国家，瑞典社会保险体系覆盖全民，其公平性与高福利较为显著，涵盖了失业保险、养老保险、医疗保险、工伤保险、生育保险等层次。其中，失业保险制度起源于20世纪30年代，并随着社会和经济的快速发展不断完善趋于成熟。瑞典失业保险制度建立较早，失业保险制度历经多次变革，每一次发展都与瑞典当时国内、国际形势相关，受政治、经济、文化的影响较大。

瑞典失业保险最初发展于工业革命时期，工业革命带动了瑞典的社会保险制度进程。工业革命起源于英国，逐渐传播到欧洲大陆，瑞典也受到工业革命的影响。随着工业革命的进程，瑞典就业人员越来越多，工业革命机器大生产化，科技迅速发展起来。但是，工人的权益却得不到保障，工人的地位得不到提升，工人们为了维护各自的权益，为了得到应有的养老、失业、工伤保障，发动了工人运动。第一次大规模罢工就是这个时候发展的，后来建立起工会，专门维护工人的权益。1893年，瑞典建立了“互助基金”，它是瑞典的第一个失业保险基金。后来随着社会经济发展，工会又逐步建立了很多失业保险基金，基金来源多是劳动者缴纳的会费，政府不给予补贴。20世纪30年代民主党大获全胜，为了巩固地位，在瑞典推行互助政策，用来解决失业问题，资金多是来自政府财政税收。后来世界经济大萧条，失业率增加，失业人员越来越多。为了应对这次危机，政府发放失业津贴，工会建立的失业保险基金受到冲击，并没有足够的财力支持，无法应对数量巨大的支出。这次危机后，瑞典颁布了专门的法案，国家对失业保险基金进行监控和管制，国家财政支持失业保险基金，并由雇员进行缴费，规定缴费费率和给付标准。这样能更充分应对失业危机，更好保障失业人员的生活，维护瑞典社会稳定发展。20 世纪 60 年代，瑞典经济迅速发展，出口量超过世界总出口量的 2%，繁荣的经济为瑞典的失业保险创造了坚实的物质基础，瑞典失业保险制度进一步发展，将瑞典逐步建立成福利性国家。

瑞典失业保险制度成熟于 20 世纪 90 年代，当时失业率、通货膨胀率均在 10% 左右，处于较高水平。瑞典失业保险制度进行了又一次改革，将注意力集中到人力资本方面，着重对失业人力资本给予救助，逐步放松消极福利政策，转变原来的失业保险政策。1997 年，瑞典颁布了失业保险法，规定瑞典实行基本保险和自愿收入关联保险相结合的方式。20 世纪后期，瑞典失业保险进入转变阶段，瑞典高福利性问题逐步突出，失业率增加、赤字率增加等，人口老龄化越来越严重，与此同时瑞典在养老、医疗、失业等方面支出越来越多，财政支出逐渐增加。为了应对这些问题，2007 年瑞典对失业保险制度进行改革，扩大失业保险的保障范围，但缩减了待遇水平，提升了领取失业津贴的门槛，以失业带动就业，瑞典失业保险逐渐趋于成熟。

瑞典失业保险制度历经多次变革，从 1893 年建立的互助基金到现在的失业保险制度，逐步调整失业保险政策，使之惠于全体人民，促进社会稳定发展，形成高福利、广覆盖、多层次的失业保险制度，更好的保障失业人员，促进再就业。

二、覆盖范围

瑞典失业保险制度由基本失业保险和自愿保险为主体，劳动力市场失业救助制度为补充，覆盖范围很广，基本上包含劳动力市场的全体劳动者。

基本失业保险即为劳动者提供基本保障的失业保险。根据相关规定，基本失业保险的保障对象是所有在瑞典工作的劳动者或生活在瑞典而在欧洲就业战略范围内工作的人。保障范围为所有年龄在 20 岁以上，符合条件的全职和非全职劳动者。自愿保险即劳动者自愿参与失业保险基金。根据相关规定，覆盖范围的规定年龄在15岁以上至65岁以下，并参加了工会的雇员或者参加了自营劳动者组建的失业保险基金的自营劳动者。在瑞典，大约90%以上劳动者都加入了工会，加入工会后有强制规定要加入失业保险基金会，所以在瑞典很多劳动者都是失业保险基金会的成员。劳动力市场失业救助金覆盖已经在职业介绍所登记求职的失业人员和正在找工作的以及等待加入某项市场政策措施的人，能够向其提供除失业保险金以外的劳动力市场基金的现金支持。支付标准比失业保险金低，主要支付给没加入失业保险的人和初次进入劳动力市场的人。在有些情况下，有些人如从失业救助金中尚不能满足其需要，也可得到劳动力市场基金的支持。

一般来说，在瑞典只要劳动者加入失业保险基金，在失业一段时间内就可以领取失业救助金，但是超出规定年龄的基金会成员以及不符合劳动条件的劳动者除外。失业保险基金会实行工会主办，国家财政补助，个人缴费的形式，符合条件的劳动者在失业后可以向失业保险基金会申请失业救助金。正常情况下，工会会员必须参加失业保险基金会，其他雇员可以不参加失业保险基金会。对于尚未加入失业保险基金会或者加入时间不满1年的基金会成员，根据规定，当发生失业时，可以通过劳动力市场失业救助政策领取到一定的失业救助金。这部分失业救助金是由瑞典社会保障部门负责管理和发放的，瑞典社会保障部门审查失业人员的条件，达到相应的标准后，由社会保障部门向失业人员发放失业救助金。劳动力市场救助与自愿保险不同的一点是，劳动力市场救助是由政府主办的。

三、资格条件

瑞典是高福利国家，但高福利并没有导致劳动者就业不积极，并没有形成大范围失业，瑞典的失业保险制度基本覆盖全民，目的在于保障失业人员的基本生活，但瑞典在领取失业保险金的资格条件和待遇方面给予限制，所以并没有助长失业人员的惰性。失业人员获得失业救助金有两种途径，一种可以通过申请基本失业保险救助金，另一种可以通过申请自愿保险失业救助金。

（一）基本失业保险

在瑞典的失业保险相关法案中，申请基本失业救助金的人必须符合基本条件和工作条件。基本条件指的是失业人员的失业行为需要满足的条件，例如日工作时间不少于3个小时，周工作时间不少于17个小时，并且在失业前具有强烈的工作意愿，不是自动离职，也不是被解职，在被动失业后愿意继续找工作，在就业服务中心登记个人信息。工作条件意味着领取失业救助金的人必须在上一份工作中满足必要的工作时间。在失业前一年内即52周内，至少要有26周（6个月）周工作时间不少于20个小时，或者在连续26周内工作时间不少于480个小时，平均每周工作时间不少于12.5个小时。

失业人员必须要满足上述条件才具有获得基本失业保险救助金的资格。同时还需经失业保险基金会资格认定，才能最终领取失业救助金。此外，申请者在获得失业救助金期间，仍需要保持工作意愿，制定适合自己的工作计划，了解市场工作信息，及时到就业市场寻求相关工作，接受就业服务中心的监督，逐渐参与到正常工作活动中去。如果失业人员不配合就业服务中心的指导或者无工作意向，拒绝继续寻找工作，并且就业服务中心掌握充分证据，可以向失业保险基金会反映，失业保险基金会核实具体情况，对享受失业救助金出现不当行为的人采取降低或取消失业救助金的决定。

（二）自愿保险

失业人员除了申请基本失业保险外，还可以申请自愿保险的失业救助金。申请自愿保险失业救助金除了要满足基本的工作时间要求即失业前1年内要工作5个月以上，还要求失业人员不能是自愿失业，不能有重大不当行为，并且有继续寻找工作的意向，到就业管理部门登记。最为特殊的是，规定了参加失业保险基金的时间，要求申请者参加失业保险基金满1年及以上。失业人员在享受自愿保险救助期间，若自身有不良行为包括拒绝接受就业部门介绍的工作、在工作期间表现恶劣等，失业救助金会按比例减少，直至不能继续享受失业救助金。上述规定避免了失业人员在享受失业救助金期间产生惰性，国家保障其基本生活后丧失工作的积极性，使瑞典就业市场趋于饱和状态，让失业保险带动就业。

四、给付标准与期限

申请者在领取失业救助金时，基本失业保险和自愿保险领取的标准不同。

（一）基本失业保险

1. 给付标准

满足基本条件和工作条件的失业人员申请基本失业保险后，根据失业人员失业前的工作状况，在不考虑失业人员就业时薪资水平的差异下，根据全职还是兼职确定待遇水平。一般来说，若失业人员以前是全职，每天发放 320 瑞典克朗的失业救助金；若失业以前是兼职，失业救助金会按规定减少。

2. 给付期限

在领取失业救助金时也有时间限制，按周工作日 5 天计算，失业人员没有特殊情况最多领取 300 天，即 60 周。在领取失业救助金时，还会有 5 天的等待期。如果在这段时期内，被救助者还要抚养 18 岁以下的孩子，收益期限会往后延长 150 天，总共的收益期限为 450 天。而且在此期间，失业救助金的发放受失业人员行为影响，若有不良行为会影响到失业救助金的发放。

（二）自愿保险

1. 给付标准

自愿保险与基本失业保险发放期限基本相同，每周按 5 天领取日，最多领取 300 天。自愿保险和基本失业保险不同的是，给付标准不一样。基本失业保险考虑失业者全职和兼职状况，自愿保险则考虑失业前失业人员的工资水平。根据就业时的工资来判断，一般不超过工资的 80%，上限为每天 680 瑞典克朗，下限为每天 320 瑞典克朗。若是自营劳动者，无法根据工资确定，可按失业前 3 年内的平均收入为标准计算领取标准。若是公司营运时间不超过 3 年，可按营运期间的平均收入计算。

2. 给付期限

自愿保险与基本失业保险发放期限基本相同，每周按 5 天领取日，最多领取 300 天。

五、基金使用与管理

（一）基金的筹集

瑞典的失业保险基金主要来源分为四部分：政府财政补助、雇员缴纳、雇主缴纳、基金本身收益。其中，政府财政补助占失业保险金的很大比例。这部分用于失业保险的政府财政补助的主要来源是税收。瑞典不仅是高福利国家也是高税收国家。瑞典税收种类多，每个公民应交的有个人所得税、财产税、遗产税、利息税等，在前半年公民自动到税务大厅申报自己上一年所得，进行税收认定后自行交税。政府通过税收形式筹集财政收入再用于政府的日常开支等项目，其中就有一小部分用于发放失业救助金，减轻失业人员再就业的压力。除了政府补助外，雇员和雇主也要自行缴纳一部分失业基金，用于保障失业人员的基本生活。雇员按照工资水平的8%通过税收形式向当地税收主管机关缴纳这笔基金，雇主直接从雇员的工资中扣除需要缴纳的部分，并且雇主还需要为雇员缴纳剩余的部分，雇员无需再自行缴纳。如果雇员自愿加入失业保险基金会，基金会收取一定数额的基金，用于成员失业后发放失业救助金。基金会成员缴纳的会费是工资的5%，主要用于基金会的日常运行开支，在成员有需要时给予救助。在瑞典失业保险金中最后一部分就是基金本身的收益，基金收益主要来源于基金的利息还有投资的收益。在瑞典，基金本身的收益也计入失业保险金中。

（二）基金的使用

根据瑞典失业保险相关政策的规定，失业保险金主要用于发放给失业人员用来保障其基本生活需要，使其在下岗期间内能够维持基本的生活。同时还用于失业人员进行再就业岗位的培训及为失业人员介绍工作等一系列用于失业期间进行再就业需要的费用。失业保险金除了用于发放失业救助金，剩余的部分可以用于投资，实现投资收益。通常情况下，失业保险基金会留下很大部分用于日常的管理和发放失业救助金，剩余部分才用于投资，按规定的比例分别投资股票、债券、组合基金或风险投资等，在尽可能减少风险的前提下，实现最大收益。

（三）基金的管理

瑞典失业保险基金与工会有着十分密切的联系。在瑞典，由工会具体运作管理41个分布于各行业的失业保险基金，其中35个在首都，另外6个在其他地方。各基金总部有一定管理人员，并设立许多分支机构。在上层，则有一个失业保险委员会，专门研究政策和制定预算，其主席为国家劳动力市场管理局局长。其余有同样来自此局的2名成员，来自基金的3名成员代表和1名来自政府当局成员代表。另在国家劳动力市场管理局设失业保险处，监督失业保险基金的管理与使用。

在瑞典失业保险基金的运行上，失业保险基金并不是政府组织运行的，而是由私营机构运行。为了有效管理失业保险基金的运行，瑞典所有失业保险基金都要经过失业保险委员会的审查，通过资格审查后才可以设立失业保险基金。近些年，失业保险基金的数量呈逐渐上升趋势，随着劳动者保险意识的增强，加入失业保险基金会的人越来越多，失业保险基金覆盖范围逐步扩大。为了有效管理失业保险基金，加强基金会内部管理运营，这些基金联合在一起成立了失业保险基金会。由于覆盖范围的增加和基金数量的扩大，瑞典失业保险基金会越来越有影响力，逐步走向国际，代表瑞典参与国际事务，是国际社会保障协会的一部分。

六、失业保险制度功能

瑞典失业保险制度较为完备，既保障了失业人员的基本生活需要，又有促进失业人员再就业的功能，避免了失业人员在领取失业津贴期间丧失再就业的热情，很好地为失业人员再就业提供了就业咨询与就业培训，使失业人员在很短时间内适应市场对劳动力的需求。

首先，瑞典失业保险制度保障了失业人员的基本生活需求。生存权是一个人的基本权利，在失业后失业人员的生存权受到威胁，很容易影响到人的发展和社会的稳定。发放的失业救助金在短时间内暂时保障了失业人员的生存权。在失业期间，失业人员可以申请失业救助金，只要失业人员有再就业的愿望，满足基本条件和工作条件，参加失业保险基金满1年，按照规定就可以领取失业保险救助金。失业保险救助金保障了失业人员在失去工作后的基本生活需求，避免失业人员因失去工作丧失基本的生活能力而陷入困境。失业人员不符合申请失业救助金的条件，也可以通过劳动力市场失业救助制度，向其申请失业救助金，由瑞典社会保障部门负责发放一定的救助金以保障失业人员的生活。

其次，瑞典失业保险制度还有促进再就业的功能。就业是一个人价值的体现，也是必要的权利，它是一个人实现自我最好的方式，如果就业受到威胁，就会影响到人生价值的体现。瑞典失业保险制度在劳动者失业后，通过申领失业救助金，不仅起到了保障基本生活的需求，并对申请条件做出了具体的要求。该制度要求失业人员要有对继续工作的向往，要有再就业的愿望。而且在享受失业救助金期间，就业服务部门会对失业人员进行再就业的培训，要求失业人员规划自己的就业目标，进行再就业学习。通过不断学习就业知识和技能，使失业人员在失业期间，逐渐适应劳动力市场的需要。一旦发现失业人员不接受培训或者没有继续工作的愿望，失业保险部门就会根据情节轻重减少或撤销发放给失业人员的失业救助金，避免失业人员只是享受失业津贴而丧失对工作的需求，进一步促进失业人员再就业的需求。

最后，瑞典失业保险制度也有预防失业以及促进社会稳定的职能。失业保险的作用不能仅仅限于失业后如何促进再就业，也应当起到预防失业的功能。瑞典的失业保险制度在一定程度上，通过对经营困难的企业进行特殊照顾，防止企业经营不善导致员工下岗，失业率增加，稳定了企业的发展，又保障了劳动者的权益，防止失业现象发生。

瑞典失业保险制度通过保障失业人员的基本生活需求，促进失业人员再就业，预防失业等功能，促进了瑞典社会的稳定发展，避免了因大规模失业导致社会秩序出现混乱，稳定了社会环境。

第二节

失业保险制度运行政策

一、保障生活政策

保障基本生活就是保障失业人员的生存权，避免失业人员及家庭由于没有收入来源而生活困难，这是瑞典失业保险制度最低的要求。瑞典作为社会保障制度发展较早的福利国家，失业保险制度的建设也比较完善。作为福利国家，瑞典失业保险覆盖范围广，保障程度较高，并且有财政和工会多方位投入支持。一旦失业，符合条件的失业者就可以依照相关规定领取保障其基本生活的充足失业保险金。

（一）保障覆盖范围广泛

瑞典失业保险制度覆盖群体相当广泛。由前文已知，瑞典失业保险制度是由国家资助，工会主办，个人自愿参加的形式组成的。工会组织设立失业保险基金会，提供失业救助金。瑞典失业保险制度是由基本失业保险和自愿保险项目组合而成的双重保险，因而参保覆盖率较高。瑞典 90% 的蓝领工人和 88% 的白领职员都参加了工会，工会会员被强制性要求参加失业保险基金会。也就是说，加入了工会的也意味着加入了失业保险基金会。目前，大约有 80% 的雇员是基金会的成员。由此可知，瑞典失业保险制度几乎覆盖了劳动力市场上的所有劳动者，为他们提供双重的、全方位的保障。瑞典失业保险制度覆盖面广泛，体现出该制度能够实现保障基本生活的基本效果。瑞典失业保险参保人数，如图 7－1 所示。

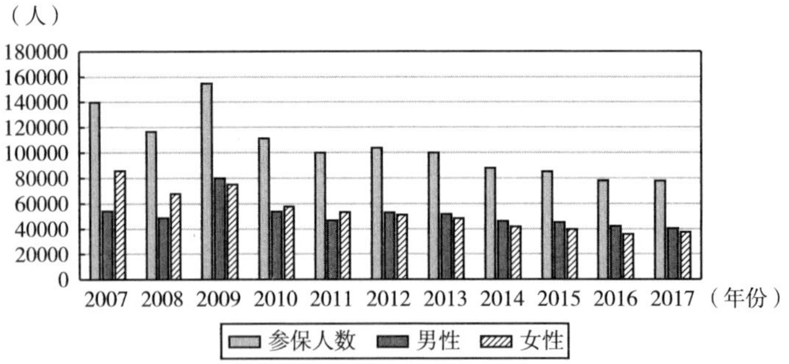

图 7－1　瑞典失业保险参保人数

资料来源：根据瑞典失业保险委员会官网数据整理而得，http：//www. iaf. se/English/。

（二）保障程度较高

瑞典失业保险制度保障程度较高，首先体现在失业保险制度的待遇标准上。当前待遇标准分为两类，一是广覆盖的基本保险，待遇标准相当于社会平均薪酬的27%；二是自愿保险，最高不超过平均工资的80%。基本保险自1974年开始实施，符合相关基本条件和劳动条件且年龄超过20岁的任何人都可以在基本保险中获得失业救济金。自愿保险是由国家资助，行业工会主理，凭个人意愿参加的保险。该项保险由行业工会或自雇组织设立失业保险基金，并向其会员给付失业救助金。根据规定，只有参加了失业保险基金的会员才能享受自愿保险失业保险金。

其次，瑞典失业保险制度保障程度较高，主要表现为居高不下的失业保险替代率。在20世纪60~90年代，瑞典的失业保险系统福利居高不下。甚至在一些年份中，税前失业保险替代率达到了90%。从1960年代初到1980年代初，平均替代率呈上升趋势。在80年代末，平均替代率在85%~90%。在90年代初期，瑞典GDP的下降导致失业保险的慷慨度降低。1993年7月，法定替代率从90%降低到80%，并在3年后降低到75%。但是，随着90年代后期的财政巩固，经济回升，失业保险的替代率在1997年9月增加到80%。

再次，为保障失业人员的最低生活，瑞典失业保险制度为部分失业人员给付现金资助。政府对那些未参加培训和社会救济的失业人员给予现金资助。失业现金资助有两种形式：一种是失业救济金，提供给那些符合失业保险法规定，参加失业救济协会且有资格享受失业保险待遇的人员。瑞典的失业救济协会由失业保险基金会负责管理，行业性质浓厚，各协会都设有从中央到地方的各级组织。另一种是劳动力市场基金现金救助。瑞典失业保险制度对于已经在职业介绍所登记求职的失业人员和正在找工作的以及等待加入某项市场政策措施的人提供除失业保险金以外的劳动力市场基金的现金支持。该政策的待遇水平比失业保险金低，主要支付对象是未参加失业保险和首次进入劳动力市场的人员。在有些情况下，有些人如失业金尚不能满足其需要，也可得到劳动力市场基金的支持。

最后，为了在不同地区实现劳动力供求之间的平衡，工人常常需要进行就业迁徙以适应地区经济结构的变化。因此，瑞典的失业保险制度规定，当政府职业介绍所推荐失业者异地就业时，他们将获得搬迁津贴，其中包括实际搬迁费用和安置费。自1984年以来，一个多成员家庭的平均搬迁津贴为15000克朗，每年约有2万人获得这项津贴。

二、促进就业政策

根据失业保险规定，瑞典政府对失业者采取积极的促进就业政策，包括职业技能培训、提供就业信息和为没有就业机会的人员发放失业救助金等。并且规定，失业者因罢工等劳动争议造成失业，或在没有充分理由的情况下，拒不接受劳动管理部门介绍的适合的工作者，不能领取失业救济金。这意味着公民必须在失业后积极寻求重新就业，才能领取救济金。因此，瑞典的失业保险是促进就业的失业保险。失业保险中的各项措施大多来源于瑞典实施的积极劳动力市场政策。瑞典政府将该政策视为国家经济政策的重要组成部分，将求职者的就业服务和培训视为促进公司和社会进步的重要部分，并利用失业保险基金的作用来鼓励就业和经济发展。

（一）失业救助金的发放与就业服务紧密结合

失业救济金的发放与就业服务紧密结合，表现为：（1）申领失业救助金者必须符合基本条件和工作条件，具有强烈的就业欲望，否则不予发放。并且申领者还需具备非因重大过失或劳资纠纷导致失业，和已在就业服务中心注册了个人信息，并接受职业培训和就业介绍的条件。在领取救助金期间，若失业者无就业意愿，或者不按照就业服务机构的要求了解就业市场信息、制定工作计划、寻找就业机会并且拒绝监督时，经核实属实，失业者将被降低救济待遇水平，直到丧失获得失业救济的资格。（2）就业服务机构与失业保险基金管理机构进行信息共享。就业服务机构与失业保险基金共享失业者失业期间是否接受就业服务、制定求职计划、拒绝推荐的就业岗位、实现再就业、达到退休年龄等信息。瑞典设有提供就业指导和职业咨询的就业办公室300多家，40%工作人员提供职业咨询服务，60%工作人员进行就业指导安置。进行就业指导的工作人员首先与失业者进行交谈并填表，了解其基本特点和需求并登记入网。然后根据雇主登记的相关职位的空缺状况，为劳动者和雇主搭建满足供需要求的桥梁。从事职业咨询的工作人员则是通过交谈、讲座或者特殊、有针对性的咨询服务，为求职者、有跳槽意向人员和就业困难人员介绍不同职业的要求、特点和提供培训机会。在瑞典，将近85%的失业者和1/4有跳槽意向者都在就业办公室进行登记。瑞典的就业办公室与失业保险基金管理机构共享这些信息，实行网络控制，实现了服务电脑化、国有化和社会化。并且就业办公室提供免费的报纸、电话咨询和指导服务，由政府财政提供支持，成为瑞典公共部门的组成部分。并且通过信息共享，失业保险基金部门可以及时了解在就业服务机构登记信息的失业人员的实时信息。对于已经实现再就业的人员停发失业救助金，对于不接受就业服务机构安排或没有再就业意愿的失业人员，及时调整失业救助金待遇水平。

（二）积极的就业服务与技能培训

积极的就业服务就是指瑞典政府开展的针对失业者的职业指导和介绍服务。表现为：（1）从事就业服务工作的人员对求职者进行“一对一”就业服务，直至帮助其实现就业。职业指导人员首先要帮助求职者增强自信，树立清醒深刻的自我认识，然后再开展“一对一”就业服务的一系列工作：第一，职业指导人员与求职者相互尊重、信任，相互联系，共同制定职业规划并实施；第二，通过交谈，明确求职者的求职问题、困难和想法，并提供帮助；第三，向求职者提供准确就业信息供其选择，例如需接受培训的专业、合适的就业机会等；第四，认真听取和了解求职者的诉求，换位思考并帮助求职者树立主见，自己做出新选择。职业指导把求职者安排在培训和以工代赈等各种安置性项目中。瑞典多年实践证实，就业服务能够有效匹配求职者和空缺职位，劳动力市场上近乎一半的空缺岗位通过就业服务提供的外部求职者填补。（2）开展职业介绍服务。主要内容包括：提供就业咨询、发布就业信息、举荐就业机会等。职业咨询是职业介绍所的一项重要任务，也可以在职业能力测试所和学校中进行。职业介绍所的许多专业人员为求职者、调换工作者和就业困难者提供服务，为他们介绍各职业的特点和要求并提供必要的培训机会。面对面的交谈是最常见的咨询方式，但在许多机构里也进行有较多人参加的交谈或讲座。就业困难的人也可以得到特殊的、专门的职业咨询服务。

瑞典失业保险制度开展积极的技能培训，表现为两个方面。

一方面，为符合劳动力市场需求和岗位要求的失业者提供技能培训，促进其再就业。（1）失业培训。失业培训参加者不算进失业人员总数，因而有助于控制经济下行期的失业率。并且参加培训能提高劳动力素质，因而可承担经济恢复期的劳动力的供应，也有助于失业人员更换工作，还有助于增强弱势劳动者（如残疾人、移民）的竞争力，助其回归劳动力市场。因此，失业培训的地位日益增强，失业培训有着稳定就业，促进就业的作用。对于失业者而言，失业培训不仅免费，并且参加者还可领取培训补助，相当于失业救济金。1993 年 7 月 1 日起，年龄小于 25 岁的参加者可得到这笔培训补助，帮助其接受正规培训。他们将得到 65% 的津贴和 35% 的培训贷款补助。根据瑞典的年度研究报告，参加培训者大多自始至终接受了培训，并且其中约 65% ~ 75% 参加者，半年内均在公开的劳动市场上实现就业。（2）在职培训。瑞典政府还非常看重使用补贴手段来激励公司为现有和新员工提供培训。在职培训与新技术的应用相匹配，进一步提高职工劳动技能，为解决劳动力市场的许多困难，发挥了很大的作用。政府还会为企业支付用于为在职职工培训的培训补助金。（3）青年培训。瑞典失业保险制度为促进就业，还为青年人提供培训服务。目的是为 18 ~ 24 岁的青年人提供进入劳动力市场前的必要实习性培训，为期 6 个月，有时延长到 12 个月。对于 25 ~ 29 岁的大学毕业生，1993 年 7 月起政府为其创立了为期 3 个月的特殊培训项目，即实习培训。（4）难以安置的求职者培训。难以安置的求职者培训也受到失业保险制度的重视。由政府出资，相关机构负责组织实行专门针对就业困难者的增强就业能力的培训。首先对他们实施劳动水平评估，提供咨询指导和建议，然后对其进行强化训练，帮其尽快恢复就业能力。

另一方面，就业服务机构承担失业人员培训期间的费用。同时，政府财政也承担部分企业的用工培训补助。（1）承担企业替代培训补助。企业替代培训补助是指当企业雇用由就业办公室推荐的就业者以替代离职重新培训的人员时，可从企业总工资中扣减为其缴纳的部分社会福利的费用；若为增强雇员劳动能力的职业导向培训，则企业还可以扣除培训费用，扣除的培训费由政府财政负担，但年均每个雇员不得高于 3 万克朗。替代培训补助作为一种新式的培训项目从 1991 年 7 月 1 日开始实施。（2）承担培训者的临时性安置的部分费用。为了增强正处受培训阶段者竞争职位的能力，职业介绍所将其中一些人安置到私人企业或公共部门，让他们工作一段时间。这既能提高其技能，又可为竞争相同岗位创造条件。在这一过程中，雇主只需支付其部分工资，其余费用由失业保险相关机构承担。

（三）为雇主提供雇用补贴

瑞典失业保险制度通过为雇主提供雇用补贴，降低雇主的雇用成本，使总体生产成本降低，从而有效防止雇主裁员，间接起到了促进就业的作用。具体措施表现为：(1) 雇用失业 1 年以上失业人员（包括刚到瑞典的外国人）的雇主可以享受补贴，标准是雇员本人薪酬的 60%，期限为 5 年。如雇用 55 岁以上的，则补贴期限不超过 10 年。(2) 雇用残疾人的补贴标准是其工资的 40%，补贴期限连续至其终止就业。同时，为雇用残疾劳动者的企业提供必要的设备。

此外，为了提高劳动力市场的效率，改善获得稳定工作者的条件，政府还采取了其他一些改革措施。在劳动法律方面，加大实行见习就业的可能性，禁止企业对雇用者的劳动限制，取消工会禁止签订工作契约的权利。在法律层面明确允许私人职业介绍所为失业人员提供职业介绍与安置等。

(四) 开展失业救济工程

开展失业救济工程是瑞典失业保险制度促进就业的一个方式。政府开展失业救济工程的主要目的是为了解决因周期性经济衰退，或因季节性因素以及其他因素引起的失业状况，进而为失业者提供临时性的就业岗位。通过举办多种形式的失业救济工程，增加政府开支，调节社会总需求，带动经济增长，从而拉动劳动力需求总量，创造更多的就业机会。同时，也能够为接受职业介绍服务和培训的人提供工作实践机会。失业救济工程一般包括城市修筑、自然环境维护、造林等。20 世纪 70 年代后期，在这类工程中就业的劳动者增长很快。一般参加者能得到职业介绍所支付的最高为平均工资的 65%，最长为 6 个月的工资。如参加自然环境保护等工程，能得到 100% 的工资开支。这些救助工程开始主要集中在基础部门，后来又被引入到一些服务部门，如保险、教育、行政管理等。目前，工程的种类繁多，主要依失业人员的状况而定。一般说来，在繁荣时期每月平均有占劳动力总数 0.5% 的人参加这些工作，而衰退时期则为 1.5%。

以工代赈是失业救济工程的重要形式之一。以工代赈旨在为劳动力市场中的就业困难人员提供临时性的就业机会。这种通过以工代赈促进就业的措施已经被运用了几十年。早在 1938 年，瑞典国会就同意将许多工程囊括进储备名单，以便在就业情势严重时政府可以马上采取行动提供就业机会。以工代赈工程的基本目标是在由于季节性和周期性萧条导致失业率较高时创造就业机会，降低失业率。其目的也在于降低结构性失业，即降低处于劳动力市场弱势地位的特殊阶层的失业。劳动者通过以工代赈获取工作经验，有利于他们就业和培训时做出适合自己的选择。自20世纪70年代中期以来，以工代赈被用来为青年人提供就业机会。地方政府负责以工代赈工程的管理，中央政府提供75%的劳动力费用补助和投资附加补助。失业人员从事以工代赈工作一般不超过半年。以工代赈是促进就业的第三种手段，即只有在就业办公室无法为失业人员提供就业帮助时，或者失业人员不能参与培训时，才能使用以工代赈手段。

三、预防失业政策

预防失业是瑞典失业保险制度的根本目的，也是该制度的最后落脚点。首先，瑞典失业保险金有稳定的资金来源作保障，提供预防失业的充足资金支持。其次，瑞典进行劳动力市场信息分析与预测，通过信息化手段监测劳动力市场信息动态，及时预测就业与失业信息，为预防失业提供信息保障。同时，瑞典失业保险制度还对经营困难的雇主给予一定形式的补贴，防止经营困难的企业为了降低成本而裁员，帮助他们缓解困境，从而间接地预防失业。最后，该制度还实施了一系列青年就业项目以增强国家劳动力储备。

（一）失业保险金来源有保障

瑞典的失业保险费用主要由雇员、雇主和政府三方负担，还有基金本身运营收益，资金来源有保障。雇主的自愿保险缴费率为工资总额的4.45%；雇员参加自愿保险项目的缴费率在各失业保险基金会中不相同；雇员向所参加的失业保险基金会缴纳会费，无须向劳动力市场失业救济项目缴费；政府主要承担弥补赤字的责任。失业保险金来源的95%是政府、雇主、雇员共同提供，5%来自基金会员的费用和其他形式的收入，资金不足时，可向政府债务办公室借款。瑞典失业保险费曾高达30亿瑞典克朗。在2007年改革后，失业保险费征缴适当减少，在2013年时少于15亿瑞典克朗。基金投资收益主要来自基金的利息还有投资的所得。在瑞典，基金本身的损益也计入失业保险金中。

失业保险金通过雇主、雇员和政府共同承担，有确切的来源保证，通过组合投资取得基金运营收益。充足有保障的失业保险金投入失业救济、保险金申领和就业服务等多个方面，为预防失业提供多方位保障。

（二）劳动力市场信息分析与预测

20 世纪 50 年代，瑞典开始开展劳动力市场信息分析与预测工作。1990 年后，瑞典开发了劳动信息分析预测软件，并使用至今。通过分析预测劳动力市场信息，为失业保险相关机构提供信息数据，监测劳动力市场失业情况以及就业方向等，为预防失业提供信息保障。劳动力市场信息分析与预测的主要内容包括国家劳动力市场预测、区域劳动力市场预测以及职业发展预测等。

1. 国家劳动力市场预测

该预测每半年做 1 次，每年 6 月、12 月发布动态滚动数据报告。该预测的主要内容包括：回顾国际形势和金融市场；根据 GDP 和价格指数的假设预测 GDP 增长和价格变化，并据此预测岗位增减和劳动力需求情况，分析劳动力资源；分析该年的社会保障情况。

2. 区域劳动力市场预测

收集全国各地区劳动数据，并据此分析差异的干扰因素，寻找干扰地区间劳动力市场发展的原因。中央和地方政府需要做出此类预测并通过研讨会、电话和互联网进行沟通。该预测十分重要，对中央和地方了解本地区和周边地区的发展都有很高参考价值。并且，通过区域劳动力市场展望，可以明确本区域当前劳动形势，为预防失业做准备。

3. 职业发展预测

职业发展预测主要是分析长期的社会和经济状况、行业以及职业发展趋势。该预测分为 5 年期和 10 年期预测。通过这项预测，为就业者和正在寻找工作的失业人员提供清晰的职业导向，避免失业现象的大规模发生。

（三）对雇主给予支持

瑞典的失业保险制度在一定水准上对经营面临困难的企业提供各种形式的补贴，缓解其经营困境，防止企业为了降低经营成本大面积裁员，从而发挥预防失业的功能。瑞典积极劳动力市场政策也为雇用再就业劳动者或就业困难人员的企业进行补贴。

1. 设立投资基金

设立投资基金的目的是为了鼓励企业在经济衰退时期或某些特定的情况下进行投资，起到维持就业和减缓经济周期波动的作用。该项投资基金在瑞典社会救助制度中承担间接预防失业的任务。投资基金是为雇主而设立的，当雇主发生经营困难时，可申请投资基金，以解决经营困境，减少经济裁员，预防失业。

2. 工业定货和其他形式的工业补贴

在经济低迷时期，政府为陷入困境的企业提供维持生产和稳定用工水平的工业定货和补贴，包括直接财政补贴和提供工业定货以维持生产。自从1973～1974年“石油风波”以来，瑞典的许多传统工业，例如造船业、冶金业、采矿业和航运业都受到世界性的经济下行和国外激烈竞争的影响，全球性的供给过剩，整个行业都濒临破产。政府在推进劳动力市场政策项目实施的同时，也提供工业定货和其他补助，以解决企业困难，助其渡过难关，预防裁员与失业现象的发生，稳定总就业率。

3. 启用补贴项目

对于18～24岁的长期或失业保险即将到期的青年失业者，1984年起，瑞典启用补贴项目。该政策能为雇主降低经济周期动荡带来的雇用压力，从而实现预防失业的作用。该补贴早期的服务对象为青年人，随着成效显著，项目对象扩大到所有长期失业者。这一补贴也适用于所有短期和永久性就业者。此外，为了适应地区经济结构变化，需推动劳动力地区间流动以平衡地区间劳动力供求关系，瑞典出台政策规定：如果政府职业介绍机构举荐失业者异地就业，则该人将得到转移补助，包括实际搬迁费和安家费。同时，接收推荐异地工作失业人员的企业也会获得一定程度的政府补贴。

启用补贴制度经过多次改革，最初补贴金额占用工成本的一半，受领期最多半年。从1991年7月1日开始，18～24岁申请者的补助额增加至用工成本的60%，期限不变；难民和移民的补助为半年内工资成本的85%或一年内不高于总用工成本的一半。就业办公室决定发放补贴金额，但薪酬标准仍然依照现行市场标准。

（四）实施青年人就业项目

青年人就业项目的目标对象是缺乏工作经验或缺乏就业指导，尚处在学校到工作岗位过渡期的初步就业青年人。目的是缓解青年人过渡期的就业压力。青年人作为社会的后备力量，青年人项目就是为他们创造劳动岗位，促进青年人就业。由于1970～1980年，瑞典16～19岁年龄段的失业率较高，作为福利国家的瑞典根据“帮助弱势阶层”的原则，政府出台了青年人就业项目等系列措施。这些项目为应对青年人就业问题和预防他们将来正式步入工作岗位从事社会生产时的失业问题提供帮助。瑞典劳动力市场计划项目的支出约有四分之一投入于青年人。

1. 青年工作机会项目

青年工作机会项目于1980年1月开始执行。这是为青年人提供工作机会的政策，旨在丰富他们的工作经验。通过为那些既不参加相关就业培训，也不能在劳动力市场实现正常就业的16～17岁青年人员开展培训，实现就业。这个项目是由工会和雇主联合会协商合议设立的。青年工作机会项目首先安排大约2～3周的特别培训学习，发布就业信息并为青年人开展相应的培训。主要旨在为青年创造就业机会，顺利完成从校园到进入劳动力市场的过渡。该项目由学校、就业办公室和地方计划委员会共同组织。学校有责任援助未满18岁人员参加该项目，就业办公室负责将这部分人员纳入青年就业机会计划。这个项目为青年人提供在公共机构和私有机构的临时性工作，期限为6个月，支付薪资低于市场水平。参加青年工作机会项目不会产生挤出效应，也不会影响劳动力的正常需求。参与青年工作机会项目的人，大多在劳动力市场实现就业，青年就业问题得到解决，实现了预防失业的目标追求。

2. 青年队项目

青年工作机会项目已经降低了16～17岁年龄段的失业率，但瑞典18～19岁年龄段的失业率仍存在逾越10%的情况。为预防青年失业，提高其就业质量，1983年秋天，议会迅速商议了青年队方案（青年人就业问题仅归属公共部门处理的提案），仅仅3个月后，提案成为法律开始实施。就业办公室和地方政务机构为法案的主要责任实施方。根据要求，社区政府安置没有正式工作的18～19岁年龄段人员和25岁以下残疾者的工作。以此为据，上述人员能够参加社区政府安排的日均至少4小时的半日制工作，并取得当时市场薪资水平的酬劳。在某些情况下，有劳动经验且受失业保险覆盖的工会参加者可以全职雇用。青年队项目的就业岗位可以是中央或地方政府提供的岗位，也可以是教会或其相关机构提供的工作。总之，多数岗位由地方政府提供，尤其是社会服务部门。

青年队项目起到了预防失业和向正常劳动力市场过渡的作用。在该项目实施的半年内接受消化了4万余名青年劳动者，同时，将近2万人离队，且离队者将近半数在正常的劳动力市场实现就业。因此，青年队项目极大地起到了预防失业的作用，降低了青年失业率。

3. 入门机会项目

1987年1月，入门机会项目开始生效。就业办公室组织入门机会项目，并联络工会和雇主一起实施。这个项目的意图在于使18~19岁的青年人在获得劳动体验，防止其由于缺乏经历，丧失就业机会。通过集体谈判协议，雇用18~19岁失业青年可享受占薪酬成本一半的为期6个月的补贴。根据该项目，青年人获得稳定就业岗位并领取现行工资水平的薪酬。研究表明，该项目取得了良好的效果，参加该项目的人员在离开时将近70%实现正常就业，其中大约2/3的人员在为他们提供入门机会的企业里实现就业，大约12%的人参加劳动力市场政策项目，另外12%的人参加军事服务和教育活动，大约10%的人出于未知原因退出该项目，且可能再次成为失业人员。

4. 新的青年入门安置项目

青年队和入门机会两个项目合并，成为“新的青年入门安置项目”。在这个项目中，有两点与青年队项目类似。一是目标对象同为18~19岁青年和25岁以下残疾者；二是就业办公室在前3周内帮助实现就业。各地方为新的青年入门安置项目提供的就业是全日制的。这个项目提供的就业可以根据官方补贴情况区分成两种类型。第一种，双方自愿参加并履行合同，雇用企业在六个月内获得总工资的50%的补贴。从1991年7月1日起，补贴增加到60%。第二种，各地就业办公室帮助联系为残疾人和就业困难青年推荐到当地公共部门工作，政府补贴为薪水总额的105%。通常日均劳动8小时，劳动期限为6个月，且25岁以下者可以延长工作时间。这一政策的目的是把青年人引向就业市场，通过促进青年人就业，增加就业机会和择业筹码，预防青年人因找不到工作而失业。该项目落实范围不广，表明了两种情况：一是繁荣时期失业率较低；二是早先为年轻人开展的劳动力市场政策已经抑制了青年失业率的总程度。

第三节 失业保险制度主要特点

一、扩大覆盖范围

覆盖范围广，保障程度高是瑞典失业保险制度的首要特点。作为福利国家，创建这一失业保险制度的目的是为所有失业者提供基本的生活保障。瑞典的失业保险制度将基本保险和自愿保险的广泛覆盖紧密结合在一起，从而最大限度地保护了处于就业年龄阶段的失业者的基本生活。这是一个比较完整的失业保险制度。通过前文可知，瑞典失业保险制度中基本覆盖20岁以上的所有全职和非全职人员；自愿保险覆盖15~65岁的所有自愿加入失业保险基金的工会参加者，且瑞典80%加入工会的人员都参加了失业保险基金会；促进就业系列政策覆盖了所有已经进入或即将进入市场的劳动者。并且明确只有具有以下资格才有权获得失业保险金，享受保障：（1）失业者必须是非自愿失业。（2）失业者须符合年龄要求并且具有劳动作业能力。（3）必须提供足够的证据证明自己已失业，并主动寻找工作。（4）在失业之前，必须已参加劳作一段时间或已经参加失业保险。同时，有必要考虑不同单位的不同就业群体的特点，并设置不同的入职条件（如费率），以最大限度地扩大这项保险的覆盖面，使员工在待业期间获得根本的生活保障。在待遇给付上，瑞典失业保险制度根据劳动者参与的不同保险项目给付失业救助金，并通过一系列救济工程为失业人员提供补贴。瑞典失业保险制度的覆盖范围不仅能满足失业者及其家庭最低生活的需要，而且还能满足高质量生活层次的需求，保障程度相当高。

二、由消极救济转为积极保障

积极的失业救济机制是瑞典失业保险制度的特色。所谓消极救济是以保障生活为目标，根据瑞典的经验，消极救济是基于分散风险并事后予以补偿。结果导致失业通常无法有效地防止，并且会增加成本。所谓积极保障，就是采取各种有效措施，以实现再就业的最大化。除为失业者供应基本生活保障外，完整的失业保险制度还须具有助力失业者重新就业和防止失业的作用。一种积极的方法是创造新的就业机会，并使就业市场更加活跃。瑞典政府最初的政策主要也是使用保险金向失业人员提供失业救济等福利。但是1990年以来，政策从被动变为主动。从瑞典目前的失业保险制度安排和政府为应对当前金融危机而采取的部分措施来看，政策的重点是随着失业期的增加减少救济金的发放，并缩短领取的期限。同时，它与就业服务结合更密切。针对求职者的就业需求和劳动力市场条件，采取了加强就业服务，积极开展培训，给予创业补助，鼓励企业招募待就业人员促进再就业等措施，收获了良好效果。

三、促进就业和预防失业功能并举

瑞典失业保险制度中促就业和防失业的功能齐头并举，共同作用。瑞典政府提供财政补贴，优先考虑公司和个人，鼓励创造就业机会和开放就业机会。政府要求企业雇用长期注册的失业者，并对企业提供50%的用工补贴。雇主可以无偿雇用6个月的无薪学徒工，并且政府提供等同于失业救济金的学徒工补贴。同时，瑞典还制定了使用失业保险的灵活政策，例如，公司濒临破产时为维持公司的发展，可以提前申请失业保险；为想要创业的人提供适当的补贴等。瑞典失业保险制度的保障程度较高，已经能够实现“保障基本生活”的功能需求。并且瑞典通过实施积极的就业服务，举办失业救济工程，制定青年人政策，以及采取对雇主补贴等政策将促进就业与预防失业的功能共同托起。从制度的效果来看，该制度有效地提升了就业率，保证了就业质量；从社会层面来看，避免了“惰性”现象的发生，维护公平，促进发展。根据国际和国内经验，继续改善失业保障体系，增加就业投资，积极采取各种措施防止失业和稳定就业，并为失业者创造更多就业机会已成共识。

四、建立失业动态监测体系

动态失业监测是指对领取失业保险金的人进行统计和分析，从而迅速提示出失业风险并为调整、控制和制定预防风险的措施提供科学依据。从瑞典的情况来看，国家主要通过对劳动力市场状况的分析和监测来对失业者和失业状况进行监测，并且已经形成了一个相对完整的动态监测和指标分析系统。该体系为政府开展制定和实施积极劳动力市场政策创造了有利条件。相反，我国在这一领域的工作仍然相对薄弱，而且监测失业动态的工作才刚刚开始。自2009年起，为了预防和控制失业，人力资源和社会保障部已经建立了一个动态的系统来监测全国的失业情况。该系统在每个省、区和市确定3~6个监测点，每月对就业变化进行调查，并形成动态的城市失业监测报告。

五、完善劳动力市场信息网络

经过多年的建设，瑞典的劳动力市场已拥有现代化的信息服务网络，具有良好的技术性能和相对完善的公共就业服务系统。它建立在政府的统一注资、建设和管理下，并且特别注重基层公共就业服务中心基础设施的建设。求职者可以利用瑞典任何就业服务中心的网络设施，迅速找到有关就业服务的各种信息，包含全国各地各类职业的需求情况、行业发展趋势、职位空缺的具体要求、薪水、培训信息、环境等信息。求职者还可以在线进行查询和申请，进行线上职业水平测试。同样，雇主也可以通过网络选择要雇用的人员，安排与候选人面试等。并且，就业服务中心免费提供这些服务。瑞典完善的劳动力市场信息网络促进了自助式就业的生成，大大提高了工作效率。

第八章

北欧、西欧其他代表性国家失业保险制度

第一节

丹麦失业保险制度

一、失业保险制度基本内容

（一）历史进程

丹麦的社会保障制度始于1891年。1907年，丹麦国会通过《丹麦失业待业者保险法》，开始发放失业救济金，丹麦形成了由工会自愿建立的失业保险体系。现行立法是1970年（针对雇主）和1976年（针对独立劳动者）采取的“自愿保险补贴制度”。

（二）覆盖范围

丹麦失业保险制度的覆盖范围广泛，包括雇员和65岁以上的独立劳动者。具体来说，包括独立劳动者及参加由工业、商业、机关工作、农业、手工业、餐馆业、运输及采掘业工会会员自愿建立、并经批准的失业基金会的会员。加入基金会的雇员约占全体雇员的50%（不适用于独立劳动者）。不够条件参加失业基金会的会员主要包括18~63岁不能胜任正规工作者；在特定行业受雇少于5周者，或临时性独立工作者。

（三）资格条件

1993年丹麦颁布的再就业法规规定，25岁以下的失业人员在享有失业福利

的13个星期内，25岁以上的失业人员在享有失业福利1年之内，应在政府安排的岗位上开始工作或者接受职业技能培训，不然没有资格领取失业保险金。

丹麦法律规定，成为失业保险基金成员1年并在过去3年工作了52周的雇员和个体经营者，都有权领取失业救济金。丹麦失业人员需选择申请成为失业基金会的会员，才有资格享受失业保险带来的福利。

成为失业基金会会员的条件，主要包括：

（1）18～63岁的丹麦公民或在丹麦工作、但不在丹麦长住的欧盟成员国公民；

（2）在失业基金会相关行业有享受薪水的工作；

（3）有材料证明申请人已经接受至少18个月的职业培训并在接受培训后两周内已经申请成为某一失业基金会的会员。

（四）给付标准与期限

按照丹麦失业保险制度的有关规定，只有非自愿失业才有资格领取失业金，并且有一定的等待期限。对于自愿辞职，或因不端行为、过失被解雇，或因卷入劳资纠纷而失业，或没有正当理由而拒绝所提供的适当工作的，不得领取失业金。目前，丹麦周失业金标准为参保人失业前12周平均工资的90%，但不得超过3940克朗。对于完成一定时间职业培训或者是服完兵役的年轻失业人员，周失业金上限可以提高至5230克朗。失业金领取期限从开始失业登记的第一天计算，最长可达2年。自雇者登记失业后需要3个星期的审核等待期，方可领取。在55～59岁的失业人员，失业金的领取期限可以延长到60岁。

（五）基金使用与管理

丹麦失业保险基金的筹集主要由参保人、雇主和政府三部分构成。其中，参保人按其月收入的8%缴费。部分雇主为其员工代为缴纳失业保险费。对于失业保险基金收不抵支的部分，由政府承担。

丹麦失业保险制度主要通过工会建立起来的失业基金会负责实施，雇员自愿参加，大约覆盖了90%的劳动者。劳工部代表政府对失业基金的运行情况进行监督。目前，丹麦共有36个失业基金会，其中34个经办普通工人的失业保险业务，2个经办管理人员的失业保险业务。就业者必须选择申请成为某一失业基金会的会员，才有资格领取失业保险金。如果失业人员不符合领取失业金的条件，又没有其他经济来源，地方政府可以提供社会救助。社会救助一般由地方政府管理，救助标准按照国家有关规定确定。

（六）失业保险制度功能

丹麦失业保险制度起步早，发展历程较长，失业保险政策体系比较完备。一方面，保障了失业人员的基本生活，另一方面，具有促进失业人员再就业的功能。丹麦失业保险制度激发了失业人员的工作热情，积极劳动力市场政策的实施，使丹麦实现了就业率与经济发展双增长的局面，为其他国家提供了经验借鉴。

首先，丹麦失业保险制度保障了失业人员的基本生活。生存权是每个人的基本权利，人的生存权得不到有效保障，就会影响到社会的稳定。丹麦失业保险制度覆盖率较高，失业保险待遇相当于其平均收入的90%，替代率较高，可以很好地保障失业人员的基本生活。

其次，丹麦失业保险制度具有促进再就业的功能。20世纪90年代，丹麦进行了失业保险制度改革，施行积极的失业保险政策，主要有：加强对失业人员的技能培训，提高他们的综合能力，适应劳动力市场的需要；施行培训再就业激励机制，失业人员在失业期间参加技能培训可以得到培训津贴，激发失业人员再就业的动力和积极性；将领取失业保险金的资格与参加再就业培训挂钩，规定必须通过参加再就业培训的失业人员才有资格领取失业救济金。这些政策的实施，极大地促进了丹麦失业人员再就业。

最后，丹麦失业保险制度有效地维护了社会稳定。第一，丹麦失业保险待遇水平比较高，能够保障失业人员的基本生活水平；第二，丹麦重视青年人的失业问题，丹麦通过实施政策支持、提供针对个人的学习与培训等具体措施，鼓励失业青年参加继续教育，提高青年人的竞争力，促进就业；第三，丹麦工会有效协调和缓和了企业、工人、政府三个主体之间的利益与矛盾，从整体上保障了劳动者的权益，促进了企业的发展，维护了社会的稳定。

二、失业保险制度运行政策

（一）保障生活政策

丹麦失业保险制度覆盖率很高，覆盖了90%左右的劳动者。总体来说，丹麦失业保险覆盖率、失业保险制度参与覆盖率、失业保险受益覆盖率都是非常高的。同时，丹麦的失业保险待遇丰厚，在过去 3 年里工作 52 周的失业人员能够在接下来 2 年内领取相当于其平均收入 90% 的津贴，可以保障失业人员的基本生活。

（二）促进就业政策

1. 实施积极的失业保险制度

由于失业保险待遇水平偏高，给付期限较长，丹麦出现了部分失业人员不愿意积极寻找工作，尤其不愿意从事低报酬工作的负面效应。此外，个人长期失业，劳动技能退化，求职意志消沉，雇主一般也不愿意雇用。因此，丹麦开展了对失业保险制度的改革，使之与促进就业相关联，即实施积极的失业保险制度。归纳起来，主要有两个方面：（1）激励就业。主要是通过失业保险待遇与再就业挂钩的办法，激励失业人员尽快就业。同时，缩短领取失业保险金的期限，丹麦将失业救济金领取的时限从以前的 4 年缩短到 2 年，在一定程度上限制失业人员对失业津贴的长期依赖。（2）支持职业培训。把培训和实现就业日益紧密地结合起来。丹麦规定，对于完成一定时间职业培训或者是服完兵役的年轻失业人员来说，他们的周失业金上限可以提高至 5230 克朗，而丹麦周失业金标准为参保人失业前 12 周平均工资的 90%，但不得超过 3940 克朗。增加失业人员在失业期间的收入，这可以极大地激发失业人员参加职业培训的积极性，减少对国家福利的依赖。

2. 促进青年人就业

丹麦重视失业青年的就业问题，丹麦实施政策支持，提供针对个人的学习与培训等具体措施，鼓励失业青年参加继续教育，改善其弱势背景，提高竞争力，促进就业。（1）经济优惠。丹麦政府一直有实行经济优惠政策、鼓励失业青年参加公共继续教育的传统。在丹麦学习不分年限，学生上学不用交学费并享有政府的补贴，补贴足以支付每月的开销。这样为失业青年继续教育提供了经济保障。（2）提供培训机会。丹麦的成人职业培训制度规定，企业有义务对自己的雇员进行相关的业务培训。雇主培训协会制定的培训方案鼓励雇主送其工人参加培训课程。在工人参加培训期间，雇主用失业人员来填补空缺的岗位。在接受这些暂时性的空岗前，这些失业人员先接受准备性培训。通过这种方式，在职的雇员学到了宝贵的新技能，而失业人员也获得了宝贵的工作经历，避免了其长期脱离工作岗位而沦为长期失业人员。这为失业青年提供了学习和培训机会。(3) 实施青年就业保障计划。20世纪70年代中期起，丹麦政府在全国各地实施了11个就业保障计划，其中影响最大的是在奥尔胡斯和斯多斯特姆两大行政区实行的青年就业保障计划。该计划有两类：一是面向全体青年实施预防措施，包括向全体初等学校毕业生提供咨询服务和向失业青年提供的诸如青年就业准备课程之类的专门职业指导；一是面向失业青年实施的专项措施，即向那些失业的毕业生提供各种专门的教育和培训。通过这些措施，极大地解决了青年毕业生的就业问题。

3. 实施积极的劳动力市场政策

20世纪90年代，在经济全球化、新技术革命的冲击下，丹麦经济出现衰退，失业率较高。为了促进就业，降低失业率，丹麦实施积极的劳动力市场政策，即丹麦实施以灵活安全性为特征的"金三角"劳动力市场模式。在提高工作效率，增强社会凝聚力的同时，不仅创造了丹麦的"就业奇迹"，也使丹麦成为最具竞争力的国家之一。丹麦劳动力市场灵活安全模式包括三方面内容：劳动力市场的外部数量灵活性；慷慨的社会福利制度；积极的劳动力市场政策。积极劳动力市场政策是实现劳动力市场灵活性与安全性统一的关键因素。20世纪90年代，丹麦实施积极劳动力市场政策，主要包括以下两个方面：(1) 劳动力激活政策。失业津贴领取期从4年缩短到2年，后又缩短为1年。25岁以下失业人员在接受失业津贴13个星期之内，25岁以上的失业人员在接受失业津贴1年内，必须接受政府提供的工作岗位，或者进入生产学校学习，否则便会失去任何经济支持。积极劳动力市场政策全力安排失业人员参加转岗培训，以适应新的工作岗位。(2) 劳动力市场政策的地区化。劳动力市场政策分化到地区14个郡，依据当地劳动力市场的发展状况设计地区政策，提高劳动力市场政策的针对性与有效性。

(三) 预防失业政策

丹麦社会总支出的三分之二是由国家通过税收提供的，丹麦社会保障财政资金来源主要依靠中央和地方政府财政，这部分来源在社会保障资金中占比超过60%。此外，在丹麦的就业保障基金支出项目中，政府支出所占比例达75%，主要用于对自愿性失业保险机构的补贴、社会救助、企业破产后支付薪水和教育培训等。丹麦政府将上缴税收的40%用于社会福利，包括政府养老金、老弱公民补助、托幼服务、失业救济等。此外，政府还实施了多项培训工程，制定多项政策鼓励失业人员参加再就业培训，提高失业人员再就业竞争力。充足的财政支持加上政府政策的实施，极大程度地预防了丹麦人失业。

三、失业保险制度主要特点

1. 建立健全法律法规

丹麦通过立法，形成了独具特色的失业保险体系，保障了失业保险机制的良好运行。丹麦的社会保障制度始于1891年，至20世纪60年代中期趋于完善。1891年制定了《国民年金法》和《寡妇年金法》，1892年制定了疾《疾病补贴法》和《健康保险法》，1897年制定了《工伤、职业病赔偿法》，1907年制定了《失业保险法》，1921年制定了《残疾年金法》，1950年制定了《家庭补助法》。丹麦现行的失业保险制度建立在1970年（针对雇主）和1976年（针对独立劳动者）等相关法律的基础之上，采取“自愿保险制度”模式。

2. 将消极救助转为积极保障

保障劳动者在失业后的基本生活是实施失业保险的最初出发点，丹麦失业保险的待遇水平偏高，远远超过了保障基本生活需求的范畴。一方面，造成国民的高税收负担，加大国家的财政负担；另一方面，甚至出现了劳动者在失业后领取失业保险金高于其在就业时的正常收入水平，一些人甘愿失业，领取失业救济金，消极就业，造成了“养懒汉”的社会现状。

20世纪90年代，为了更好地发挥失业保险促进就业的功能，避免出现“养懒汉”的社会问题，丹麦政府进行了失业救济制度改革，变消极救助为积极保障。主要做法有：（1）由单纯发放津贴的做法转向积极主动地向失业人员提供就业机会并制定再培训计划，进一步强调政策主动性，通过加强对失业人员的技能培训，提高失业人员的综合素质，增强失业人员的信心，使他们更加适应新形势下劳动力市场的需求。（2）政府积极引导劳动者就业，定期发布市场报告，在企业与失业人员之间搭建桥梁，做好失业人员与企业用工之间的对接工作。（3）规定参加失业培训者可以获得一些失业津贴。这项措施大大激发了失业人员的职业培训热情，对失业人员来说，不仅增加了失业后的收入，更是提高了自己的劳动技能，更有利于再就业。（4）领取失业保险金的资格条件与再就业培训紧密结合。根据丹麦的劳动就业福利政策，凡25岁以下的失业人员必须在失业后的13周内，或者接受职业介绍所推荐的新工作，或者接受当地政府提供的再就业培训。通过改革，实现了失业保险的双重目标，一方面，可以保障失业人员的基本生活，另一方面，可以减少“养懒汉”现象的发生，通过劳动培训，促进失业人员再就业。

3. 重视发挥工会的作用

在丹麦，失业保险基金筹集、运行以及失业人员领取失业保险金的工作完全由工会进行直接管理，丹麦工会组织在社会上的影响巨大。由此可见，丹麦工会在失业保障、促进就业方面发挥着不可替代的作用。在当今西方国家中，丹麦工人的组织率保持在79%~80%之间，在西方国家工会组织率不断下降的今天是比较少见的。目前，丹麦80%的私人领域雇员都加入了工会，而在公共领域，这个比例几乎为100%。丹麦最大的工会是丹麦工会联合会（LO）、公务员联合会。丹麦众多的小工会隶属于大工会。丹麦总工会成立于1898年，目前有150万会员，是丹麦最大的工会组织。工会寻求影响政府和政党起草和实施立法，特别是关于劳动力市场政策。同时，丹麦雇主的组织化程度也相当高，大约50%的雇主加入了雇主组织。这样工人与企业主之间就可以通过有序的组织对话来保障双方的最终利益。工会直接参与失业保险的管理与运行有助于更好地保护劳动者的权益，有利于丹麦失业保险制度良好地运行。

4. 形成灵活安全就业模式

丹麦灵活安全模式可以追溯到1899年9月《共同协定》的签订，在20世纪60年代末形成基本框架。该模式最先由灵活的劳动力市场和慷慨的社会福利制度构成，直到1993年积极劳动力政策的实施，才真正形成了通常描述的“金三角”模式，即由灵活的劳动力市场、慷慨的社会福利制度和积极的劳动力市场政策构成，具有较高的外部数量灵活性、较高的收入保障和工作保障。

丹麦劳动力市场的灵活性，主要表现在具有很高的外部数量灵活性，具体来说就是雇主可以容易的雇用和解雇工人。丹麦的劳动力市场的灵活性可以描述为：一个很短的终止通知，试用期相对较长和较低的解雇补偿。丹麦劳动力市场的灵活性主要体现在两方面：（1）劳动力市场的高度流动性。在丹麦有很大比例的劳动者认为，每隔几年转换工作是很好的，每年都有大量的雇员在流动，这些人大都会面临失业，但是绝大多数都能快速就业。（2）政府相对宽松的管制。劳动力市场高度的灵活性与较低的政府管制密切相关。在丹麦，政府并没有进行就业保护立法，雇员一旦不再具备高效率的生产能力，不再适合现有的工作岗位，雇主可以随时解雇雇员，不受政府的干预，几乎所有的协议都是由雇主和雇员的组织通过谈判达成的。

慷慨的社会福利制度是灵活劳动力市场的保障，丹麦具有完备的失业保障立法，参加失业保险的劳动者达到80%，通过进入失业保险系统，失业人员的问题可以得到妥善的解决，丹麦慷慨的社会福利制度避免了大部分人陷入贫困状态。

积极的劳动力市场政策主要包括：通过培训使失业人员实现快速重新就业；推动失业人员积极寻找工作；创造更多的就业岗位。丹麦积极劳动力市场政策包括两个方面：（1）实施激活计划。按照规定丹麦将失业救济金的领取资格期限分为两个阶段：一个是没有义务加入激活计划的被动时期，一个是75%的时间加入激活计划的积极时期；同时缩短被动时期年限，失业人员从失业的那一天开始，必须参加强制全职激活计划，加入到积极劳动力市场，参加职业培训、职业教育、企业实习和岗位轮换等，提高失业人员的再就业能力。（2）实施劳动力市场政策地区化。丹麦将劳动力市场政策从中央到地方划分为14个郡，在社会伙伴的共同参与下，依据当地劳动力市场的发展状况制定地区政策，提高劳动力市场政策的针对性和有效性。通过实施灵活的保障模式，再加上丹麦失业保险制度的良好运行，丹麦创造了“就业奇迹”。

第二节

比利时失业保险制度

一、失业保险制度基本内容

比利时的失业保险制度与德国、法国和荷兰的失业保险制度有类似之处，都属于欧洲俾斯麦模式。比利时失业保险制度的具体项目种类丰富多样，推出的时间有早有晚，设置的目的也各不相同。比利时失业保险制度的诸多项目最初是为了应对周期性失业和摩擦性失业等典型的失业状态而设计的，但随着高科技行业不断发展，周边经济环境发生了很大的变化，劳动力市场的雇佣关系也越来越灵活，制度服务规模扩大。比利时失业风险的性质发生了很大的变化，于是不断推出新的失业保险项目。

（一）历史进程

比利时实施的是单一的失业保险制度，而不是失业保险加失业救济的双层失业保险制度。在比利时，失业人员年龄不同享受失业保险的资格也不相同。1994 年之前，对年轻人的工作经历要求是：18 岁以下，在过去的 10 个月必须有 78 天的工作经历；18 ~ 25 岁，在过去的 10 个月必须有 156 天的工作经历；25 岁以上，在过去的 36 个月必须有 624 天的工作经历。1994 年以后，比利时政府规定 36 岁以下的失业人员要在过去的 18 个月有 312 天的工作经历。

失业人员的受益期限取决于申请人的特征和所处地理位置。比利时的法律没有规定失业保险受益的时间限制，但是 50 岁以下的申领者如果持续领取失业保险的时间达到所有失业人员平均失业时间的两倍时，失业保险领取资格将被终止。这一规定不适用于 50 岁以上的失业人员以及家庭收入低于规定水平的失业人员，在终止领取失业保险金 6 个月之后，还可以重新获得资格条件。

失业保险待遇水平取决于家庭状况以及家庭中工资收入者的数量。有配偶且家中只有一个工资收入者，失业保险金给付额度能达到其最大收入的 60%。单身者，在申领的第 1 年，失业保险金给付额能达到最大收入的 60%，接下来 3 个月为 35%，之后按统一标准支付。不论哪种情况，每月领取的最高限额都不能超过 35000 比利时法郎。比利时失业保险金给付标准根据物价水平的变化定期进行调整。

1995 年，比利时政府为解决长期失业问题对失业保险进行了一系列的改革。所有 45 岁以下的参保失业人员，在失业的最初 10 个月，必须按规定参加能增强其个人技能的“个人行动计划”。参与这一计划，其失业保险给付时间才能被延长。1996 年，比利时政府为促进就业，防止依赖，出台了制裁措施，规定若失业保险金申领者第一次拒绝就业帮助，将终止其 1 个月的失业保险金待遇，甚至有可能永远取消其失业保险金的享有资格，直到失业人员接受就业帮助为止。

2004年7月1日开始，比利时就业局开始分阶段对每个失业人员进行三次面试，以评估他们重返劳动市场的愿望。失业面试有严格的程序，面试官受过严格培训，每天每人只可能面试5人左右。如果面试时被评估为“消极”或者根本没有来参加面试，失业人员将被终止或暂缓支付失业保险金。

（二）覆盖范围

比利时的失业保险制度覆盖所有的受雇雇员。不论是政府机关、企事业单位等雇用的工作人员，还是家庭雇用人员；不论是城市雇员还是农村雇员，都在比利时的失业保险制度覆盖范围内。

（三）资格条件

比利时领取失业保险的条件是：（1）参保后最近18个月中就业时间满312天到参保后最近36个月就业满600天，申请者的年龄越大，要求的就业时间就越长。（2）已在失业机构登记，能够、愿意并正在等待工作，失业非自愿。其中年龄满58岁，就业已满25年的老年雇员可以办理提前退休，并可领取提前养老补助金。

（四）给付标准与期限

比利时失业保险待遇根据失业人员的身份和失业时间长短来确定。若失业人员为家庭的主要收入来源者，失业保险金为最高收入的60%；单身失业人员失业的第1年为收入的60%，以后降为42%。如果是同居者，则第1年为收入的55%，在其后的7个月内为收入的35%，如果之后仍处于失业状态，再一次性发放若干津贴。如果失业人员年满50岁，参加失业保险20年以上，失业已达12个月，可按月领取补助金，数额依据损失的收入水平而定。年龄在55岁以上的单身失业人员，将为其提供以前收入水平60%的补助。失业青年根据年龄和身份可以领取职业寻找补助金。与其他国家不同的是，比利时对于失业津贴的领取没有具体的期限限制。

(五)基金使用与管理

比利时的失业保险费由雇员、雇主和政府三方负担。其中雇员缴纳个人收入的0.87%,雇主缴纳收入的1.46%,额外失业保险待遇按提前养老金集体协议规定筹资。政府的责任是每年提供补贴以弥补收支差额。

比利时失业保险的主要管理机构是国家就业局。国家就业局负责失业保险的相关法律执行,还包括例如职业中断、提前退休、促进就业等方面。国家就业局行政上隶属于“就业、劳工和社会对话部”,但有很强的独立性。国家就业局的主要职责包括审核失业保险福利的发放、预防失业、促进就业和反欺诈、激活失业人员工作意愿等。国家就业局由管理委员会、总部各部门和地方就业局三部分构成。管理委员会的主要职责是提供相关政策建议、进行提升和解雇、批准预算和决算、批准各项任命等。总部各部门承担对30个地方就业局的支持工作,包括行政、后勤以及全国性政策的制定等。这30个地方机构是具体的政策执行部门,它们的职责主要是处理与失业相关的文件,审批包括完全失业、临时失业、提前退休、职业中断等在内的各种失业保险申请,对长期失业人员进行管理和面试,监察失业保险机构的支付情况,发现各种违规行为并及时采取行动,协调当地就业服务机构并进行相关区域政策的制定等。

比利时失业保险金的申请和发放由工会来完成的,并不是国家就业局。比利时有社会工会、自由工会和天主教工会三个工会组织。比利时在最初筹建现代社会保险体系之时,就把工会设计成了一个申领和发放的机构。在欧洲,只有比利时的工会有此职能。这三个工会覆盖面虽广,但也不能做到全覆盖,如果失业人员恰好不属于其中任何一个工会组织,就需要单独到政府设置的公共失业保险福利支付局办理相关手续。比利时的公共失业保险福利支付局是失业保险的给付机构,设有1个总部和30个分支服务机构。公共失业保险福利支付局属于政府组织,不会像工会一样还要提供其他社会保险的服务项目,而是只负责没有参加任何工会的失业人员的失业保险项目。

若有失业人员申请失业保险福利,需要根据自身情况选择到所属工会或公共失业保险福利支付局进行咨询,并填写相关表格。工会或公共失业保险福利支付局会将申请提交到国家就业局。国家就业局进行核准后,将费用划拨给相应的工会或公共失业保险福利支付局,然后再由工会或公共失业保险福利支付局通过银行将相关费用支付给失业人员。

比利时失业保险管理机构，如图 8－1 所示。

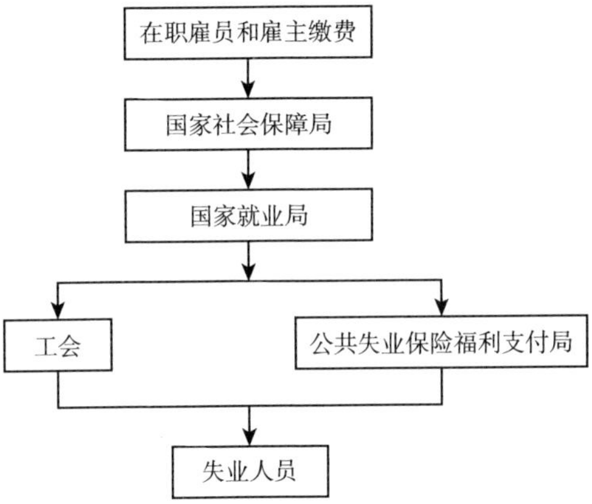

图 8－1　比利时失业保险管理机构

（六）失业保险制度功能

比利时的失业保险项目可以分为两种，第一种是传统项目及其演化项目，第二种是新项目。其中，比利时传统失业保险项目包括失业保险金、寻找工作补贴、服务支票计划、鼓励接受职业培训、老年失业人员补贴以及残疾人失业金；新项目包括提前退休补贴、毕业生补贴、代际协议、非全日制工人收入保证补贴、职业转变计划、临时失业人员补偿金，另外还有倒闭企业补偿金、儿童护理人员补贴以及职业中断和时间信用补贴等。传统项目与新项目在实践中的理念并不相同，保障的层次也不相同，适用于不同的失业状态，整体起到了保障生活、促进就业以及预防失业的作用。

二、失业保险制度运行政策

（一）保障生活政策

比利时失业保险传统项目中的失业保险金能领到多少由失业的被保险人的家庭状况决定，失业保险金计算的依据是该失业者平均每天的工资报酬（参照被保险人失业前一个月的工资），如果被保险人在申请保险之日起的 6 个月内没有工作，则以官方的“统一月工资报酬”为计算基础。而是否能领到失业保险金由失业人员的年龄、缴纳保险的期限和是否有意愿寻找工作决定，符合规定条件就可以按规定领取。而如果年龄在30岁以下，不符合领取失业保险金条件的，如果去失业办公室登记，有意愿并且有能力继续工作，则会有资格拿到寻找工作补贴。补贴数额取决于当事人的年龄和家庭状况。这些制度都起到了很好地保障失业人员生活的作用。

（二）促进就业政策

比利时失业保险传统项目中的“服务支票计划”规定，政府可以授权一些公司主动雇用失业人员，并且鼓励公众接受这些雇员提供的社区服务，而这些服务的报酬需要用一种特殊的服务支票进行支付。2006年服务支票支出能占到比利时失业保险支出的4.09%，是第四大支出项目。传统项目中的“鼓励接受职业培训项目”规定，如果失业人员试业期间参加了由政府授权的机构所组织的各种职业培训，就不用再去国家就业局登记证明自己正在努力寻找工作，而仍然可以保留享有失业保险金的权利。“服务支票计划”与“鼓励接受职业培训项目”都起到了很好地促进就业的作用。

失业保险新项目中的代际协议措施很多。其中的“工资资历补偿协议”项目鼓励雇主雇用一些资历明显不足的年轻人，鼓励方式是可以减免雇主缴纳的社会保险。新项目中的“非全日制工人收入保证补贴”项目自2005年7月1日开始对非全日制工人实施，这个措施是为了让非全日制工作对失业人员更有吸引力，并且鼓励非全日制工人更加努力地工作。当人们为了避免完全失业而选择非全日制工作时，将同全日制工人一样拥有享受失业保险的权利。

（三）预防失业政策

新项目中的提前退休补贴项目很有特色。一个国家或地区，如果年轻人失业与同等数量的中年或接近退休年龄的人员失业相比择其一的话，显然后者比前者形势要轻些，年轻人大量失业会让问题变动的更严重，为了让年轻雇员更容易上岗，比利时失业保险政策规定，全日制员工从55岁开始，在获得雇主同意后，可以选择完全退休或工作时间减半，不工作的这段时间可以享受政府提供的提前退休补贴。2006年，这个项目费用支出占到比利时整个失业保险支出的14.24%，成为比利时失业保险支出的第二大项目。由于为年轻人“让”出了岗位，该项目在预防年轻人失业方面发挥了重要作用。

三、失业保险制度主要特点

比利时失业保险制度的沿革很明确地印证了失业保险发展的两个方向。失业保险的覆盖的主要范围是“非自愿失业人员”，而“非自愿失业人员”可以进一步细分为两类：其一是由于“自身素质较差”而导致失业的人员，其二是由于“外部不可抗力”，例如周期性经济危机等导致失业的人员。失业保险也因此具有两种发展方向：一是演化成为社会专门针对社会低素质人口进行的救济，二是成为针对外部不可抗力导致失业的社会共济，这个更接近保险的本质，失业保险在早期主要表现为这种共济。

（一）失业保险新项目定位在解决外部不可抗力

比利时失业保险体系中设置的传统项目和新项目，分别代表了失业保险制度的这两种发展方向。比利时失业保险制度最初是为了针对外部不可抗力导致的大规模失业而设计的。首先，早期比利时还处在大工业时代，企业以生产劳动密集型产业为主，工人工资收入普遍较低，储蓄也很少，个体应对失业风险的能力普遍较弱。其次，由于早期信息技术不够发达，劳动力市场的就业信息流通不畅，而且经济结构比较单一，工人可选择的就业机会不是很多，这都导致工人面对的摩擦性失业的风险更高。第三，在早期，政府宏观调控经济的能力有限，就业者面对的周期性经济波动风险较大较频繁。这些外部不可抗力都加剧了工人的失业风险，迫切需要统一的共济性的社会失业保险机制来缓解。

比利时失业保险的新项目，比如关于代际协议的规定、关于职业中断以及提前退休的各种规定等，都是为了应对外部不可抗力带来的风险。从比利时享受失业保险新项目的人口数量上看，约占到了比利时全部适龄工作人口的17%，远远超过了其传统意义上的失业人口规模。另外，通过对比比利时失业保险项目的享受人数和相应失业保险费用支出情况，会发现新项目和传统项目的差别。传统项目所发放的福利资金几乎占了全部失业保险支出的70%，人口占全部失业保险受惠人口的31%；而新项目所耗费的资金仅占全部失业保险支出的20.9%，但是覆盖人口却已占全部失业保险受惠人口的26.7%。由对比可见，比利时社会保险新项目有“投入少，影响大”的特点。

(二)传统失业保险项目演变为新的救济行为

随着社会的发展以及高科技产业、服务产业的兴起，比利时传统的劳动密集型产业开始衰落，失业风险的性质发生改变。首先，伴随社会的发展和科技的进步，人们的收入增加，储蓄增加，从而个体及家庭应对失业风险的能力显著增强，尤其是高素质的专业人才、技术人才和管理人才，他们几乎已经不再需要失业保险机制来抗衡失业风险。其次，进入到信息时代，人们获得劳动力市场信息的能力不断增强，同时社会也能提供更多的工作机会，这些变化使得有工作愿望的人更容易找到工作，所以大大降低了摩擦性失业的危害。再次，在全球一体化背景下以及国家宏观经济调控水平的提升，经济周期性波动的危害减轻，失业也不再呈现大规模的周期性。随着越来越多的高素质人口脱离了失业保险的实际覆盖范围，比利时传统失业保险项目的针对性发生改变，主要的失业原因不再是最初的外部不可抗力，而是失业人员较低的工作愿望和工作能力。

传统失业保险项目的工作重心不得不随之进行转移，逐渐转变为设法激励失业人员的工作态度以及提高失业人员的专业素质。从而，比利时传统失业保险项目的性质也就逐渐从风险共济演变成社会高素质群体对低素质群体的救济，演变成新经济区对传统经济区的救济行为。

第九章

中欧、南欧其他代表性国家失业保险制度

第一节

匈牙利失业保险制度

一、失业保险制度基本内容

（一）历史进程

1957年，匈牙利作为社会主义国家，效仿苏联模式，初步建立了失业保险制度，采用国家保障型模式，以全体国民为保障对象。

1968年，匈牙利进行了经济体制改革，取得了不错的成效，保持了十几年的经济增长，匈牙利劳动力市场在社会主义时期突出表现为劳动力短缺。20世纪80年代中后期匈牙利经济增长放缓后，部分企业出现了内部失业和效益低下等问题。1986年，匈牙利政府正式讨论失业问题。1989年，匈牙利正式登记失业人员为1.42万人，政府开始采取措施对失业人员进行失业救济。当时，确定失业且在过去3年至少工作半年的失业人员才有资格领取失业救济。失业人员可以领取1年的失业救济，失业救济由国家财政负担，前半年救济水平为原来工资水平的70%，后半年救济水平为原来工资水平的60%，失业人员的失业救济水平最低不得低于最低工资的80%，最高不得超过最低工资的3倍。

1990年，匈牙利出台私有化政策后，经济发展受到重大影响，经济剧烈波动，失业率急剧上升。1991年，匈牙利制定4号法律，建立了经济转轨时

期的失业保险制度，明确规定了失业保险的领取条件和相应的管理制度。企业和员工共同承担失业保险缴费，缴费标准为员工工资的2%，其中，企业负担0.5%，员工负担1.5%。1993年，匈牙利正式登记失业人员为65.5万人，失业率高达12.6%，政府修订了失业保险制度。修订后的失业保险制度提高了失业保险缴费率，缴费标准为员工工资的9%，其中，企业负担2%，员工负担7%。1994年，随着失业率的进一步上升，政府财政难以支撑失业救济的支出，因而降低了失业救济的标准，失业救济不再以原来的按工资的一定比例发放，而是以最低退休金水平的80%发放。1995年，匈牙利实施经济收缩计划，再一次降低了失业救济金的标准，这次主要针对的是长期失业人员，这类人员的失业救济金领取期限最长为2年，失业救济金领取标准为最低退休金的80%，2年过后失业人员是否能够继续领取失业救济金与失业人员参加社会公益服务劳动情况挂钩。

1996年，匈牙利修改了《失业法》，修改后的《失业法》在救济失业人员方面发生了三大重要变化。（1）出台最高补助线与最低补助线。失业救济金与通货膨胀率挂钩，这样能更好地保障失业人员的基本生活。匈牙利在20世纪90年代处于经济转轨时期，经济发展波动较大，通货膨胀率较高，失业率较高，失业救济金与通货膨胀率挂钩，符合经济发展的规律，避免了失业人员领取失业救济金出现“缩水”的情况，既能保障失业群体维持最基本的生活水平，也有利于维护社会公平正义，维护社会稳定。（2）强调责任共担。成立三方利益协调机制，突出政府、雇主、雇员三方各自的责任。一项社会政策的制定与实施，需要政府和社会相关利益者的共同参与，这体现了社会保障责任共担的重要原则。失业保险基金的筹集来自于企业缴费和员工缴费，同时政府给予一定的财政补贴。同样的，失业保险的管理也需要政府和社会各界的共同努力，调动各方的参与积极性。依据经济发展的客观规律来制定就业政策，调动雇主、雇员积极参与政府决策，体现了决策的民主性、科学性，最大程度上满足相关利益方的需求，减少政策实施的阻力，最大程度上发挥就业政策的作用，从而促进就业，降低失业率。（3）完善劳动力市场监督机制和优化组织管理机构。下放权力，赋予州、市级劳动部门一定的行政权力，发放失业救济金时，可以不必通过全国劳动中心，自行决定资金的使用。同时，政府颁布《劳动监察法》，加强劳动保护，维护工会的权威，打击、处罚非法劳动者。

进入21世纪以来，匈牙利主要从以下几个方面对失业保险制度和就业政策进行了相应的调整。（1）缩短失业保险待遇的最长领取期限，明确失业保险待遇的领取条件。调整后的失业保险待遇的领取最长期限为9个月，领取条件为劳动者在过去4年工作时间内缴纳社会保险费达到45个月。（2）从2005年开始，匈牙利实施了新的就业政策，旨在提高困难就业人员的就业能力，帮助这一群体更好地适应劳动力市场的需求。政府为刚参加工作的年轻人提供就业补贴，帮助他们适应工作岗位；为25岁以下成功就业的劳动者提供50%的社会福利；为30岁以下的大学生提供就业指导，让他们享受一定的社会保障优惠。（3）雇主创造新的就业岗位，并且雇用失业人员超过12个月的，在1年内可以获得一定的工资补贴并且可以减免一定的社会保险费。此外，匈牙利政府还对企业的裁员做出了规定。如果一个雇员规模为30人的企业，想要在6个月内裁员25%，必须提前3个月向地方劳动局申报，并说明理由；如果裁员规模为10人，雇主必须提前30天向地方劳动局申报并且通知被解雇者。企业要成立有员工参与的委员会，对企业裁员的原则、时间、赔偿标准做出明确的规定。如果规模为50人以上的企业破产，清算企业财产时，法院和清算人员要将相关决定及时通知企业所在地劳动局。

（二）覆盖范围

1989年之前，匈牙利作为社会主义国家，基本上不存在失业问题。1989年10月，匈牙利进行政治经济体制改革，效仿西方国家建立市场经济体制，大力推行私有化后，失业率急剧上升。随着经济改革的深入，匈牙利对失业保险政策做出了相应的调整。1991年，匈牙利颁布新的《失业保险法》，明确失业保险的覆盖范围是所有工资收入者和薪金雇员。

（三）资格条件

匈牙利失业人员领取失业保险的条件为失业人员失业前至少工作过48个月，并非拒绝合适的工作而导致的失业。失业人员在领取失业保险期间，必须严格遵守公共就业服务机构的规定，参加公共就业服务机构提供的职业培训。年龄在35岁以内的失业人员必须参加职业培训，没有上过学的失业人员，职业培训要达到小学水平，如果失业人员不接受合适的工作或者参加过黑工的，将会被直接取消领取失业保险的资格。失业人员在培训期间，还要参加公益性社会劳动，例如修路、种树等，政府还会为每个失业人员提供个性化的职业指导，免费提供职业介绍。

（四）给付标准与期限

匈牙利失业人员的失业保险待遇由三部分构成，分别为失业保险金、求职津贴和一般性社会津贴。

（1）失业保险金。失业人员满足失业保险领取资格后，第 1 年领取失业保险金为纯收入的 70%，第二年为纯收入的 50%，领取标准最低不得低于国家最低工资标准，最高可以达到最低工资标准的 2 倍。失业人员领取失业保险金的标准随着领取时间的延长而降低。距离退休年龄 3 个月内，至少已领取 6 个月失业保险金的失业人员，并且难以找到合适工作与培训机会的，可以提前申请退休。提前退休金按养老保险有关规定办理，并从失业保险中按月划转到社会保险机构。如果该失业人员继续从事有偿工作并且收入达到最低工资标准时，则停发提前退休金。符合失业救济金领取条件的待业青年，可以领取 6 个月的待业青年失业补贴，领取标准为最低工资水平的 75%。匈牙利调整后的失业待遇的领取最长期限为 9 个月，领取条件为劳动者在过去 4 年工作时间内缴纳社会保险费达到 45 个月。

（2）求职津贴。匈牙利在 2003 年引入了求职津贴，旨在为享受失业救济期限结束后的失业人员或工作提供补贴的一种制度。求职津贴的享受期限为 180 天，45 岁以上的失业人员可以放宽到 270 天。求职津贴的标准为养老金最低金额的 85%。失业人员在享受求职津贴期间找到合适工作的，剩余津贴的一半会一次性付清。这项政策的主要目的是，鼓励失业人员积极求职，并为在实习期的人提供补贴。

（3）一般性社会津贴。对于不能领取失业保险金和享受求职津贴的失业人员，政府会给予一般性社会津贴。根据个人的经济状况发放津贴，津贴标准为最低养老金的 70%。

（五）基金使用与管理

在匈牙利，失业保险基金来源于政府、雇主和雇员。其中，雇员按每个月工资的 1.5% 缴纳失业保险，雇主代扣代缴；雇主每月按雇员工资的 3% 缴纳失业保险，由国家税务局统一收缴。每个月税务和财政部门要向国家公共就业服务中心提供失业保险收缴信息，并且根据需求拨付失业救济金。当失业救济金入不敷出时，政府按照收缴额的10%给予补助。

匈牙利失业保险的管理由国家劳动和社会事务部负责。劳动和社会事务部下面分设五个部门，分别是培训教育部门、社会政策部门、平等互利部门、劳动力市场管理部门、社会关系事务部门，分别承担着职业培训、就业政策制定、特殊群体平等权利保障、劳动力市场监督，以及全国各地方社会保障管理机构的协调等职能。

（六）失业保险制度功能

匈牙利失业保险制度由过去的“苏联模式”转为市场经济模式，伴随着经济政治体制的改革不断完善发展形成。匈牙利失业保险制度具有三大功能，分别为：保障失业人员的基本生活、促进失业人员再就业、维护社会稳定。

首先，匈牙利失业保险制度有效保障了失业人员的基本生活。在匈牙利，失业保险替代率可达60%，基本可以保障失业人员的基本生活水平。

其次，匈牙利失业保险制度有效促进了失业人员再就业。因为匈牙利实施了严格的失业保险领取条件，并且做到了失业保险与再就业职业培训的有机结合，失业人员领取失业保险后，必须参加职业培训。除此之外，匈牙利政府还实施了众多促进就业的公共项目，能够帮助失业人员增强就业信心，提高综合素质，促进失业人员再就业。

最后，匈牙利失业保险制度有效维护了社会的稳定。失业是影响社会稳定的不利因素，高失业率必然会带来社会的动荡。匈牙利在转轨期间，参照西方模式，建立了以市场调节为主的失业保险制度，促进了匈牙利经济转型，保障了劳动者的基本权益，促进了企业的转型与发展，有效维护了社会的稳定。

此外，匈牙利还采取鼓励雇主雇用失业人员并给予补贴的政策，预防劳动者失业。

二、失业保险制度运行政策

（一）保障生活政策

1. 失业保险覆盖范围广

1991年，匈牙利颁布实施了《失业保险法》。该法明确规定，失业保险的覆盖范围为所有的工资收入者和薪金雇员。

2. 失业保险待遇水平高

匈牙利失业保险的待遇水平比较高，求职津贴突出体现了这一特点。失业人员在前 91 天领取津贴金额是上一年平均税前收入的 60%；91 天后领取津贴金额为最低月工资水平的 60%。

（二）预防失业政策

在匈牙利，有专门鼓励雇主雇用失业人员的政策。如果雇主雇用失业人员超过 6 个月，或者雇用待业青年超过 3 个月，并且在雇用期间不辞退相同岗位上的职工，就可以申请相应的工资补贴或费用补贴，补贴金额不超过开支总额的 50%，补贴期限不超过 1 年。如果雇主雇用失业人员从事社区服务工作，劳务中心会承担 70% 的相关费用。如果雇主雇用全日制职工从事非全日制的工作，非全日制工时为原来工时的 1/3，并且做到不裁员，那么由劳务中心支付因工时减少而降低的基本工资的 50%，支付期限最长不超过 1 年。对于工作时间由 8 小时缩短到 4 小时的劳动者，剩余的 4 小时将进行职业培训，职业培训费用由劳务中心和个人承担，劳务中心负担 80% 的费用，个人支付剩余 20% 的费用。

（三）促进就业政策

1. 鼓励中小企业积极吸纳劳动力

在匈牙利，中小企业在经济发展中发挥着重要作用。中小企业的经济产值能达到整个匈牙利 GDP 的一半，可以提供 70% 的就业岗位。匈牙利中小企业发展面临的最严重问题是融资难。2008 年，匈牙利根据培训类型和所在地的不同，给予中小企业 50% ~ 90% 的职业培训补贴。2009 年，匈牙利重点向中小企业提供了紧急财政援助，帮助中小企业渡过难关，支持其发展，帮助中小企业释放更多的就业岗位。

2. 鼓励失业人员开展自主创业

对于有些领取失业保险的失业人员，如果劳务中心没有为其提供合适的工作岗位，且该失业人员有创业意愿的，政府支持失业人员开展自主创业。有创业意愿的失业人员除了按规定享受失业保险待遇外，还可以增加不超过 6 个月的失业保险待遇；劳务部门也会为创业者提供支持，包括生产经营方面的咨询和生产经营所需的培训，劳务部门承担一半的费用，并且提供一半信贷保险。

对于去其他城市求职的失业人员，政府会提供公共交通补贴。

3. 设立国家就业基金支持项目

在匈牙利，专门设立了国家就业基金支持项目，旨在帮助处于劣势的低技能青年，使之获得一技之长，适应劳动力市场需求，找到一份合适的工作。2005年底，匈牙利政府出台了START项目，用于帮助学历较低、过早辍学的青年，提高他们的就业能力。具体做法为：如果企业雇用这类青年，政府会降低该企业的社会保险费缴纳金额。为了帮助刚步入工作岗位没有什么工作经验的青年，政府会为雇用此类青年的企业提供财政补贴。如果企业让刚步入工作岗位的青年在同一岗位上连续工作不少于4小时，政府将给予企业59%~100%的工资性补贴，补贴期限不超过1年。这些措施有力地促进了青年人就业。

4. 设立青年人就业项目

在匈牙利，青年人就业项目的形式丰富多样。旨在帮助初入职场青年的流动就业项目；旨在帮助毕业大学生的就业项目；面向技能水平较低的刚入职青年特别项目；开发旅游从业者网络项目；年轻人社区工作计划等。除此之外，还有政府开展的路标—流动就业项目、新服务—青年就业项目、第一步—青年咨询项目以及由国家就业基金赞助的人力资源开发与运行项目、国家就业行动计划等。

5. 设立特殊群体就业项目

匈牙利针对妇女就业实施了START项目。该项目面对的是刚生完小孩并且长期未找到工作的妇女。该项目规定满足条件的妇女需要在16个月内，连续12个月在劳动局登记。2007~2009年，匈牙利为满足条件的妇女发放3.3万张卡片，极大促进了妇女就业。针对残疾人就业，设立了“机会项目”，规避社会对残疾人就业的歧视，促进残疾人就业。针对少数民族就业，开展了罗马尼亚人、吉普赛人居住环境项目，建立了面向吉普赛人的就业信息网络，开展面对少数民族的特色职业培训等。

三、失业保险制度主要特点

（一）失业保险覆盖面大

匈牙利已经在法律上将所有的工资收入者和薪金雇员纳入失业保险的覆盖范围，从而在制度上保障了所有失业人员都有权利享受失业保险待遇。

（二）失业保险与促进就业密切结合

匈牙利采取多项措施，促进失业人员再就业。针对失业人员，一方面缩短失业保险待遇的领取期限，并把领取期限与待遇水平相挂钩，规定失业人员在领取保险金期间，必须参加职业培训，积极寻找工作；另一方面，为了更好地激励失业人员求职，规定失业人员在享受失业保险待遇期间，如果能提前找到工作，那么就会把剩余的失业保险金一次性付给该失业人员。针对用人单位，政府通过提供工资性补贴和减免社会保险费，来鼓励企业创造更多的就业岗位，吸纳更多的劳动力。

（三）实施多种促进就业项目

匈牙利每年都会投入大量的资金，实施多种促进就业的项目，进一步增强在职人员的工作能力和提高失业人员的再就业能力。例如，匈牙利实施了“4 +1”工作日培训项目，还实施了针对低学历青年、中途辍学者和初入职场劳动者的特色就业促进项目。

（四）健全就业服务体系

匈牙利特别重视发挥民间职业介绍所的作用，建立了完善的就业服务体系。职业介绍所是专门为匈牙利失业人员介绍工作的机构，就业登记是职业介绍所的重要职责。除此之外，掌握全国劳动力资源，介绍安排劳动力就业，监督雇主与雇员双方的劳动合同和就业协议，组织、管理社会闲散劳动力，并对他们进行职业培训和思想政治教育等也是职业介绍所的职责。匈牙利越来越重视民间就业服务机构在促进就业方面的作用。为此，匈牙利对民间就业服务机构设置了宽松的市场准入机制，出台了一系列政策促进民间就业服务机构的发展。这几年民间职业介绍机构发展较快，民间公司、社会合伙人、私人机构等发挥的劳务中介作用越来越明显。

（五）强化对失业人员的职业培训

匈牙利政府规定，失业人员在失业期间必须服从公共就业服务机构的管理，要积极参加职业培训。除此之外，失业人员在职业培训期间还要参加相应的公益性社会活动，比如植树、修路等；政府还会免费为每个失业人员提供个性化的就业指导和职业介绍。政府推出多个求职项目来帮助失业人员再就业，设置专门的国家就业基金和国家就业基金支持的项目。通过这些举措，政府希望增强失业人员的职业培训意愿和意识，帮助失业人员增强工作技能，实现再就业。

（六）重视发挥非政府组织的作用

在匈牙利除了社会事务与劳工部、国家就业与社会办公室、公共就业服务机构等国家机构外，还有专门的非政府组织。这类非政府组织在劳动力市场管理，公共就业与失业保险基金运作，制定、执行、协调就业政策等方面发挥着不可替代的作用。正是由于这类非政府组织的存在，极大提高了匈牙利公共就业服务质量、促进了失业人员再就业、保障了政府政策的顺利实施。

第二节 意大利失业保险制度

一、失业保险制度基本内容

（一）历史进程

意大利失业保险制度建立的时间相对较晚，有关失业保险的立法直至20世纪初才出现。随着，英国和法国于1905年和1911年先后颁布了失业社会保险法，意大利在借鉴的基础上于1919年首次实施失业保险法，建立起了强制性的失业保险制度。1939年意大利成立失业险和结核险，设立家庭基金。同时，意大利为维系企业和工人的固定关系又建立了失业补救金制度。此后，在1968年、1970年、1975年和1988年先后对失业保险制度进行了改革。其中，1988年改革为灵活就业者引入了“低要求版”失业保险，但替代率仅为7.5%。直到2005年，意大利政府为应对劳动力市场灵活化改革后的新情况，才再度开启了失业保险制度的“现代化”改革。2007年在进一步的改革后，常规失业保险的替代率提高至60%，“低要求版”失业保险仅为40%。欧债危机后，意大利在欧盟压力下推动劳动力市场灵活化改革的同时，适度完善了失业保险制度。2012年的改革法案将失业保险改为“社会就业津贴”和缩微版“社会就业津贴”。前者有效期最长 12 个月，前 6 个月替代率提高至 75%，此后替代率减至 60%；后者是为兼职就业、固定期就业者设计的，替代率与“社会就业津贴”水平相当。2015 年的《就业法案》将前述两种失业津贴整合为“新社会保险就业津贴”计划。《就业法案》的重大革新之处在于引入了失业救济，并推出了临时性失业保障计划；除了常规失业保险制度的改革，意大利政府还收紧了停业收入补贴政策。

（二）覆盖范围

意大利失业保险制度起初的适用范围涉及农业劳动者，后期适用全体受雇人员但非自愿性失业人员，临时工、季节工和一些特殊群体可以例外。对建筑失业工人还有特别的补充待遇。

（三）资格条件

意大利失业保险申领人员必须参保 2 年以上，并在最近 2 年已连续缴费 52 周。对建筑工人的规定较为优厚，即在本行业工作 2 年以上，连续缴费 43 周。此外，还有一些特殊待遇，如失业前连续工作 13 周等。

申领失业保险者必须是非自愿离职和非因渎职被解雇者，必须已在职业介绍所登记并能证明正在等待工作。两次拒绝职业介绍所提供的合适的工作岗位或拒绝参加规定的职业培训者，将被取消领取失业保险资格 30 天。

（四）给付标准与期限

意大利一般的失业人员申领失业保险需有 7 天的等待期，从第 8 天起，最多可以领取 180 天的失业保险，金额约为投保时工资的 20%。

意大利建筑工人待遇较高，金额为收入的 80%，最高不得超过投保收入的 100%，支付期为 90 天，但还可以延长。意大利的工商业工人和技术工人只要有 1 年的就业和 6 个月的缴费记录，就可享受一定的失业保险。享受期限依年龄而异，40 岁以下者为 12 个月，40 ~ 50 岁者为 24 个月，50 岁以上者为 36 个月。保险待遇水平第一年为原工资的 100%，第二年为 80%，以后递减。

（五）基金使用与管理

意大利的失业保险基金主要用于以下三个方面：第一部分是保障生活支

出，包括发放给符合相关条件的失业人员的失业救济金、医疗救助金、丧葬补助费，其中包括供养直系亲属的抚恤金、救济金。保障失业人员的基本生活是建立失业保险的初衷，所以这部分的支出是失业保险基金支出的主要部分；第二部分是促进就业支出，主要包括职业介绍支出、职业培训支出；第三部分是其他支出，包括对生产经营困难的企业给予社会保险补贴、岗位补贴和培训补贴、对职工的转业训练费补贴等。

意大利失业保险项目和工资补充基金由全国社会保险机构通过其分支机构进行日常管理，劳动与社会福利部、财政部进行业务指导和监督，职业介绍机构负责失业的登记、失业保险领取申请的受理、申领者失业状况的调查以及失业保险金的支付。

（六）失业保险制度功能

意大利的失业保险制度自 20 世纪 20 年代初建立以来，经过近百年的发展，其功能在不断完善和扩大。失业保险制度的目的是使员工在失业期间获得必要的经济帮助，保证其基本生活，并通过岗位培训、职业介绍等手段，减少失业并为失业人员重新就业创造条件。

意大利的失业保险制度主要有三大功能：第一，保障基本生活功能。失业保险的保障功能体现为生活保障功能，即对非自愿失业人员在失业期间提供现金补偿，维持劳动者基本的生活水平。通常来说，劳动者在失业后，无经济收入来源，生活面临困难，而失业保险通过对失业人员发放失业保险金，以保障其基本生活，使其正常地生存下去，从而使暂时处于闲置状态的劳动力不会因失业而停止其自身能力的发挥。第二，合理配置劳动力，促进失业人员就业功能。失业保险金的给付能够提高劳动者对失业的心理承受能力，延长失业人员重新选择工作的时间，帮助失业人员等待一段时间，以实现合适就业，找到与自己的技能、工作经验基本相符合的工作岗位。另外，通过对失业人员的培训教育，使其提升自身素质，提高其在社会中的竞争能力，并积极为失业人员开展职业介绍等相关服务，促使其尽快重新就业。第三，预防失业，维护社会稳定功能。失业保险稳定就业主要是解决就业存量问题，根本目的是减少失业，增强职工就业的稳定性。通过实施有针对性的失业保险政策，提升参保人员技能水平，提高职工职业竞争能力，解决岗位需求与人力资源供给不匹配的问题，预防失业。同时，对经营不景气而不得不缩小生产规模的企业，通过资助方式对其多余的职工进行转岗培训或岗位补贴，力争使其不裁员而内部消化。从就业人员和企业两方面入手，运用失业保险达到预防失业，维护社会稳定的目的。

二、失业保险制度运行政策

（一）保障生活政策

保障生活即保障失业人员的基本生活，是失业保险制度的最基本功能。保障生活是失业保险制度建立之初的最根本目标，这是基于对失业人员最根本生存权的保障。

1. 保障对象较广泛

意大利失业保险制度起初的适用范围涉及农业劳动者，后期适用全体受雇人员但非自愿性失业人员。2015 年《就业法案》颁布，新法案的重大革新之处在于引入了失业救济，对象为丧失失业保险资格且需抚养 18 岁以下的未成年子女或自身年龄在 55 岁以上的未成功就业者，属于全民团结性质，由国家出资并管理。失业救济额度为最后一个月“新社会保险就业津贴”的 75%，有效期 6 个月。失业救济和失业保险结合使更多的人获得失业保障的资格。此外，还推出了临时性失业保障计划，如针对长（短）期项目合同工推出的临时性“合作者失业津贴”计划，把更多的人纳入到失业保险体系内，保障范围拓宽。

2. 补助期较长且待遇较高

意大利通过设立强制性的失业保险制度来保障失业人员的基本生活，维持失业人员的最低生活水平，从而促进经济发展和维护社会安定。2007 年意大利的常规失业保险和低要求版失业保险都进行了改革，常规失业保险规定，50 岁以下失业人员可领取 8 个月的保险金，50 岁及以上的失业人员可延长至 12 个月；“低要求版”失业保险规定，如无权享受常规失业险的失业人员，可于每年 1 月 1 日至 3 月 31 日之间提交申请，救济金一次性支付，数量取决于之前一年失业时间。领取数额基于上一年度工资总收入平均值，前 120 天可领取总收入平均值 35% 的救助金，后 60 天可领取总收入平均值 40% 的金额。这些改革可以进一步地保障失业人员的生存权，减少人们因失业而给社会带来一系列的危害。

（二）促进就业政策

从欧洲范围来看，意大利的失业率水平相比希腊、西班牙等国处于中等水平。然而对于意大利劳动力市场来说，真正的挑战在于意大利长期以来偏低的就业率，其15～64岁人口的劳动就业率只有50%左右，较低的就业率会对失业保险基金带来较大的压力。意大利通过实施失业保险制度在一定程度上改变了这种现状。

1. 健全法律制度保障

完善失业保险制度促进就业功能的一项关键性措施就是失业保险促进就业法律制度的建设。一方面，意大利建立了包括失业保险、就业促进、失业救济等几部分的失业保险法，真正体现了失业保险法的促进就业的制度结构和功能；另一方面，通过立法调整失业保险基金的使用结构，保证将基金的一部分按法定比例用于促进再就业。提高用于技术培训、转岗培训费用的支出比例，减少单纯发放救济金的做法，把立足点放到积极实现再就业上。

2. 优化失业保险金支出

（1）将失业保险金用于职业介绍。意大利充分利用职业介绍机构为失业人员提供再就业服务，由失业保险基金提供部分工作经费。

（2）将失业保险金用于职业培训。目前来看，对失业人员进行职业培训是促进再就业的最有效途径。因此，意大利为了实现就业目标，将职业培训作为失业保险工作的重中之重。意大利对参加培训的失业人员提供生活补贴，失业保险部门负担部分培训费用，包括注册费、书费、交通费等。

（3）将失业保险金用于资助创办小企业。资助有条件和能力的失业人员创办小企业是许多国家采取的促进再就业的有效措施，意大利也不例外。首先是提供专项创业补贴。国家规定对于自行创办小型企业的失业人员，有权在一定时期内享受国家给予的特别补贴，例如技术支持、咨询服务、失业保险基金担保下的银行贷款等。其次是转移性创业补贴。规定失业人员若从事自谋职业活动可以将部分其应领取的失业津贴作为创业本金一次性领取。

（4）将失业保险金用于补助失业人员提前就业。补助失业人员提前就业是指在享受失业保险法定给付期限内，因其提前找到工作而向其支付部分尚未支付的保险金。一般情况下，意大利的失业保险金支付期限为180天，如果失业人员重新就业后剩余支付期限，可以继续领取一部分再就业补助金，以此来激励失业人员提前就业。

3. 开展实效性再就业培训

经过调查发现，有的失业人员根本弄不清自己的技能缺口和适宜工作，漫无目的地参加一些职业培训和职业介绍，效果不佳。意大利针对此种情况提出，负责培训的相关机构和职业介绍机构首先要对失业人员所受教育、工作经历、职业理想等进行调查，然后让其参加有针对性的职业培训，介绍一些适合其特点的工作。同时，意大利开展多样化培训，加强职业发展培训，对失业人员进行充分的就业指导，帮助其形成合理的长期职业规划；加强创业培训，通过开展创业技能培训，提供一定的专业指导和咨询工作，帮助其树立创业意识和提高创业技能。意大利再就业培训紧跟市场需求，丰富的培训形式与培训内容，能够确保充分发挥培训的实效性，从而真正的促进就业。

4. 建立就业服务信息共享平台

对失业人员在失业期间提供一系列的就业技能培训是许多国家为促进就业的常见做法。意大利在此基础上实行失业保险与就业服务的联动机制，避免一部分失业人员在取得了一些培训效果后不能及时获取招聘信息的情况。意大利定期举行社会招聘活动，以便失业人员及时获得招聘信息，企业及时获得求职者的信息，减少失业人员陷入找工作难、企业招人难的境地。这样，一方面在职工下岗时，通过培训为其寻找合适的工作；另一方面当企业需要劳动力时，又能通过信息共享平台寻找到再就业者。可以看到，职业培训与人才招聘等就业服务的有机衔接，可以更高水平、更高质量地促进就业。

（三）预防失业政策

意大利实行强制性的失业保险制度，对企业和就业人员采取强制性的方式让其参加失业保险。在全球经济总体下行的背景下，这样做不只是为了保障失业人员的生活水平，更是为了稳定就业、预防失业。为预防失业，意大利采取国家财政分担、转岗培训、岗位补贴、职业进修等措施维持企业的用人意愿，增强劳动者抵御失业的能力，维持就业规模的稳定，真正发挥失业保险预防失业的作用。

1. 资金来源有保障

意大利失业保险基金的筹集方式是政企负担，即国家和企业共同分担。首先是企业依据相关的法律法规，按国家规定的失业保险金缴纳比率按时按量上缴，缴纳比率按职工工资总额的一定比例负担，企业负担的工资总额比例相对较高，为4%左右，是失业保险资金筹集的主要来源。其次是政府投入支持失业保险的给付。虽然意大利的失业保险属于强制性的，但这并不等于政府包办，政府主要负责提供部分费用及在失业保险基金给付出现困难或赤字时予以扶持。此外，政府提供融资方便，主要是针对失业保险制度运营的管理费用，以及因延长给付所需的费用。由此看来，政府和企业有力配合使得失业保险制度有稳定的资金来源，使得意大利失业保险制度得以正常运转并积极发挥其功能。

2. 实施鼓励企业稳定就业岗位的措施

抑制企业解雇既可以减轻失业保险负担，也可以达到促进就业的目的。但通过失业保险制度抑制企业的解雇行为是许多国家失业保险制度发展中所面临的一个难题。意大利把失业保险稳定就业、抑制解雇的政策作为一项长效机制来发挥作用。主要是对因经济不景气、经营出现困难等原因被迫缩小生产规模、面临就业岗位缩减风险的企业，由失业保险给予岗位补贴、转岗培训补贴和技能提升补贴等，力争使企业不解雇或少解雇，帮助企业尽快改善生产经营，保证职工就业岗位，确保职工队伍的稳定。

3. 对企业内部员工的培训和监测

根据企业发展的需要和岗位需要，意大利运用一部分失业保险基金为企业现有雇员提供定期或不定期的免费或低费用的内部职业培训、岗位培训、技能培训，提高职工的综合素质和专业素质。这在一定程度上既满足了企业的需要，又预防了失业。此外，意大利采取失业保险预警机制，通过建立企业失业保险信息管理平台，动态监控失业保险基金运行情况以及保险金增减情况，来了解员工的变动情况，及时采取相关措施达到预防失业的目的。

三、失业保险制度主要特点

（一）覆盖范围不断扩大

首先，意大利在实现了失业保险惠及农业劳动者后，将学徒和第一次找工作的人也纳入了失业保险的覆盖范围，向失业人员提供短期转移津贴、流动津贴，以覆盖流动性较大的失业人员在更广泛的地区就业时，求职活动中可能发生的运输费、搬家费及住宿费等，使他们在面临就业难和择业难两大困境的情况下，能够获得一定的失业保障，增强其信心。新生劳动力自愿性失业居多，意大利首先对其进行失业救济，保障他们的基本生活，在此基础上加强就业指导、职业培训等就业服务，同时实行更多促进就业和鼓励创业的政策，从而使该群体享受到失业保险保障生活、预防失业和促进再就业的功能，在提高其就业技能的同时，有效预防其长期失业。

其次，意大利越来越重视非正规就业群体，了解他们的社会保障需求，进一步将全体灵活就业人员纳入失业保险的覆盖范围。灵活就业作为一种重要的就业形式，在一定程度上缓解了一国的就业压力，拓宽了就业渠道。意大利建立健全灵活就业人员参加失业保险的制度，制定规范合理的灵活就业人员合同签订、失业保险费缴纳以及失业保险金领取的具体要求，降低了失业保险的参保门槛，降低缴费时限要求，使该群体切实享受国家的失业保障，从而促进和谐社会的发展。

（二）严格失业保险给付条件和给付方式

由于覆盖范围的扩大会使失业保险基金的支付压力变得很大，因此与之相对应的，意大利在给付条件方面加强了约束力，减少了失业保险基金被滥用的可能性。对于有劳动能力的参保者，除了要求他们在失业前的参保期间按时、按量缴纳足额的保险费用以外，还考察他们失业时的情形及失业后寻找工作的情况。通过增设非自愿失业、有就业意愿、接受职业培训、接受职业介绍等给付条件，改变失业人员依赖救助、不愿就业的被动心态，刺激其再就业积极性，提升其再就业的能力。严格失业保险待遇给付条件的做法，不但有助于减轻扩大覆盖范围后的失业保险的支付压力，还有助于更好地促进再就业。

意大利还改善了失业保险金的给付方式。长时间的、定期的失业保险金给付方式使失业人员产生“不工作也有定期收入”的想法，是制约失业保险自身发挥促进再就业作用的一个比较大的障碍。在意大利，一般的失业人员申领失业保险需要 7 天的等待期，从第 8 天起，最多可以领取 180 天的失业保险，并采取递减的给付方式。限制给付方式，将有助于以同样金额的资金，实现更高的再就业率。发放失业保险金采取随支付期延长而递减的给付方式，有利于在给予失业人员生活保障的同时，降低失业人员对失业保险的依赖，调动其寻找工作的积极性。适当地缩减支付期，并采取逐渐递减的方式发放，将有助于减少失业保险“养懒汉”的风险，增强失业人员的就业压力感，刺激失业人员再就业的动机，帮助其重返劳动力市场。

（三）促进就业与预防失业齐头并进

一是加大促进就业和预防失业的资金投入力度。在确保发放基本失业保险金的前提下，意大利将更多的失业保险基金用于预防失业和促进再就业。通过安排更多的失业保险基金支出，帮助企业发放稳岗补贴，以此来达到稳定就业的目的，为失业人员提供更为完善的再就业服务，以缩短失业期限。适当加大财政对失业保险基金的支持力度，对于失业保险基金结余较少或收不抵支的地区，政府及相关部门根据当地的实际财政状况，对当地失业保险基金进行补充，从而促进该地区的稳定发展。

二是不断提高再就业培训服务的水平。意大利开展多种多样的培训，密切跟随市场需求，不断丰富和完善培训形式与培训内容，提高培训的实用性。加强职业发展培训，对失业人员进行充分的就业指导，帮助其形成合理的、长期的职业生涯规划。加强对失业人员的创业培训，通过开展创业技能培训、提供创业补贴，鼓励、支持失业人员创业，从而带动就业，减少其对失业保险的依赖。

（四）实行失业保险和失业救济双重保障模式

意大利在对本国的失业保险制度进行现代化改革之前，只有失业保险而没有失业救济。改革后，在常规失业保险基础上引入了失业救济，提高了常规失业保险替代率，并放宽了资格条件。失业保险和失业救济紧密结合，相互衔接，使短期失业人员、长期失业人员，以及其他各类就业困难群体等，都纳入了失业保险和失业救济范围。这不仅对失业人口提供了强有力的基本生活保障支持，还有效防止了家庭经济负担重或生活低于最低标准等人群陷入贫困。对于那些接近退休年龄的长期失业人员，意大利建立了一种弹性退休年龄制度。根据工龄、年龄及参加社会保险状况，适当延长失业保险待遇期限。这样在失业保险和失业救济双重保障模式下，越来越多的群体被纳入到失业保障的体系内，可以减少因失业对他们的生活所造成的不利影响，以及因失业而对社会稳定造成的危害。双重保障的模式为失业人员提供一段时间的缓冲期，使失业人员有时间重新选择适合自己的工作，避免因急于找工作而找到与自己能力不匹配，不能实现自身的真正价值，也不能创造更多社会价值的工作。双重保障的有机结合，也避免了一部分无权享受或不能继续享受失业保险的人员陷入贫困，通过对这部分人员提供较低层次的失业保障，使他们的基本生活得到保障的同时也维护了他们的尊严，从而营造较和谐的社会环境。

（五）优化基金管理

从管理机构来看，意大利建立了国家统一的机构对失业基金进行规范管理。意大利的失业保险项目和工资补充基金由全国社会保险机构通过其分支机构进行日常管理，劳动与社会福利部、财政部进行业务指导和监督。这样，避免了社会保障处于由劳动部、人事部、民政部、各级工会组织、保险公司等多头分散管理的境地，避免了上下扯皮，相互推诿，失业保险制度改革举步维艰的境地。值得注意的是，建立统一规范的管理体系，并不等于说国家处处统管，并且建立一层层的庞大管理机构，那样就会走另一个极端，会使得机构臃肿、效率低下、特权泛滥。通过建立统一规范的管理体系促使各项社会保障项目的协调和配套，从而有利于减少摩擦和内耗，使总体大于各个部分之和。

从管理基金来看，为了确保基金可以顺利周转，意大利采取了有力的措施完善基金管理，使其发挥保障功能。科学合理地筹集基金，加强对基金征缴工作的实施，对拖缴拒缴行为进行打击。为了保障基金取之于民，用之于民，在劳动与社会福利部、财政部进行严格的监督下，专款专用，建立规范化的支付标准、计算办法、发放渠道，使失业保障基金真正成为劳动者暂时或永久丧失劳动能力以及失业的经济保障。意大利还充分考虑失业保险金保值增值的问题，将部分失业保险金存入银行或信用机构取得利息，这种办法风险小且收益也小，增值率较低；也将少部分基金用于直接投资或购买高息债券，这种做法收益大，增值率高。但由于存在投资风险，所以需要在充分的可行性论证的基础上慎重选择，使社会保障基金在安全、有效的条件下实现保值和增值。

（六）健全法律法规和监察体系

意大利一直致力于加强失业保险立法完善工作。失业保险制度是强制性的保险体系中的重要构成部分，只有将失业保险法律化、制度化、专业化，才能让失业保险更好地发挥它应有的作用。意大利的失业保险基金由国家和企业分担，针对这种筹资模式及失业保险制度中的缺陷，意大利不断完善相关的法律法规，保证企业按时按量缴纳失业保险基金。另外，意大利失业保险管理部门的监督监察力度很大，执法严明，如发现企业有未缴或漏缴失业保险等违法行为，会严厉处罚，甚至可以责令企业停产，通知相关部门停水停电，严重者直至雇主被判坐牢。法律的严肃性和执法的严厉，迫使雇主不敢轻易冒险违法。意大利通过完善立法逐渐减少了那些拒缴、拖欠失业保险金的现象，同时对于执法人员玩忽职守、滥用职权的行为意大利会进行严厉打击，以保证失业保险制度的强制性、规范化。

（七）完善失业预警机制

随着时代的发展和全球经济总体下行，失业问题也逐步暴露，失业保险不只是为失业人员在失业期间提供相应的保障，更重要的是要减少失业，通过建立和完善相关的机制来达到预防失业的目的。为此，意大利建立了集失业动态监测、失业预警、失业调控于一体的失业预防工作体系。这种体系在监测的基础上，通过获得的动态数据来实现对失业状态的预警，进一步实现对失业的调控。这是一个层层递进、紧密相连的过程，它能够很好地反映出当前就业和潜在失业的情况。依靠失业预警的信息化系统，可以对失业调查、失业动态监测、失业预警调查等工作提供培训和指导。通过建立统一的预警指标、警情级别和应急预案，各地可及时公布本地区就业及失业的宏观调控状况，实现失业预警工作和失业保险稳定就业结合，最大限度地规避失业风险，保持整体就业局势的稳定。

第三节

西班牙失业保险制度

一、失业保险制度基本内容

（一）历史进程

西班牙早在20世纪20年代就建立了强制失业保险制度，失业保险于1919年首次立法，此后经多次修改，根据议会法案于1961年7月23日以国家失业保险的形式确定。为了使劳动力市场更灵活，提高企业雇工的积极性，开始了1984年的劳工法改革，允许使用短期合同进行招工，西班牙经济进入了一个繁荣期，也创造了大量就业岗位。1985年失业保险制度又进行了修改，它遵循了从20世纪20年代开始建立的先前系统。现行立法为1994年的《失业保险法》。2010年的改革将自营职业者和家庭工人纳入计划。经过多年的发展，西班牙已经形成了比较完善的失业保险制度，跻身于欧洲高福利国家行列。

（二）覆盖范围

西班牙失业保险覆盖范围为工业和服务业的雇员、铁路雇员、矿工、海员等，包括农业工人，自营职业者自愿覆盖，临时工未纳入失业保险覆盖范围。西班牙的失业保险制度由失业救济和失业津贴两部分构成，失业救济的适用对象是工业、商业和基于11个职业类别的服务业的雇员，而失业津贴是对领取失业救济期满的劳动者以及未包括在失业救济范围内的人提供的一种失业援助。

西班牙失业保险制度覆盖范围较广，几乎覆盖了所有雇员。在西班牙，有几类人群是不需要参加失业保险的。一是个体企业雇主，这类人要参加雇主保险；二是部分雇员，如家庭工人和签订培训合同的雇员；三是公务员，公共部门的工作者有特别制度。

（三）资格条件

西班牙的失业保险制度是由失业救济和失业津贴构成。失业人员领取失业救济金必须具备下列条件：（1）愿意工作但无论出于什么原因找不到工作或失去工作的人，甚至是工作小时数减少的人；（2）失业人员必须在社会保障局登记，然后在就业办公室注册；（3）必须证明失业者正在积极寻找工作，必须接受就业办公室提供的适当工作，如果被保险人拒绝接受合适的工作机会或培训，则该福利终止；（4）申请人必须在国家就业服务中心提交失业救济金申请；（5）在失业前6年内至少缴纳12个月供款的失业人员；（6）月收入不得超过法定月最低工资的75%，法定最低月工资是735.90欧元。

失业津贴的给付必须具备下列条件：（1）必须处于失业状态，能够随时准备工作；（2）失业后进行求职登记，愿意接受为已提供的适当工作并参加培训，且救济期满1个月后仍未找到工作；（3）无收入来源或各种收入不超过最低工作标准的75%；（4）有家庭负担。

（四）给付标准与期限

西班牙的失业救济和失业津贴都具有公开性与强制性的特征。失业救济是以保险方式经营的，必须符合保险条件才能领取给付。失业救济有一定的期限与一定给付条件，并非每位受保人在失业时都有资格领取失业给付。西班牙的失业津贴是失业救济给付的继续给付，以弥补失业救济的不足。

1. 失业救济的给付标准与期限

失业救济属于缴费式失业保险，提供失业者在失业期间暂时取代先前固定能领取的薪资。失业者必须加入失业保险到一定时间后，才能领取失业救济金，成为失业保险的受保人。如果失业者符合标准，可以基于缴纳保险的时间和平均工资申请领取相应的救济金。失业救济金按照失业人员缴费的期限至少可以领取4个月，最长24个月。

（1）给付期限。只要符合给付资格，失业者可提出申请，给付期间视失业前6年内缴费时间的长短而定。具体给付期间，如表9－1所示。

表9－1　　失业救济金领取期限

缴费时间（天）	领取期限（天）	缴费时间（天）	领取期限（天）
360～539	120	1440～1619	480
540～719	180	1620～1799	540
720～899	240	1800～1979	600
900～1079	300	1980～2159	660
1080～1259	360	至少2160	720
1260～1439	420		

（2）给付标准。除非受到允许的最低或最高金额限制受保人自失业后的180天内，享有70%的基本额；自180天起，给付金额降为基本额的60%。基本额是失业者过去180天的平均日薪乘以30。

在失业前6年内至少缴纳12个月供款的失业人员可领取失业救济给付金。给付金额是基本额的70%加上有需抚养人的额外金额。6个月后，福利减少到基本额的60%。失业救济的期限根据缴款天数而有所不同，从120天（至少360天缴款）到720天（至少2160天缴款）。失业救济金额基于最近180天的工资，包括最低金额和最高金额。最低金额为每月497欧元，单人最高金额为每月1087.20欧元。

①失业给付金的最高金额。如果被保人没有子女需要抚养，其最多领取失业救济金的数额不得超过各职业间最低工资的170%再加上1/6的特别辅助费（通常是额外两个月的给付）。最高金额计算公式为：（各职业间最低工资×170%）×（1+1/6）。

如果被保人需要抚养一个26岁以下的子女，其最多领取失业救济金的数额不得超过各职业间最低工资的195%加上1/6的特别辅助费（通常是额外两个月的给付）。最高金额计算公式为：（各职业间最低工资×195%）×（1+1/6）。

如果被保人需抚养两个或两个以上26岁以下的子女，其最多领取失业救济金的数额不得超过各职业间最低工资的220%加上1/6的特别辅助费（通常是额外两个月的给付）。最高金额计算公式为：（各职业间最低工资×220%）×（1+1/6）。

②失业给付金的最低金额。如果受保人没有子女需要抚养，则失业给付金额的下限不得低于各职业间最低工资的75%加上1/6的特别抚养费（通常是额外两个月的给付）。最低金额计算公式为：（各职业间最低工资×75%）×（1+1/6）。

如果受保人有抚养子女，则失业给付金额的下限不得低于各职业间最低工资的100%加上1/6的特别辅助费（通常是额外两个月的给付）。最低金额计算公式为：（各职业间最低工资×100%）×（1+1/6）。

2. 失业津贴的给付标准与期限

失业津贴属于非缴费式失业保险，是救助性的。按照社会安全一般法规定，国家税收的一部分用来支付救助性失业给付，旨在帮扶无法取得缴费式失业救济金的失业人员，或由于特殊情况无法取得收入的西班牙国民。按领取失业津贴的期限、数额与给付条件的不同可分为三种形式：失业津贴、45岁以上失业特别津贴、52岁以上失业者的失业津贴。

（1）失业津贴。失业津贴覆盖范围包括六类群体，而这六类群体需要同时满足一些共同的条件：符合领取失业津贴的各项资格、接受国民就业局提供的通常工作机会、在终止失业给付后的一个月内不允许拒绝参加国民就业局主办的职业培训、所得金额少于各职业间最低工资的75%等。

①已经缴纳失业保险费且有家计负担的失业者：会有6个月的失业津贴给付，根据情况再延长两次，期间各为6个月，最多可给付失业者18个月。但是也有例外：对于45岁以下的失业者，已经终止6个月缴费式的失业给付后，可以再增加6个月的给付期间。对于45岁以上的失业者，已经终止4个月的缴费式失业给付，也可以再多增加6个月的给付期间；已经终止6个月的缴费式失业给付，给付期间可以再延长两次，各6个月，总计最高可达到30个月。

②失业人员年满45岁以上且没有家计负担的，满足至少已经终止了12个月的缴费式失业给付这一条件，给付期间是6个月。

③回流的海外移民：给付期间是6个月，可视情况延长两次，每次各为6个月，最长可达18个月。

④当遭遇失业风险时，失业人员由于缴纳保险费期限未达到规定标准，无法获得缴费式失业给付待遇。针对是否有家计负担者，有不同的执行标准。有家计负担人员：若已缴纳3～5个月的保险费用，失业津贴给付按缴纳的月数发放；若已缴纳6个月或者6个月以上的保险费用，失业津贴的给付期限是21个月。无家计负担人员：若已缴纳6个月或者6个月以上的保险费用，失业津贴的给付期限是6个月。

⑤获释出狱者：给付期限是6个月，可依据情况延长两次，每次各是6个月，最长期限至18个月。

⑥重度残障、永久性完全失能或永久性完全劳动失能人员由于病情好转，经检验认定为部分残障或未失能的：给付期间是6个月，可视情况延长两次，每次各为6个月，最长可达18个月。

（2）45岁以上失业特别津贴。45岁以上的失业者，当失业救济给付停止24个月后，可申请失业特别津贴。失业特别津贴的给付期间是6个月，给付到期后可申请失业津贴。失业特别津贴的给付标准根据被保人的家计负担而定：若失业者不用抚养亲人或者只抚养一个亲人，标准为各职业间最低薪资的75%；若失业者需要抚养两个亲人，标准为各职业间最低薪资的100%；若失业者需要抚养3个或3个以上的亲人，标准为各职业间最低薪资的125%。

（3）52岁以上失业者的失业津贴。此类失业津贴的领取者，应该满足下述几个条件：失业；年龄达到52岁；不准拒绝国民就业局提供的通常就业机会；在终止缴费式失业给付的一个月内不得拒绝参加国民就业局举办的职业培训；其所得薪资低于各职业间最低薪资的75%；在他们的就业生涯中，至少有6年的失业保险费的缴费记录；除年龄之外符合任一种老年年金的各项约束条件；符合以下任何一种条件：①缴费式给付已经终止，②回流的海外移民，③重度残障、永久性完全失能或永久性完全劳动失能人员由于病情好转，经检验认定为部分残障或未失能的，④由于之前的缴费期限已达到规定而失去领取资格的失业人员，其至少有3个月的缴费记录，⑤年满52岁之前，由于缴费式给付终止而在国民就业局有登记待业的记录。

（五）基金使用与管理

西班牙失业保险制度的组织机构主要包括社会部、就业和社会事务部，如图9-1所示。其中，国民社会服务局负责发放失业津贴，就业与社会事务部提供一般监督，国民就业公共服务局负责管理失业保险、失业给付等相关程序。就业和社会事务部是社会保险制度最重要的推动部门，主要负责规划工作，而实际执行的单位为国民就业公共服务局（INEM）与国民社会安全局（INSS），其中国民就业公共服务局专门负责失业保险制度的给付工作。

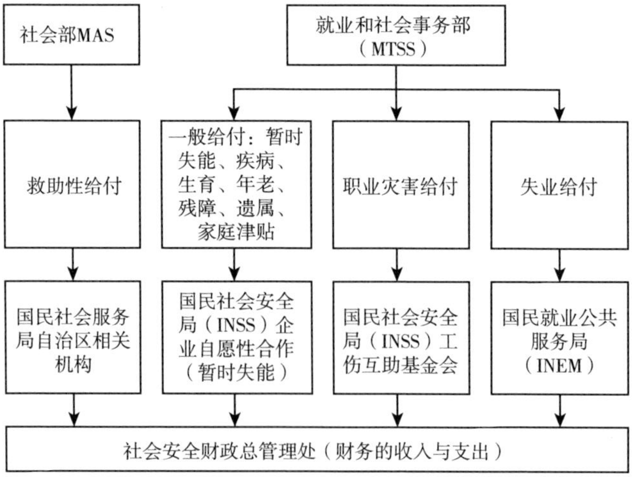

图9-1 西班牙社会保险制度组织架构

国民就业公共服务（INEM）是拥有自己职责的自治机构，是就业与社会事务部的下属部门，由总理事会和执行委员两个重要的组织构成。该局负责管理失业保险制度的各项事宜，包括失业保险制度权益的核准、停止、恢复，管理和监督失业保险金发放，授权地方就业代办机构，以及保障遭遇偶发事故的劳动者。其主要的工作安排包括：（1）介绍职业。办理劳动者求职信息的登记和用人单位用工需求的登记，以调整劳动力市场供需平衡。（2）办理失业保险。办理失业人员的失业给付申请，核准后发放缴费式失业给付或救助性失业给付。（3）提供职业培训。针对年轻就业者或长期失业者提供相应的职业培训，帮助年轻就业者学习新技能以应对市场不断变化的需求，长期失业者顺利返回职场工作。

（六）失业保险制度功能

西班牙失业保险的基本原则不仅是为失业人员提供失业救济或失业补贴来保障他们失业后的基本生活，而且是采取措施帮助失业人员提高就业能力。失业保险制度的功能具体体现为：保障生活、促进就业和预防失业三大功能。

首先，失业保险制度的主要功能是保障失业人员的基本生活。在西班牙失业保险制度中，保障生活主要体现为实行有区别的失业保险给付，失业保险保障失业者的措施主要有两类：一类是发放失业救济，一类是发放失业津贴。前者以缴费为前提，属保险性质；后者不需要缴费，属救助性质。将失业救济与失业津贴密切联系在一起，相互衔接，无论是短期失业者、长期失业者，还是其他各类就业困难群体都被纳入了失业救济和失业津贴的范围，使得失业人员不仅有了强有力的基本生活保障，而且还有效防止了有家计负担或生活低于最低标准等人群承担陷入贫困的风险。这种办法能够保障不同群体的基本生活。

其次，促进就业是失业保险制度的第二大功能。西班牙政府有效促进就业主要体现在一是对合同的规定，具体的措施包括对合并临时合同取消限制，并创建新的就业培训合同。二是对促进就业支出范围上的扩大。西班牙政府为了促进失业人员再就业，在促进就业这方面的资金上，其支出范围是相当广泛的，包括对失业人员职业技能培训的支出及其一些相关费用。此外还包括失业人员进行自主创业的支出及其一些相关的费用。西班牙政府为了鼓励失业人员创业，规定失业人员若有自主创业的意愿可申请一次性领取其全部失业津贴作为创业启动资金。

最后，失业预防功能是失业保险制度的第三大功能，也是西班牙失业保险制度立法中愈发重视但却进展缓慢的一项功能。有保障的资金来源、针对不同的合同类型实行差别费率、通过多种方式鼓励企业减少裁员，是西班牙失业保险在发挥预防失业功能上的主要措施。建立失业预警体系，将失业面临的社会形势与经济对失业保障的承受能力及经济增长、失业、就业三者放在统一宏观环境中考虑，是西班牙发挥失业保险预防失业功能的方向。

二、失业保险制度运行政策

（一）保障生活政策

西班牙的失业保险是混合模式，兼具保险和共济（救济）两种性质。通过发放失业救济金或失业津贴来保障失业者的基本生活。

1. 失业保险覆盖范围逐渐扩大

在实施失业保险初期，保障的对象仅限于雇员，雇主不包括在保障范围内。此外，自雇工人和没有固定雇主的工人也被排除在保险之外，因为他们的雇佣关系不明确，而且很难界定失业。然而随着保障范围的逐渐扩大，演变至今，具有明确雇佣关系的雇员已不再是唯一的保障对象，农业雇员、家政工人、建筑工人等，都逐渐被纳入失业保险的保障范围。

随着失业保险覆盖范围逐渐扩大，更多的群体被纳入失业保险的范围之内，使得他们在遭遇失业风险时，能够获得相应的失业给付，从而可以维持基本的生活。

2. 失业保险的受益期限较长

根据具体缴费天数的不同，西班牙失业保险的受益期限为120～720天。规定失业后最初180天为参考收入的70%，以后为60%，上限为最低工资的220%（需抚养26岁以下的子女，且子女数为两个或以上者），下限为最低工资的75%（没有抚养子女）。西班牙的失业人员领取失业救济金的最长期限为24个月；匈牙利的发放期限为9个月；爱尔兰和卢森堡的失业救济金发放期限为1年；英国和意大利的发放期限分别为6个月和180天。部分国家失业保险发放的具体期限，如表9－2所示。

表 9－2　　部分国家失业保险发放期限

国家	发放期限
西班牙	24 个月
匈牙利	9 个月
英国	6 个月
意大利	180 天
爱尔兰	12 个月
卢森堡	12 个月
奥地利	13 个月
瑞士	最长 17 个月
葡萄牙	最长 18 个月，可延长 1～2 个月

3. 给付条件相对宽松

西班牙规定在失业前 6 年至少有 12 个月的缴费期即可领取失业保险金。这个给付条件在欧洲国家中是很宽松的，使得失业者较容易获得给付金。此外，西班牙失业保险给付的年龄上限为 65 岁，给付领取没有等待期，在此基础上，国家应保障其公民的生存权，被保人自失业后的第一天起，就可以领取给付金，以保障失业人员的经济安全。而其给付期限属于变动式期限，是依据缴费期限的不同而变动，失业人员可领取的最长时间是 24 个月。

（二）促进就业政策

西班牙失业保险的基本原则是，采取措施帮助失业者提高就业能力，而不是仅仅支付失业保险金来保障他们的基本生活。西班牙建立职业培训体系，通过以就业为导向的机制，促进失业人员再就业，且这一措施有逐渐加强的趋势。面对失业者的再就业问题，西班牙政府通过有效措施积极解决就业问题，建立了一个促进就业的基金，它致力于实施各项促进就业的措施，以使失业保险基金充分发挥其促进就业方面的作用。失业保险在用于失业救济或失业津贴的同时，还采取多种措施、多渠道来促进就业。

1. 加大职业培训力度

其一，培训费用的 0.7% 由企业和雇员缴纳（企业缴纳 0.6%、个人缴纳 0.1%），其中一半留在企业用于企业组织在职职工进行培训，另一半交劳动就业部门针对失业人员的职业培训；其二，对实行培训的企业实行税收优惠政策，给予一定的税收减免，鼓励企业注重在职人员业务能力的提高。此外，西班牙的失业人员如果参加职业培训，同时还可以得到疾病、工伤等保险待遇。

2. 建立和完善劳动力市场

健全的劳动力市场可以为促进就业提供条件，西班牙高度重视劳动力市场的建立和完善以及劳动力市场在发挥促进就业方面的功能。政府为其提供就业支持和帮助，并不是通过直接介入的方式为失业人员安置工作，而是通过劳动力市场由供需双方相互选择，让失业人员通过市场渠道以竞争的方法重回工作岗位，从而建立良性的市场就业机制。

3. 推行学徒工制和短时工制

西班牙的经济历经兴衰变化之后，实现了跨越式增长，各项产业的发展势头较好，但是这些产业部门并未提供相对较多的就业机会，政府必须充分挖掘其他形式的就业方式。因此，在促进就业的措施上，充分体现了多样性。

例如，西班牙政府推行的学徒工制和短时工制。1994 年，西班牙政府针对 18 ~ 25 岁的青年建立了为期两年的学徒工制。在这两年期间，学徒工不享有劳动保护和社会福利待遇，只能领取最低工资 70% 的收入。同时，还推行短时工制，允许企业雇用小时工。这一措施既增加了就业机会和就业人数，也使就业形式更加丰富、多样化。

4. 建立短期部分工时契约，取消对合并临时合同的限制

将部分工时工作替代现有固定工作，这一转变使失业人员能根据自身情况合理利用部分工时来获取就业机会。此外，将临时性的工作契约替代固定长期性的工作契约，可以增加就业人数，也可以增加西班牙妇女外出工作的机会。如此一来，以前一份每人每天 8 小时的工作，便可供应 3 个人以上工作，这样变相增加了工作机会。西班牙妇女也可以进入劳动力市场，利用部分工时的工作机会，获得薪资以维持家计。

西班牙政府为了鼓励企业继续使用持临时合同的劳动人员，不再限制合并临时合同。2006 年通过的《劳动者规约修订法案》规定，所有满足以下条件的劳动者：①30 个月内与一家公司或一个集团签订了 2 次以上的临时合同；②工作时限已经超过两年，不论其合同是否具有连续性或其工作是否一致，都应被视为固定合同。

5. 创建“双培养模式”

政府提出了一项“双培养模式”，即针对年轻人的新的就业培训合同。该

合同可以在培训和就业之间转换，将为16～25岁的工人提供正常的工资待遇，25～30岁的工人暂时提供工资待遇。合同将持续一到两年，根据培训情况可能会延长一年。工作时间是一般公司正常工作时间的四分之三，剩余的四分之一在培训公司进行培训。

6. 鼓励失业人员自主创业

西班牙政府规定，在失业人员自寻职业或自主创业的情况下，可以将失业保险金一次性领取作为其创业本金。考虑到失业人员自主创业缺乏启动资金，可一次性领取其应享受的失业保险金。在领取失业保险金期间，政府还将营业税减免50%。失业人员自主创业一方面可以满足自己的就业需求，另一方面也可以为社会增加就业岗位，为失业人员提供更多的工作机会。在受到政策优惠的同时，免费提供咨询，帮助他们解决技术难题。政府加大资金投放力度，提供给失业人员不同金额的创业补助，并且根据其创业方案的前景和可行性，更进一步为他们提供担保向银行申请低利率贷款，极大地帮助了有市场前景的创业项目。

（三）预防失业政策

预防失业是失业保险的重要功能及其制度的最终目的。西班牙政府实行有差别的税费制度、有保障的资金来源以及鼓励企业尽量减少裁员等措施，使得失业保险制度更好地发挥了预防失业的功能。除此之外，对于多余的职工，政府也会进行一些资金上的帮助，对其进行转岗培训或者直接进行岗位补贴，争取做到在内部消化、不裁员。

1. 实行差别的税费制度

西班牙失业保险基金由雇主和雇员缴纳费用，雇主应代缴雇员需要缴纳的那部分费用，不同的劳动合同类型决定了雇员在缴费上的区别。目前，雇员的缴费标准如下：若签订的是固定合同则缴纳其工资基数的7.3%，其中，雇员缴纳1.5%，雇主缴纳5.8%；若签订的是临时合同则缴纳其工资基数的8.3%，其中，雇员缴纳1.6%，雇主缴纳6.7%。费率并非固定不变，而是根据每年劳动力市场需求和失业状况的变化做调整，之后经议会审批后方能执行。有差别的税费制度是失业保险发挥预防失业的功能之一，可以减少行业和企业之间不同规模的裁员。

2. 资金来源有保障

西班牙的失业保险基金原则上收支平衡。失业保险费由国家、雇主和雇员三方分担。国家财政承担一定比例的失业保险金和管理费用，同时弥补失业保险基金不足的部分，即“兜底型”。

失业救济的资金来源于受保人、雇主的缴纳和政府的财政支持。具体来讲，受保人按12个职业类别缴纳其月收入的1.6%；雇主按12个职业类别缴纳工薪总额的6.2%；政府酌情补贴。西班牙职业等级分类情况，如表9－3所示。缴纳保险费和享受补助的收入最高限额为每月269940～362190比塞塔（不同的职业类别限额不同）。由于失业救济的资金有政府财政的兜底，使得资金在来源方面有了保障。

表9－3　西班牙职业等级分类

等级	职业	等级	职业
1	工程师、律师	7	助理行政人员
2	技师、有职称的助理	8	一级、二级职员
3	行政主管、工厂主管	9	三级职员与专家
4	无职称的助理	10	雇工
5	行政人员	11	未满十八岁的工作者
6	从属人员	12	未满十七岁的工作者

实际上，在2000年以后失业保险费由雇主和雇员共同负担。为满足失业保险金发放及机构运行需要，需要由雇主和雇员共同缴纳失业保险费。失业保险制度经费的制度来源是劳资共同责任制，财务来源主要是被保险人和用人单位的保险费，有较强的均衡费率色彩。由于西班牙的高失业率需要支付庞大的失业保险费用，其费率不是恒定不变而是根据给付状况向上调整，雇主承担的保费比例为6.2%，为欧盟最高。

3. 鼓励企业减少裁员

为预防劳动者失业，稳定其就业，政府鼓励企业缩减裁员规模或限制裁员人数。在西班牙，当企业遭遇外部风险，工人可通过集体谈判达成“缩短工作时间、降低工资、不裁员”的协议，便可从失业保险基金中获得6～9个月的工资补贴。一方面，政府为生产经营中遇到困难的企业及时提供帮助，减轻企业负担，帮助企业渡过难关；另一方面，企业承诺在享受优惠政策和失业保险基金支持的情况下，不裁员减员，积极承担社会责任。此外，失业保险还发挥了援企稳岗的作用，可以避免岗位的流失，有效地控制失业率。

三、失业保险制度主要特点

（一）实行有区别的失业救济金给付

西班牙针对失业时间的长短实行有区别的失业救济金给付标准，给付标准跟失业时间相关，且失业时间越短，得到的给付标准越高。失业救济金享受标准分两档，失业后前6个月领取本人失业前6个月失业保险缴纳费用基数的70%，第7个月开始领取缴纳费用基数的60%，最长可领取的时间限制为24个月。这种处理方法，既能保障失业人员的基本生活，又能激励领取者增强自我紧迫感。西班牙对领取失业保险金提出了限制条件，使领取者能够为积极寻找工作做好准备。在西班牙，一个失业的人申请失业救济金或失业津贴有许多限制性条件，例如要求在就业中心登记、具有合法的失业或者待业证明、签订积极就业协议、参加培训、要积极地寻找工作并投入求职的各项准备中等。这些条件的规定既增加了失业保险金的领取难度，适当地限制失业者，又能保证失业救济金或者失业津贴能够用到真正需要的失业者身上去。

（二）失业救济金和失业津贴相辅相成

西班牙将失业救济金和失业津贴二者紧密结合起来，相互衔接。失业津贴是失业救济的继续给付，属于社会救助性质。这样就把失业保险的范围扩大到短期失业者、长期失业者及其他就业困难群体等，一方面可以保障失业人员的基本生活，另一方面避免有家庭生计负担或者生活低于最低标准的人陷入贫困。

（三）促进就业的形式多种多样

这是西班牙由经济发展状况所决定的就业措施的一个显著特点。西班牙经济在不断的发展之后，各项产业也在不断的发展，但这些产业部门为失业者所提供的就业机会仍然相对较少，还必须通过挖掘其他的就业形式来增加就业机会。创建“双培养模式”，推行学徒工制和短时工制，建立短期部分工时契约，取消对合并临时合同的限制。西班牙在促进就业方面做的很多有益的尝试，也取得了显著的效果。

（四）充分发挥失业保险基金促进就业的作用

失业保险一方面提供失业救济或者失业津贴，另一方面也通过采取多种措施来促进就业。失业保险基金主要用于以下几种用途：一是职业介绍，为失业人员免费提供全方位的就业服务。二是职业培训，为失业人员提高就业技能。三是鼓励企业吸纳失业人员。如果企业雇用失业人员，根据失业人员的不同情况，企业会获得不同的政府补贴。如果企业雇用年轻人或45岁以上的妇女，并将其短期合同改签为长期合同，便会获得较多的政府补贴。四是鼓励失业的人自主创业。失业人员若有参加生产合作社或从事任何自谋职业活动的工作经历，都可一次性获得失业保险金作为创业资金。

（五）政府财政给予了大力支持

在发挥失业保险保障生活、促进就业和预防失业的功能上，西班牙政府都给予了相应的财政支持。不仅承担各项功能上失业保险基金入不敷出的责任，而且政府专门从预算中安排资金支持企业各项就业措施的落实。同时，针对企业专门制定一些税收优惠政策来鼓励其吸纳失业人员，减少裁员。

第十章

欧洲失业保险制度国别比较与运行评价

第一节

欧洲失业保险制度国别比较

一、失业保险制度覆盖范围比较

失业保险制度要解决的一个根本问题是为谁提供保障。因此，失业保险制度的覆盖范围非常重要。失业保险制度的覆盖范围不仅反映覆盖群体的多少，还体现该国家失业保险制度的性质，甚至该国家社会保障的政策目标。失业保险制度的覆盖范围越窄，说明这个国家的失业保障水平越低，失业保险制度越不发达。

（1）部分国家失业保险制度的覆盖范围包括符合条件的所有人员。比如，德国失业保险制度的覆盖范围包括所有具备正常劳动能力并且确实在寻找工作而没有得到适当工作，导致没有报酬收入的人员。德国失业保险制度的覆盖范围不仅限于失业人员，还包括那些收入低于最低生活标准的在职人员。

（2）部分国家失业保险制度的覆盖范围除了包括雇员，还包括自雇人员。比如，英国失业保险制度的覆盖范围包括所有周收入在62英镑以上的雇员，还有自我雇佣者（即自雇人员）、缴纳减额养老保险费的已婚妇女和遗孀。再比如，丹麦失业保险制度的覆盖范围包括雇员和65岁以上的独立劳动者。具体来说，包括独立劳动者及参加由工业、商业、机关工作、农业、手工业、餐馆业、运输及采掘业工会会员自愿建立、并经批准的失业基金会的会员。

（3）部分国家失业保险制度的覆盖范围仅限于雇员。比如，比利时失业保险制度包括所有的受雇雇员。不论是政府机关、企事业单位等雇用的工作人员，还是家庭雇用人员；不论是城市雇员还是农村雇员，都包括在比利时的失业保险制度范围内。再比如，匈牙利失业保险制度的覆盖范围是所有的工资收入者和薪金雇员，覆盖了所有的城乡工资收入者和政府雇员。意大利失业保险制度适用全体受雇人员，但非自愿性失业人员、临时工、季节工和一些特殊群体可以例外。

（4）还有部分国家将失业保险分为不同种类，分别规定不同失业保险制度的覆盖范围。比如，瑞典失业保险制度包括基本失业保险和自愿保险。基本失业保险的覆盖范围是所有在瑞典工作的劳动者或生活在瑞典而在欧洲就业战略范围内工作的人。具体覆盖范围为所有年龄在20岁以上，符合条件的全职和非全职劳动者。自愿保险的覆盖范围为年龄在15～65岁，并参加了工会的雇员或者参加了自营劳动者组建的失业保险基金的自营劳动者。再比如，法国的失业保险制度是强制失业保险和社会援助相结合的双重制度。法国强制性失业保险制度的覆盖范围是所有雇员，对于那些没有被雇用的劳动人口则不包括在内，如家庭用工、季节工等；也不包括另有专门保险制度规定的受保者，如建筑业、码头、海运和航空等部门的就业者；公共部门中只有一部分雇员能够受益此项保险，如国家机关和公立学校的非公务员。

总之，欧洲各国失业保险制度，失业保险覆盖范围较为广泛。欧洲大部分国家都把雇员作为失业保险制度的覆盖范围，即通常所说的正规就业人员。而非正规就业人员，往往被排斥在外。究其原因，主要是由于非正规就业人员的工作不稳定、流动性强，给失业保险的管理带来了巨大困难。

二、失业保险制度资格条件比较

在明确了失业保险制度覆盖范围之后，需要确定领取失业保险的资格条件。为了避免造成人为失业率的增加，必须同时满足若干条件后，才具备失业保险的领取资格。具体来讲，大多数国家都要求满足以下几个条件。

（1）失业前从事一定时期的具体工作，并履行了按时交纳失业保险费的义务。比如，德国规定失业人员在失业前3年内至少应从事过365天义务缴纳失业保险金的工作。英国要求失业人员在失业前必须缴纳一定期限的保险费，最近 2 个纳税年度中有 1 年足额缴纳社会保险费，且缴费收入基数不低于应税周收入低限的 25 倍；或者最近 2 个纳税年度中每年的社会保险费的缴费收入基数不低于应税周收入低限的 50 倍。法国规定，失业前的 12 个月内必须从事有收入的工作 6 个月。瑞典基本失业保险规定，在失业前 1 年内，即 52 周内，至少要有 26 周（6 个月）周工作时间不少于 20 个小时，或者在连续 26 周内工作时间不少于 480 个小时，平均每周工作时间不少于 12.5 个小时。丹麦规定，成为失业保险基金成员 1 年并在过去 3 年工作了 52 周的雇员和个体经营者有权领取失业救济金。比利时的规定为参保后最近 18 个月中就业时间满 312 天到参保后最近 36 个月就业满 600 天。匈牙利要求失业前必须工作过 48 个月。意大利规定失业保险申领人员必须参保 2 年以上，并在最近 2 年已连续缴费 52 周。意大利对建筑工人的规定较为优厚，即在本行业工作 2 年以上，连续缴费 43 周。

（2）失业人员必须在相关机构进行失业登记。比如，德国规定在劳动局进行失业登记。英国规定失业人员必须进行失业登记，且定期到职业介绍所填写失业登记。法国规定在职业介绍所登记失业。瑞典规定在就业服务中心登记个人信息。丹麦规定在失业机构登记。意大利也规定在职业介绍所登记。

（3）失业人员必须接受相关机构介绍的工作或者培训，并积极寻找工作。比如，德国规定失业人员必须接受劳动局介绍的岗位。法国、比利时规定失业人员有能力并且愿意接受再工作。瑞典规定，申请者在获得失业救助金期间，仍需要保持工作意愿，制定适合自己的工作计划、了解市场工作信息、及时到就业市场寻求相关工作、接受就业服务中心的监督，逐渐参与到正常工作活动中去。丹麦规定 25 岁以下的失业人员在享有失业福利的 13 个星期内，25 岁以上的失业人员在享有失业福利 1 年之内，应在政府安排的岗位上开始工作或者接受职业技能培训。比利时要求积极参加公共就业服务机构提供的免费职业培训，培训期间参加一些社会公益性劳动。意大利规定必须能证明失业人员正在等待工作，两次拒绝职业介绍所提供的合适的工作岗位或拒绝参加规定的职业培训者，将被取消领取失业保险资格 30 天。

（4）失业人员必须是非自愿失业。比如，英国规定失业人员无正当理由而辞职、工作期间因本人失误而失业的，均不可享受失业保险待遇。法国、比利时规定非自愿失业。瑞典规定失业前具有强烈的工作意愿，不是自动离职，也不是被解职的。匈牙利规定失业人员并非由于拒绝合适的工作而失去工作。

意大利规定申领失业保险者必须是非自愿离职和非因渎职被解雇者。

此外，英国还规定，失业人员必须首先是劳动者，只有处于劳动年龄阶段的就业者才谈得上失业；失业人员必须是以工资收入作为主要生活来源的，如果劳动者还有其他收入，失业不会严重到影响其基本生活，就不一定需要失业保险提供帮助。总之，比较分析欧洲各国的失业保险制度，领取失业保险的资格条件均较为严格。

三、失业保险制度给付标准比较

给付标准的确定取决于一个国家的社会经济发展水平以及这个国家的社会生活水准。一般来说，给付标准既不能太高，也不能太低，否则会妨碍失业人员就业，或者不能保障失业人员生活。各国失业保险制度通常规定给付标准的最高限额和最低限额。

（1）按照失业人员失业前一段时间工资的一定百分比给付。比如，德国失业保险金的给付标准为失业人员在失业前3个月的平均纯工资的63%或68%。丹麦周失业金给付标准为参保人失业前12周平均工资的90%，但不得超过3940克朗。匈牙利失业保险金的给付标准为，第1年是纯收入的70%，但是给付标准随着领取时间的延长而降低，第2年为50%，最低限额不低于国家最低工资标准，最高可以达到最低工资标准的2倍。意大利一般的失业人员最多可以领取180天的失业保险，金额约为投保时的工资的20%；建筑工人待遇较高，领取金额为收入的80%，最高不得超过投保收入的100%。

（2）按照失业人员的年龄大小给付。比如英国规定，年龄在25岁以上的失业人员，每周49.15英镑；18~24岁的失业人员为38.90英镑；18岁以下的失业人员为29.60英镑。

（3）按照年平均月工资计算定额给付。比如法国的基本津贴，按一年平均月工资计算，缴费3个月的享受3个月救济，缴费6个月、12个月、24个月的分别享受15个月、30个月和45个月救济，如果失业人员年满50岁，分别享受21个月、45个月和60个月的救济。

（4）按照失业人员就业时全职还是兼职确定待遇水平。比如瑞典，若失业人员以前是全职，每天发放320瑞典克朗的失业救助金；若失业以前是兼职，失业救助金会按规定减少。

（5）按照失业人员的身份和失业时间长短来确定。比如比利时，若失业人员的收入为家庭的主要收入来源，失业保险金为最高收入的60%；单身失业人员失业的第1年为收入的60%，以后降为42%。如果是同居者，则第1年为收入的55%，在其后的7个月内为收入的35%。

总之，欧洲各国失业保险制度，失业保险的给付标准较高，并有标准化趋势。

四、失业保险制度给付期限比较

给付期限是失业保险给付的重要内容，一般包括等待期和最长给付期限。给付期限的长短，取决于国家的政策、财政状况以及失业保险基金的规模。各国失业保险制度通常规定失业保险的给付期限。

（1）规定最短和最长给付期限。比如德国规定享受失业保险待遇的最少期限为78天，即13周（德国的失业保险金按周发放，每周发放时间为6天），最长时间为832天。

（2）只规定最长给付期限。比如英国规定最长申领期限为6个月。瑞典按周工作日5天计算，失业人员没有特殊情况最多领取300天，即60周；如果失业人员还要抚养18岁以下的孩子，收益期限会往后延长150天，总共的收益期限为450天。丹麦失业金领取期限从开始失业登记的第一天计算，最长可达2年。匈牙利失业保险待遇的最长期限为9个月。意大利规定一般最多可以领取180天的失业保险。

（3）按照缴费期限确定给付期限。比如法国规定缴费3个月的享受3个月救济，缴费6个月、12个月、24个月的分别享受15个月、30个月和45个月救济，如果失业人员年满50岁，分别享受21个月、45个月和60个月的救济。

（4）没有具体的期限限制。比如比利时。此外，有些国家规定失业保险的等待期。比如英国要求有3天的等待期，瑞典要求有5天的等待期，丹麦需要3个星期的审核等待期，意大利需有7天的等待期。

总之，欧洲失业保险制度的给付期限根据具体情况有所不同，并呈缩短趋势。

五、失业保险制度费用负担比较

失业保险费用负担关系失业保险制度的成败，是个比较敏感的问题。失业保险费用负担主要涉及雇员、雇主和政府三方。雇员负担是一般通行的原则，雇员面临一定的风险理应承担一定的成本。雇主负担主要是雇主对雇员的一种责任，是对劳动者支付的一种社会成本。政府负担是基于失业保险强制的性质，政府自然应该给付。雇员、雇主和政府三方失业保险费用负担的结构不同，体现不同的权利义务结构。

（1）失业保险费用由雇员、雇主、政府三方负担。这是目前较为流行的一种形式。比如，德国规定失业保险基金的筹集主要集中在雇主缴纳的失业保险、雇员缴纳的失业保险金、联邦政府的财政补贴，以及通过其他渠道筹集的失业保险金。全国实行统一的失业保险费率，由雇主和雇员分别承担一半。瑞典的失业保险基金主要来源为政府财政补助、雇员缴纳、雇主缴纳、基金本身收益。其中，政府财政补助占失业保险金的很大比例。丹麦失业保险基金的筹集主要由参保人、雇主和政府三部分构成。对于失业保险基金收不抵支的部分，由政府承担。比利时的失业保险费由雇员、雇主和政府三方负担。其中雇员缴纳个人收入的0.87%，雇主缴纳收入的1.46%，政府的责任是每年提供补贴以弥补收支差额。匈牙利失业保险金由政府、雇主和雇员三方负担。其中，受保人每月按工资额的1.5%缴费，雇主为受保人缴纳工资额的3%，失业保险金入不敷出时，国家在当年收缴额10%的范围内给予补贴。

（2）失业保险费用由雇员和雇主双方负担。比如，法国缴纳失业保险金是雇主和劳动者双方法定的责任，基金筹集主要由雇员和雇主双方共同分担，国家并不承担弥补赤字的责任。基金不足时通过动用结余、贷款和提高费率等办法解决。

此外，意大利的失业保险基金比较特殊，主要由国家和企业分担。

六、失业保险管理体制比较

欧洲失业保险管理体制，主要有三种：一是政府直接管理；二是政府监督下，授权自治机构管理；三是政府监督下，由工会进行专职管理。

（1）政府直接管理。失业保险制度本身的性质决定了政府管理的责任。所以，政府直接管理是欧洲大多数国家主要的失业保险管理体制。政府直接管理有利于失业保险制度的持续发展。比如，英国失业保险由社会保障部和教育就业部两部门共同负责。比利时失业保险的主要管理机构是国家就业局。国家就业局行政上隶属于就业、劳工和社会对话部，但有很强的独立性。匈牙利失业保险由国家劳动和社会事务部负责。劳动和社会事务部下设五个部门，分别是培训教育部门、社会政策部门、平等互利部门、劳动力市场管理部门、社会关系事务部门，分别承担着职业培训、社会保障就业政策制定、特殊人群平等互利保护、劳动力市场监督，以及全国各地社会保障管理机构协调等职责。

（2）政府监督下，授权自治机构管理。这种模式是由雇主、雇员和政府三方共同组成管理机构，进行合作式管理。自治机构管理有利于提高工作效率，提高管理决策的科学性，以及各方合作的积极性。比如，德国联邦劳动总局下设管理委员会，由雇员、雇主和劳动局各自出 17 名代表组成。州及州以下的劳动局也设有管理委员会，由雇员、雇主和劳动局各自出 5～7 名代表。管理委员会是各级劳动局的最高决策机构，实行“自我管理”，行使决策权。法国政府不直接参与失业保险管理，而是委托失业保险机构管理。失业保险管理机构为私营、非营利性机构，由 3 个雇主协会和 5 个工会共同管理，机构董事会成员中雇主和雇员各占一半。意大利失业保险项目和工资补充基金由全国社会保险机构通过其分支机构进行日常管理，劳动与社会福利部、财政部进行业务指导和监督。

（3）政府监督下，由工会进行专职管理。这种模式能够真正反映劳动者的意愿，也能减轻政府负担，比较适用于有较好工会基础的国家。比如，瑞典工会具体运作管理 41 个分布于各行业的失业保险基金，其中 35 个在首都，6 个在其他地方。基金管理上层设有失业保险委员会，由国家劳动力市场管理局局长任主席，来自劳动力市场管理局的 2 名人员，来自基金的 3 名人员和来自政府当局的 1 名人员为成员。丹麦失业保险制度主要通过工会建立起来的失业基金会实施。劳工部代表政府对失业基金的运行情况进行监督。目前，丹麦共有 36 个失业基金会，其中 34 个经办普通工人的失业保险业务，2 个经办管理人员的失业保险业务。比利时失业保险金的申请和发放并不是由国家就业局来完成，而是由工会来完成。比利时有3个工会组织即社会工会、自由工会和天主教工会。

第二节

欧洲失业保险制度运行效果

一、欧洲失业保险制度对失业率的影响

失业率等于失业人员数量与失业、就业人员总数量的比例，可以通过总失业率来反映失业情况。失业率是反映一个国家或地区失业状况的主要指标，也是反映一个国家或地区经济状况的主要指标。一个国家或地区的失业率越低，表明这个国家的经济发展越好。

欧洲部分国家的失业率较低，具体见表10－1。比如2017年，德国失业率3.8%，匈牙利失业率4.2%，英国失业率4.5%，均低于OECD国家的5.9%。

表10－1　　总失业率　　单位：%

年份＼国家	丹麦	瑞典	德国	英国	西班牙	意大利	法国	匈牙利	比利时
2000	4.6	5.9	7.8	5.4	13.9	10.6	10.1	6.4	7.0
2001	4.6	5.1	7.9	4.9	10.5	9.6	8.8	5.7	6.6
2002	4.6	5.2	8.7	5.1	11.5	9.1	8.9	5.8	7.6
2003	5.5	5.8	9.4	4.8	11.5	8.7	8.2	5.9	8.2
2004	5.6	6.6	10.4	4.7	11.0	8.1	8.5	6.1	8.4
2005	4.9	7.8	11.3	4.7	9.2	7.8	8.5	7.2	8.5
2006	4.0	7.1	10.4	5.4	8.5	6.9	8.5	7.5	8.3
2007	3.8	6.2	8.2	5.3	8.3	6.2	7.7	7.5	7.5
2008	3.5	6.3	7.6	5.3	11.3	6.8	7.1	7.9	7.0
2009	6.1	8.5	7.8	7.8	18.0	7.9	8.8	10.1	8.0
2010	7.6	8.7	7.2	7.9	20.0	8.5	8.9	11.3	8.4
2011	7.7	7.9	5.9	8.0	21.5	8.5	8.9	11.1	7.2

续表

年份＼国家	丹麦	瑞典	德国	英国	西班牙	意大利	法国	匈牙利	比利时
2012	7.7	8.1	5.5	8.1	24.9	10.8	9.5	11.1	7.6
2013	7.2	8.2	5.3	7.9	26.2	12.3	10.0	10.2	8.5
2014	6.8	8.1	5.1	6.4	24.6	12.9	10.0	7.8	8.6
2015	6.3	7.6	4.7	5.7	22.2	12.1	10.1	6.8	8.6
2016	6.3	7.1	4.2	5.0	19.7	11.9	9.8	5.1	7.9
2017	5.9	6.8	3.8	4.5	17.3	11.4	9.2	4.2	7.1

资料来源：http：//stats. oecd. org/Index. aspx？ DatasetCode = LFS_SEXAGE_I_R。

欧洲国家保持较低水平失业率的主要原因：一是实施促进就业的措施。积极创造就业机会，加强就业指导、职业培训、职业介绍，使失业人员快速重返劳动力市场，重新就业；二是采取预防失业的措施。主要有对雇主采取支持政策，增加雇主解雇雇员的难度，以及增加对雇主的补贴等措施。

二、欧洲失业保险制度对就业率的影响

就业率是劳动就业人员数量与劳动年龄人员数量的比例。就业率指标与失业率指标具有相同的功能，都可以用来反映对劳动力市场的利用情况，都是反映各国政府政绩的主要指标。

欧洲部分国家的就业率较高，具体见表10－2。比如2017年，瑞典就业率为76.9%，德国就业率为75.2%，英国就业率为75%，均高于OECD国家的67.8%。

表10－2　　总就业率　　单位：%

年份＼国家	丹麦	瑞典	英国	西班牙	意大利	法国	匈牙利	德国	比利时
2000	76.3	74.3	72.3	57.4	53.9	61.1	56.0	65.6	60.5
2001	76.2	75.4	72.5	58.8	54.9	62.0	56.2	65.8	59.9
2002	75.9	75.2	72.5	59.9	55.6	62.2	56.2	65.3	59.9
2003	75.1	74.4	72.7	61.1	56.2	64.0	57.0	64.6	59.6

续表

年份＼国家	丹麦	瑞典	英国	西班牙	意大利	法国	匈牙利	德国	比利时
2004	75.7	73.7	72.7	62.3	57.6	63.8	56.8	65.0	60.3
2005	75.9	74.0	72.7	64.5	57.5	63.8	56.9	65.5	61.1
2006	77.4	74.6	72.6	66.0	58.3	63.7	57.4	67.2	61.0
2007	77.0	74.2	72.4	66.8	58.6	64.3	57.0	69.0	62.0
2008	77.9	74.3	72.7	65.4	58.6	64.9	56.4	70.2	62.4
2009	75.3	72.2	70.6	60.8	57.4	64.1	55.0	70.4	61.6
2010	73.3	72.1	70.2	59.7	56.8	64.0	55.0	71.2	62.0
2011	73.1	73.6	70.2	58.8	56.8	63.9	55.4	72.7	61.9
2012	72.6	73.8	70.7	56.5	56.6	64.0	56.7	73.0	61.8
2013	72.5	74.4	71.1	55.6	55.5	64.0	58.1	73.5	61.8
2014	72.8	74.9	72.6	56.8	55.7	64.2	61.8	73.8	61.9
2015	73.5	75.5	73.2	58.7	56.3	64.3	63.9	74.0	61.8
2016	74.9	76.2	74.3	60.5	57.2	64.6	66.5	74.7	62.3
2017	74.2	76.9	75.0	62.1	58.0	65.2	68.2	75.2	63.1

资料来源：http：//stats. oecd. org/Index. aspx？DatasetCode = LFS_SEXAGE_I_R。

欧洲国家保持较高水平就业率的主要原因：一是实施积极劳动力市场政策。欧洲国家积极劳动力市场支出占 GDP 的比重较高，主要用于劳动力培训、职业介绍、就业服务等方面，有利于促进就业；二是采取了预防失业的措施。比如，建立失业预警机制，鼓励企业减少对雇员的解雇等措施。

三、欧洲失业保险制度对劳动力参与率的影响

劳动力参与率是指一个国家就业、失业人员总数量与工作年龄内人口数量的比例。通过这一指标，不仅可以反映一个国家从事经济活动的劳动年龄人口的数量，还可以反映不同自然状况下劳动力的供给和使用情况，是反映劳动力市场活动水平的首要指标。一个国家或地区的劳动力参与率越高，说明劳动力愿意工作的程度越高，劳动者参与工作的积极性越高。

欧洲部分国家的劳动力参与率较高，具体见表 10 - 3。比如 2017 年，瑞典

劳动力参与率为82.5%，丹麦和英国的劳动力参与率分别为78.8%和78.5%，均高于OECD国家的72.5%。

表10－3　　总劳动力参与率　　单位：%

国家 年份	丹麦	瑞典	英国	西班牙	意大利	法国	匈牙利	德国	比利时
2000	80.0	79.0	76.4	66.7	60.3	68.0	59.9	71.1	65.1
2001	79.9	79.4	76.3	65.8	60.7	68.0	59.6	71.5	64.2
2002	79.6	79.3	76.4	67.7	61.2	68.3	59.7	71.5	64.8
2003	79.5	79.0	76.4	69.1	61.6	69.7	60.6	71.3	64.9
2004	80.1	78.9	76.3	70.0	62.6	69.8	60.5	72.6	65.9
2005	79.8	80.2	76.3	71.1	62.4	69.7	61.4	73.8	66.7
2006	80.6	80.3	76.8	72.1	62.6	69.6	62.0	75.0	66.5
2007	80.1	79.1	76.5	72.8	62.4	69.7	61.6	75.6	67.1
2008	80.7	79.3	76.8	73.8	62.9	69.9	61.2	75.9	67.1
2009	80.2	78.9	76.6	74.1	62.3	70.3	61.2	76.4	66.9
2010	79.4	79.0	76.3	74.6	62.0	70.3	61.9	76.6	67.7
2011	79.3	79.9	76.4	74.9	62.1	70.1	62.4	77.3	66.7
2012	78.6	80.3	76.9	75.3	63.5	70.7	63.7	77.2	66.9
2013	78.1	81.1	77.2	75.3	63.4	71.1	64.7	77.6	67.5
2014	78.1	81.5	77.6	75.3	63.9	71.4	67.0	77.7	67.7
2015	78.5	81.7	77.6	75.5	64.0	71.5	68.6	77.6	67.6
2016	80.0	82.0	78.1	75.4	64.9	71.7	70.1	78.0	67.6
2017	78.8	82.5	78.5	75.1	65.4	71.8	71.2	78.2	68.0

资料来源：http：//stats.oecd.org/Index.aspx？DatasetCode＝LFS_SEXAGE_I_R。

欧洲国家保持较高水平劳动力参与率的主要原因：一是欧洲失业保险制度的失业保险替代率水平逐渐降低。为了避免“养懒汉”现象，欧洲各国领取失业保险金的资格不断严格，失业保险金的给付水平不断降低。为了维持生活，失业人员必须积极参与工作，重返劳动力市场。二是欧洲失业保险制度规定失业人员在失业期间必须参加就业培训，以提高其自身的职业技能。而且，失业人员应该接受政府安排的工作，如果不接受，将取消其领取失业金的资格。这一措施提高了劳动者参与工作的积极性，促使失业人员重返工作岗位。

第三节

欧洲失业保险制度面临挑战

一、慷慨的失业保险金面临的挑战

（一）失业保险的高替代率增加了政府财政支出的风险

2004 年被动措施支出①占 GDP 的百分比很高，其中瑞典 1.32%、西班牙 1.47%、法国 2.11%、德国 2.19%、比利时 2.34%、丹麦 2.59%。虽然被动措施支出占 GDP 的百分比有逐年下降的趋势，但到 2008 年金融危机后该比例仍然很高。比如 2012 年，意大利 1.5%、丹麦 1.64%、法国 1.88%、比利时 2.5%、西班牙 3.04%。目前被动措施支出占 GDP 比例仍较高。2015 年，丹麦 1.28%、西班牙 1.92%、意大利 1.29%、法国 1.98%、比利时 1.71%。具体见表 10－4。

表 10－4　被动措施支出占 GDP 的比重　单位：%

国家 / 年份	丹麦	瑞典	英国	西班牙	意大利	法国	匈牙利	德国	比利时
2000	2.32	1.28	0.28	1.32	0.61	1.70	0.46	1.81	2.06
2001	2.21	1.06	0.25	1.34	0.56	1.75	0.36	1.83	2.09
2002	2.25	1.07	0.23	1.44	0.55	1.94	0.36	2.03	2.27
2003	2.59	1.22	0.22	1.43	0.55	2.12	0.35	2.16	2.40
2004	2.59	1.32	0.17	1.47	0.61	2.11	0.37	2.19	2.34
2005	2.28	1.22	0.17	1.43	0.67	2.00	0.38	1.92	2.28
2006	1.80	1.01	0.17	1.41	0.65	1.77	0.35	1.63	2.14
2007	1.46	0.70	0.15	1.42	0.59	1.58	0.35	1.19	1.95
2008	1.17	0.55	0.19	1.84	0.70	1.51	0.36	1.01	1.95
2009	1.66	0.86	0.32	2.91	1.24	1.83	0.67	1.45	2.32
2010	1.73	0.76	0.29	3.05	1.32	1.86	0.71	1.28	2.21

① 反应失业保险替代率。

续表

年份\国家	丹麦	瑞典	英国	西班牙	意大利	法国	匈牙利	德国	比利时
2011	1.60	0.60	0.31	2.82	1.24	1.80	0.66	0.99	2.04
2012	1.64	0.63	—	3.04	1.50	1.88	0.41	0.94	2.05
2013	1.62	0.68	—	2.89	1.52	1.96	0.34	1.00	2.09
2014	1.40	0.61	—	2.45	1.54	2.00	0.26	0.94	1.94
2015	1.28	0.55	—	1.92	1.29	1.98	0.25	0.88	1.71
2016	1.15	0.55	—	—	—	—	0.24	0.82	1.58

资料来源：http：//stats.oecd.org/Index.aspx？DataSetCode = LMPEXP。

慷慨的社会福利制度是通过高税收来支撑的。一直以来，欧洲国家的税收负担率①都比较高。比如，2016 年丹麦的税收负担率为 33.7%，瑞典的税收负担率为 27.7%，德国、英国、意大利、法国、匈牙利、比利时等国家的税收负担率均在 20% 以上；而同时期 OECD 成员国的税收负担率为 15.4%。具体见表 10 – 5。而高税收会增加就业者的负担，在就业率不变的情况下，国家会面临经济增长缓慢的风险。

表 10 – 5　　税收负担率　　单位：%

年份\国家	丹麦	瑞典	英国	西班牙	意大利	法国	匈牙利	德国	比利时
2001	30.2	28.0	25.9	15.9	22.3	23.4	21.3	27.9	26.6
2002	30.1	26.9	25.1	15.0	21.7	22.6	20.7	26.9	25.5
2003	30.1	26.9	24.6	14.6	21.5	22.1	20.6	26.9	25.0
2004	31.3	27.2	25.2	15.0	21.0	22.2	20.4	27.2	25.4
2005	33.1	28.5	25.6	15.7	20.8	22.3	19.9	28.5	25.4
2006	31.9	28.5	25.7	16.1	22.1	22.6	19.8	28.5	25.2
2007	35.1	28.5	25.9	16.7	22.4	22.2	21.4	28.5	24.7
2008	33.4	28.5	26.6	13.3	21.9	22.0	23.3	27.0	25.1

① 税收收入占 GDP 的百分比。

续表

年份 \ 国家	丹麦	瑞典	英国	西班牙	意大利	法国	匈牙利	德国	比利时
2009	33.1	27.0	24.2	11.1	22.4	20.7	23.3	26.9	23.6
2010	32.7	27.1	25.4	13.0	22.3	22.0	22.9	27.1	24.3
2011	32.7	26.5	26.1	12.5	22.3	21.8	21.1	26.5	24.7
2012	33.4	26.1	25.2	12.2	23.6	22.6	22.9	26.1	25.7
2013	33.8	26.3	25.2	14.0	23.7	23.2	22.8	26.3	26.2
2014	36.5	26.3	24.9	14.3	23.5	23.2	23.0	26.3	26.2
2015	33.9	27.0	25.2	14.4	23.4	23.2	23.4	27.0	24.7
2016	33.7	27.7	25.6	13.8	23.7	23.2	23.4	27.7	23.1

资料来源：http://data.worldbank.org/indicator/GC.TAX.TOTL.GD.ZS。

（二）失业保险的高替代率打击了失业人员再就业的积极性

由于较高的失业保险替代率和较长的失业保险给付期限，许多失业人员尤其是低收入群体在失业期间领取的失业津贴和其失业前的薪酬差距不大，导致大部分失业人员在领取失业救济金期满之前，不愿意从事待遇较低的工作，或者不愿意寻找新工作，存在着较多的“自愿失业人员”。

较高的失业保险替代率使失业人员形成了对失业保险制度和政府的依赖，不利于促进其再就业。同时，失业人员赋闲在家，也不利于劳动力资源的合理配置，不利于劳动力自由流动，并且由于技术水平的进步，长期失业人员的职业技能跟不上时代的进步，会出现其再就业更困难的局面，更会打击其再就业的积极性。这样，劳动力市场则会出现存在大量空缺岗位，而没有劳动者参与的情况。

二、积极劳动力市场政策面临的挑战

实施积极劳动力市场政策，可以推动失业人员积极寻找工作，促使失业人员快速重新就业，还可以创造更多的工作岗位。实施积极劳动力市场政策是欧洲失业保险制度的主要内容。

(一) 积极劳动力市场政策重供给轻需求

积极劳动力市场政策始终以供给方为导向，采取各种措施激活失业人员，较少有激活企业的措施，仅是强调企业的社会责任。在经济扩张时期，企业对劳动力的需求增加，通过积极劳动力市场政策可以满足市场对劳动力的不同需求。而在经济萧条时期，企业对劳动力的需求减少，持续激活失业人员会引起劳动力供给的增加，同时导致公共支出的增加，进而会引起削减激活计划支出的政治压力。

(二) 积极劳动力市场政策有挤出效应

在实施积极劳动力市场政策时，雇主为了获得政府津贴，会选择雇用一个享有政府津贴的失业人员，解雇企业的在岗职工。这样，非正规就业人员占据了正规就业人员的岗位，将正规就业员工挤出劳动力市场，正规就业岗位减少，正规就业人员将面临失业的风险。实施积极劳动力市场政策，虽然非正规就业增加，但正规就业可能减少，总体就业可能不会改变。

(三) 积极劳动力市场政策中的激活计划存在潜在弊端

首先，激活计划尤其是立即激活计划，对能立即就业的失业人员存在不利的影响。失业人员为了避免必须参加激活计划，就匆匆寻找一份并不一定合适的工作，这无疑是因必须参加激活计划引起的。可见，立即激活计划只适合于需要有社会救助的特定人群。

其次，参加激活计划的期间，工作搜寻的强度会明显下降，而且失业人员会希望完成这种持续的技能提升活动，这样参加激活计划期间的就业机会比没有参加时的机会明显减少。

最后，参加激活计划以后，随着失业人员的技能得到很大程度的提升，他们对于就业的期望和要求也会相应提高。如果在参加激活计划之后仍然不能找到新的工作岗位，失业人员往往会在主观上对职业培训等积极的劳动力市场政策产生心理排斥。因此，尤其是在经济萧条的情况下，积极劳动力市场政策会对就业产生不利的影响。

(四) 积极劳动力市场政策的支出占 GDP 的百分比偏高

积极劳动力市场政策的支出占 GDP 的百分比偏高，加重了欧洲各国财政支出的负担。虽然由于 GDP 基数逐年增加，欧洲各国积极劳动力市场政策的支出占 GDP 的百分比呈逐渐缩小或基本稳定的趋势，但目前部分国家的比例仍然较高。比如 2015 年，丹麦支出比例为 2.05%，瑞典支出比例为 1.27%，法国支出比例为 1.01%。具体见表 10-6。

表 10-6　积极劳动力市场政策支出占 GDP 的比重　单位：%

年份＼国家	丹麦	瑞典	英国	西班牙	意大利	法国	匈牙利	德国	比利时
2001	1.80	1.48	0.30	0.72	0.60	1.13	0.46	1.24	0.83
2002	1.80	1.38	0.30	0.70	0.60	1.09	0.50	1.26	0.73
2003	1.70	1.07	0.40	0.69	0.60	1.03	—	1.21	0.76
2004	1.64	1.03	0.41	0.73	0.60	0.95	0.31	1.12	0.63
2005	1.53	1.10	0.39	0.76	0.54	0.89	0.32	1.11	0.65
2006	1.46	1.17	0.29	0.78	0.48	0.93	0.34	0.94	0.63
2007	1.27	0.97	0.29	0.77	0.44	0.92	0.34	0.85	0.64
2008	1.34	0.83	0.32	0.79	0.45	0.82	0.35	0.88	0.69
2009	1.61	0.92	0.39	0.84	0.45	1.01	0.47	1.00	0.73
2010	2.02	1.11	0.38	0.91	0.42	1.13	0.63	0.90	0.72
2011	2.02	1.16	0.23	0.87	0.41	0.93	0.48	0.77	0.72
2012	1.94	1.28	—	0.65	0.46	0.92	0.76	0.67	0.71
2013	1.93	1.35	—	0.51	0.43	0.95	0.88	0.64	0.72
2014	2.04	1.33	—	0.55	0.38	1.01	0.97	0.65	0.74
2015	2.05	1.27	—	0.60	0.51	1.01	0.90	0.63	0.72
2016	2.07	1.17	—	—	—	—	0.94	0.63	0.73

资料来源：http：//www.oecd-ilibrary.org/employment/public-expenditure-on-active-labour-market-policies_20752342-table9。

此外，欧洲积极劳动力市场政策地方化，如丹麦、荷兰等国家，并不是在所有国家都有效，如德国。积极劳动力市场政策地方化要依赖于中央政府的支持和地方政府的配合；而且，就业政策的实施应该是基于功能，而不是基于地理位置考虑，劳动力市场政策的地方化会在一定程度上阻碍劳动力的自由流动，影响统一劳动力市场政策优势的发挥。

三、新技术革命、经济全球化面临的挑战

（一）新技术革命对失业保险制度的挑战

20 世纪 70 年代中期，新科技革命改变了经济的增长模式，劳动者的数量不再是决定经济增长的主要因素，技术的发展和人力资本成为推动经济增长的主要力量。信息和生物工程等高科技广泛运用于生产，低技能工人面临失业风险，技术进步让没有任何技能的劳动者变得越来越难就业，传统行业的劳动者面临失业的风险更大，结构性失业严重，传统劳动者比往常更需要失业保护。技术的进步提高了生产效率，机器逐渐取代人力，欧洲国家的企业减少了用工需求，企业纷纷做出裁员的行为，出现大规模失业，导致失业率上升，失业人员对失业保险的需求变大。同时，大规模失业引发群众对政府的不满，不利于社会安定。

（二）经济全球化对失业保险制度的挑战

经济全球化改变了世界各国的劳动力市场结构和就业性质，经济全球化使人们比以往更需要失业保护。

首先，在经济全球化背景下，世界各国经济的竞争愈演愈烈，各个国家为了提高自身企业在国际上的竞争力，往往采取改善工艺技术，提高产品质量的方法。这样，势必导致技术密集型生产逐渐代替劳动密集型生产，机器取代人力则不可避免。其次，在经济全球化的趋势下，出现了可以对全球范围内的资源进行重新配置的跨国公司。这种形式有利于节约资源和提高生产效率，但这也意味着有限的工作岗位将在全球范围内进行重新配置。欧洲企业为了降低生产成本，追求利润的最大化，往往把一些劳动密集型的产业转向部分发展中国家。这些都给欧洲国家的就业带来更大的压力。

欧洲国家劳动者的失业风险加大，低技能工人面临着与机器和发展中国家工人的双重竞争。失业人员对失业保险的需求不断增加，而失业保险的实际供给却难以跟上需求的增速，失业保险制度需要不断完善。

第十一章

欧洲失业保险制度对我国的启示

第一节

我国失业保险制度的历史变迁

一、20 世纪 50 年代：萌芽阶段

新中国伊始，由于社会经济及政治变化剧烈，国家生活保障水平较低，仅城镇失业人口就高达 400 万人，并且由于失业制度不健全导致统计数据有失真实性，实际失业人口数额可能更大。为此，我国采取了一系列救济措施，为就业困难人群给予补贴，兴办国家工程，增加就业岗位。1950 年 6 月，《救济失业工人暂行办法》的发布，为失业人员的生活与再就业提供了保障。1951 年 2 月，政务院公布《中华人民共和国劳动保险条例》。20 世纪 50 年代初期，全国普遍建立了失业工人救济制度，有利于以后失业保险制度的建立。

二、20 世纪 80 年代：建立阶段

20 世纪 80 年代，我国进入了改革开放阶段，同时进行市场经济体制改革。1986 年 7 月，国务院颁布《国营企业实行劳动合同制暂行规定》等三项规定的同时还出台了《国营企业职工待业保险暂行规定》。该规定是我国失业保险制度的正式建立的标志，有利于完善社会保障体系。1986 年，第

六届全国人大常委会第十八次会议通过《中华人民共和国企业破产法（试行）》，并且表明国家应保障破产企业职工基本生活需要，采取相应措施帮助其实现再就业。由于社会主义社会失业问题是否存在尚不明确，因此当时被称为待业保险。

三、20世纪90年代：发展阶段

1993年，我国出现第三次失业高峰。为缓和失业现状，国家出台《国营企业职工待业保险规定》。该项规定是我国失业保险制度初步完善的标志。该项规定将试用范围由原规定所限定的范围扩大到七类人，统筹层次实行市、县统筹，并且根据社会救济水平来确定失业保险待遇。这些规定虽然有一定的进步，但仍然没能建立统一劳动力市场，无法实现统一的社会保障。1999年，国务院颁布适应我国基本国情的《失业保险条例》。该条例将失业保险覆盖范围扩大到城镇各类企事业单位；调整失业保险的缴费率，规定个人参与缴费；将统筹层次提高到市级统筹：北京、上海、天津、重庆四个直辖市实行全市统筹，设区的市即222个计划单列市和地级市也建立了全市统筹，其他包括自治州、地区、县级市的各个地区失业保险的统筹层次由各省、自治区决定；失业保险金的给付标准与最低水平工资和城镇居民最低生活保障线挂钩。

四、21世纪初：完善阶段

2002年，中央实施更加积极的就业政策。2005年，《关于进一步加强就业再就业工作的通知》表明，大力发挥失业保险中促进失业人员再就业的作用，科学地研究失业保险基金的试点工作。2008年，为应对国际金融危机的影响，稳定就业，降低失业率，我国实施“五缓四减三补贴”措施。2010年10月28日，《中华人民共和国社会保险法》正式通过，标志着我国社会保险体系走向稳定长效的发展阶段，为社会保险制度的完善设定了框架，也对其中的失业保险制度进行了微调。将失业保险制度的覆盖范围扩大到用人单位和职工；将职工医疗保险与失业保险挂钩，在享受失业保险待遇的同时享受国家医疗保险待遇。将失业保险制度与再就业制度相结合，保障失业人员重新就业，重新走上工作岗位，维护了社会的稳定。党的十九大报告表明，就业问题是最大的民生问题，要坚持实施就业优先战略，实施积极的就业政策。党和国家将就业问题视为国家大计，既要保障劳动者的生活水平，又要不断提高劳动者的技能素质，助力我国供给侧结构性改革，为企业减负，为全面建成小康社会做出贡献。失业保险促进就业功能越来越受到国家重视，相关法律制度也在不断地改进。

第二节 完善我国失业保险制度的必要性和可行性

一、完善失业保险制度的必要性

近年来，党中央和国务院非常重视我国失业保险制度的建设。2008 年 12 月，中央经济工作会议明确表示，失业保险制度的完善，不能仅仅局限于保障失业人员的基本生活，更重要的是要发挥失业保险基金促就业和预防失业的功能。2009 年 5 月 22 日，在中央政治局第十三次集体学习时，总书记也强调要完善失业保险制度，在保障失业人员基本生活的前提下，发挥失业保险基金促进就业、预防失业的功能，使更多的人回到就业岗位中去。2013 年，党的十八届三中全会作出的《中共中央关于全面深化改革若干重大问题的决定》明确，重点发挥失业保险制度促就业、防失业的作用，进一步完善就业失业监测和统计制度。党中央和国务院的决定，为构建我国保障基本生活、促进就业、预防失业“三位一体”的失业保险制度指明了方向。

（一）结构性失业现象突出

结构性失业是由于社会发展中经济结构、经济增长方式以及经济体制等的变动，使适龄就业人员在包括自身技能、经验、工种、知识、年龄、性别、主观意愿、地区等方面的供给结构与需求结构不一致而导致的失业。例如，由于生产流程与工艺发生重大变化，一部分人可能因缺乏新技能所需培训而出现的失业；或者在经济发展过程中，朝阳产业发展迅速，夕阳产业出现收缩，部分地区正在开发，另一些地区经济出现衰落而引起的失业；或者公司对年龄、性别和外来人口的歧视，也会造成结构性失业。在这种情况下，一方面有活无人干，一方面有人无活干，就会出现“失业”与“空位”并存的现象，即结构性失业。

随着我国化解产能过剩以及经济结构调整政策的实施，加上社会发展迅速，城市化进程加快，我国的结构性失业问题日益严重。一般而言，结构性失业问题难以治理，会加大我国整体性失业问题的治理难度。因此，应该充分重视我国的结构性失业问题，发挥好失业保险制度治理结构性失业的作用。

（二）失业保险制度改革发展的需要

我国的失业保险制度经过了多年的完善，无论从覆盖范围、基金规模还是发挥保障生活的功能方面都取得了重要成就，已经成功地从象征性的制度转变成了真实有效的制度，保障了企业的健康持续发展，保障了失业人员的基本生活水平，促进了经济的平稳健康发展，以及在维护社会稳定方面发挥了重要的作用。随着我国经济进入新常态，《中华人民共和国劳动合同法》和《中华人民共和国就业促进法》的贯彻实施，以及社会主义市场经济的进一步完善和国有企业的改革速度不断加快，失业保险制度“重视生活保障，轻视就业促进”的政策取向需要进一步调整，需要更加体现“以人为本”的理念。通过失业保险政策的实施，促进失业人员人力资本的积累，提升失业人员的工作能力，增加失业人员的工作机会。与此同时，国家不能仅仅对失业人员进行生活上的救济，还应该制定各种政策来进一步促进失业人员就业，保障失业人员就业的稳定。随着社会的不断发展，社会保障制度应该有所适应和改变，不能仅仅重视失业后的生活救济，还应该将促进就业、预防失业和保障生活三者有机结合起来，以缓解失业问题。因此，随着人民生活水平的不断提高，失业保险的功能也应该不断完善，在改革发展中充分发挥失业保险“三位一体”的功能。

（三）实施积极就业政策的需要

近些年，我国不断出台一系列的扩大就业以及预防失业措施，取得了良好的效果。失业保险制度是我国必不可少的一项社会制度，失业保险从一产生就与就业息息相关。失业保险制度是积极就业政策中的重要组成部分，其“三位一体”功能的充分发挥，直接影响我国扩大就业和控制失业宏观目标的实现。党的十八大报告中明确指出，要发挥失业保险对于就业的促进功能。充分发挥失业保险制度“三位一体”的功能，必须要对失业保险基金的支出结构加以优化，并合理确定失业保险基金的支出项目。将失业保险基金的使用范围扩大到预防失业和促进就业上来，可以从源头上扼制失业现象的发生。这也为失业保险制度拓宽功能奠定了理论基础。

二、完善失业保险制度的可行性

（一）失业保险基金结余规模较大

失业保险基金收入由2002年的213.4亿元扩大到2013年的1289亿元，失业保险基金支出规模由2002年的182.6亿元扩大到2013年的532亿元，分别增长了5.04倍和1.91倍，进而造成了基金累计结余由2002年的253.8亿元上升到2013年的3686亿元。经过十几年的发展，失业保险基金累计结余年平均增长率达到27%。[①] 截至2014年11月，我国失业保险基金累计结存超过4300亿元。国务院决定，将失业保险费率由失业保险条例规定的3%统一降至2%。另外，自2008年金融危机以来，为缓解经济增长压力对劳动力市场的冲击，中央出台“援企稳岗”政策，促使参加失业保险的人数增多，领取失业保险金的数量减少。在这两方面的共同影响下，我国的失业保险金逐渐膨胀。2016年失业保险基金结余5235亿元，2017年失业保险基金结余5552亿元，2018年5月底失业保险基金结余超过5600亿元。从全国范围来看，由于我国各地区经济发展不平衡，失业保险基金结余也存在分布不均衡的现实问题。但从整体来看，失业保险基金结余是普遍存在的现象。这就为扩大失业保险制度的覆盖范围，充分发挥失业保险制度功能奠定了资金基础。

近年来，虽然失业保险基金的总量在不断地扩大，但失业保险基金总支出占基金总收入的比重、失业保险基金支出占基金总支出的比重都在不断下降。失业保险基金总支出占基金总收入的比例，由2002年的85.6%下降到2013年的41.3%。[②] 从某种意义上说，失业保险基金的收入和支出非常不均

---

① 数据来源：各年度人力资源与社会保障公报。

② 根据各年度人力资源与社会保障公报数据计算得到。

等，可能存在一系列的问题，比如缴费过多或者保障不足。失业保险基金支出中的保障生活支出部分占基金总支出比重由2002年的64%下降到2011年的36.9%。[①] 这表明，在我国的失业保险基金总支出中，最主要的功能性支出比重也在不断的下降。而失业保险基金的使用范围有限，没有更多地应用于预防失业等领域，造成失业保险基金结余不断增加。虽然我国为了提高失业保险基金的使用效率，多次调整了失业保险基金支出范围和待遇水平，但从目前的数据来看，将失业保险基金用于促进就业的功能并没有充分发挥出来，需要拓展失业保险功能，进一步发挥失业保险基金的使用效率。目前，我国部分地区还开展了扩大失业保险基金使用规模的试点工作。例如，2005年国务院发布的《关于进一步加强再就业工作的通知》要求，从2006年1月起，北京、广东、福建、江苏、浙江、山东、上海等7个省、直辖市开展适当扩大失业保险基金的覆盖范围的试点工作。试点地区可以将失业保险基金用于领取失业保险金期间的失业人员的职业培训补贴、职业介绍补贴、社会保险补贴、岗位补贴和小额担保贷款贴息支出等。几年后，这些试点省市不断扩大失业保险基金支出的范围，在一定程度上积累了防失业、促就业的经验。此外，其他大部分省份也探索将失业保险基金用于促进就业和稳定就业方面，为扩大失业保险基金的适用范围，进一步发挥失业保险功能奠定了实践基础。

（二）劳动力市场的灵活程度提高

全球化背景下，各个国家劳动力市场都在进行灵活化改革。劳动力市场灵活化就是政府和工会放松管制，不过多干预劳动力市场，使劳资双方能够按照劳动力市场的供求关系来决定劳动者的雇用以及工资标准、福利待遇、工作时间、辞退和劳动保护等。劳动力市场的灵活化改革使灵活就业人员的数量增加。为保障灵活就业人员的生活以及促进该群体的就业就成为当前的社会热点问题，因此，推动失业保险制度充分发挥“三位一体”的功能势在必行。

---

① 杨翠迎，冯广刚．我国失业保险金功能异化及失业贫困问题分析——基于社会保障待遇梯度的比较视角［J］．云南社会科学，2014（1）：155-161.

三、失业保险制度的功能定位

（一）促进就业

根据《中华人民共和国就业促进法》，国家必须完善失业保险制度，依法保障失业人员享有基本的生活，并促进失业人员再就业。失业保险制度促进就业主要表现在拓宽再就业资金补助渠道、支持参保单位开展转岗培训，同时大力支持失业人员自主创业、灵活就业，进一步完善公共就业服务机构职能，拓展就业服务指导形式，加强职业技能培训，增强就业扶持力度，确保失业人员不受阻碍地获得就业信息。

（二）失业动态监测

失业动态监测机制建设能够通过对因生产经营发生严重困难、破产关闭或破产重整、停业整顿、企业外迁、转产、重大技术革新或者经营方式调整等造成就业人员减少的部分企业进行重点监测。通过加强失业调控，及时采取应对措施，能够将城镇登记失业率控制在合理的范围内，稳定就业局势，促进经济社会的协调发展。因此，建立失业动态重点监测制度，有利于及时掌握经济波动期失业的变化情况，有针对性地预防和调控失业，促进和稳定就业。

（三）保障生活、预防失业、促进就业一体化

失业会严重浪费人力资本，长期失业还会造成人力资本贬值，产生社会排斥现象，对于社会发展具有明显的消极作用。所以，就业是最好的社会政策，保障生活、预防失业、促进就业一体化是新时代赋予失业保险制度的重要功能。在社会主义市场经济条件下，失业保险制度的改革就是要从单一的生活救济向“三位一体”功能转变，实现从单一向综合性转化，全方位地预防失业和促进就业。

从优先就业的角度考虑，失业保险基金的使用范围不应该只用于失业人员失业后的生活救济，而应该提前预防。失业保险基金支出要用于增加我国的失业人员的人力资本存量，促进失业人员再就业能力的提升，增强被保险人员的就业稳定性等方面。失业保险基金要充分发挥保障失业人员基本生活的需要，

促使失业人员重新回到工作岗位中去，以及预防就业人员再失业的的三重作用。2013年党的十八届三中全会作出的《中共中央关于全面深化改革若干重大问题的决定》明确指出，增强失业保险制度预防失业、促进就业功能，完善就业失业监测统计制度。这为完善失业保险制度的功能提供了重要依据。

第三节

我国失业保险制度运行评价

一、失业保险制度保障生活功能评价

（一）覆盖率较低

1. 失业保险制度的覆盖范围

根据《失业保险条例》，城镇企业事业单位和城镇企业事业单位的职工必须要缴纳相应的失业保险费。城镇企业事业单位的失业人员可以根据规定，享受相应的失业保险待遇。这里的城镇企业，既包括国有企业、城镇集体企业、外商投资企业，也包括城镇私营企业以及其他的城镇企业。2010年颁布的《中华人民共和国社会保险法》从法律层面上规定失业保险制度的覆盖范围应该与其他四项社会保险制度的覆盖范围相同，但没有明确失业保险制度的适用对象。从具体实施情况来看，我国仍有部分人群没有被纳入失业保险制度覆盖范围。

首先，我国的《失业保险条例》虽然把事业单位纳入到了失业保险参保范围，但实际实施过程中公务员和参照公务员法管理的工作人员并没有纳入失业保险制度中。

其次，隐性就业劳动者或者没有签订书面劳动合同的从业人员，很难被失业保险制度覆盖。例如，农民工群体大多数在城市中从事劳动密集型的产业，这种工作的失业风险较大，但却没有包含在失业保险制度中。数据表明，被失业保险制度覆盖的农民工除2013年达到13.9%，2014年达到10.5%以外，其他年份均不足10%。[①]

社会保障绿皮书《中国社会保障发展报告（2013）》指出，我国的失业保

① 数据来源：各年度全国农民工监测调查报告。

险覆盖范围比较狭窄，没有包括农民工以及其他灵活就业群体，下一步要将农民工和其他灵活就业群体纳入到失业保险的覆盖范围中。根据报告显示，中国失业保险制度在不同群体的覆盖面差距较大，国有企业失业保险覆盖率为66.98%，集体企业失业保险覆盖率为22.8%，私营企业失业保险覆盖率为11.1%，个体工商户失业保险覆盖率为2.7%。按照国际劳工组织《社会保障最低标准公约》规定，失业保险覆盖范围在全体雇员中应不低于50%。由此可以看出，我国的失业保险制度的覆盖率相对偏低。

2. 失业保险制度的参保覆盖率

失业保险制度的参保覆盖率是衡量失业保险是否“应保尽保”的重要依据。从理论上讲，城镇就业群体属于失业保险制度的参保对象，但在现实情况中，我国失业保险制度的覆盖范围仍显不足，如表11－1所示。城镇就业人数和失业保险制度的参保人数两者都呈现增长趋势。近年来，失业保险总体参保人数不断增长，但增长率呈现波动增长，2015年失业保险参保人数增长率仅为1.66%，为近年来最低。另外，从失业保险参保覆盖率来看，失业保险的参保人数和城镇就业人数的比重基本上每年都保持在40%左右，在2011年更是下降到了40%以下，并未真正实现“应保尽保”。

表11－1　　失业保险的参保覆盖率　　单位：万人，%

年度	城镇就业人数		失业保险总体参保情况		失业保险参保覆盖率
	人数	增长率	人数	增长率	
2008	30210	2.90	12400	6.50	41.05
2009	31120	3.00	12715	2.50	40.86
2010	32288	3.80	13376	5.20	41.43
2011	35914	11.2	14317	7.00	39.86
2012	37102	3.30	15225	6.30	41.03
2013	38240	3.10	16417	7.80	42.93
2014	39310	2.80	17043	3.80	43.35
2015	40410	2.80	17326	1.66	42.86
2016	41482	2.65	18089	4.40	43.60
2017	42462	2.36	18784	3.84	44.24

资料来源：根据2008～2017年《人力资源和社会保障事业发展统计公报》计算（这里计算的失业保险参保覆盖率未扣除机关公务员）。

3. 失业保险制度的受益覆盖率

失业保险制度的受益覆盖率是指当年失业保险金的领取人数占当年登记失业人数的比重。2008 年以来，我国城镇登记失业人数逐年缓慢增加。一般来讲，随着城镇登记失业人数的增加，领取失业保险金的人数也会相应的增加。但是，在我国失业保险制度参保覆盖率相对较低的情况下，领取失业保险的人数却逐年下降。2008～2018 年以来，失业保险制度的受益覆盖率均不足 30%，且基本呈逐年下降的趋势，如表 11－2 所示。主要原因包括两个方面：一是登记失业人员有可能并没有参加失业保险；二是参加了失业保险的人员在失业时并未全部享受到失业保险待遇。这种情况与我国失业保险制度的设计有一定关系。根据我国《失业保险条例》的规定，享受失业保险待遇必须同时满足三个基本的条件，一是非自愿的失业，二是缴纳失业保险费满 1 年，三是失业人员必须进行失业登记且有再求职的意愿。这在一定程度上造成了失业保险的受益覆盖率较低。

表 11－2　　失业保险的受益覆盖率　　单位：万人，%

年度	失业保险金领取人数	登记失业人数	失业保险受益覆盖率
2008	261	886	29.5
2009	235	921	25.5
2010	209	908	23.0
2011	197	922	21.4
2012	204	917	22.2
2013	197	926	21.3
2014	207	952	21.7
2015	227	966	23.5
2016	230	982	23.4
2017	220	972	22.6
2018	223	974	22.9

资料来源：根据 2008～2018 年《人力资源和社会保障事业发展统计公报》计算。

（二）保障程度低

失业保险制度的保障程度是指失业保险制度在多大程度上能够保障失业人员的基本生活需要。失业保险制度的保障程度是衡量失业保险制度的重要指标。根据《失业保险条例》，失业保险制度的保障程度由省、自治区、直辖市的人民政府按照低于当地最低工资标准、高于城市居民最低生活保障标准的水平确定。通过研究失业保险金的替代率水平，可以得出我国不同时期的失业保险水平；通过分析失业保险金支出的规模与结构，可以反映不同时期失业保险制度用于保障生活方面的支出规模以及失业保险金各项支出的比重。

1. 失业保险金的替代率水平

根据表 11 - 3 数据分析，从 2008 ~ 2016 年我国失业保险金替代率水平来看，我国失业保险金的替代率平均水平为 18.3% ~ 19.7%，增长非常缓慢。而在国际上，失业保险基金的替代率水平一般为在职职工工资的 50%。另外，虽然同时期失业保险金的人均发放金额也在增长，有时高于在岗职工平均工资的年均增涨速度，但由于存在 3% 左右的通货膨胀率，反而使得失业保险基金的替代率水平呈不断下降趋势。由此可以看出，我国的失业保险金替代率水平比较低，失业保险的保障程度不高。

表 11 - 3　　人均失业保险金、在岗职工平均工资情况　　单位：元/年，%

年度	人均失业保险金		在岗职工平均工资		替代率
	金额	增长率	金额	增长率	
2008	5346.2	18.1	29229	17.2	18.3
2009	6202.5	16.0	32736	12.0	18.9
2010	6720.0	8.3	37147	13.5	18.1
2011	8114.4	20.8	42452	14.3	19.1
2012	8886.9	9.5	48395	14.0	18.4
2013	10316.7	16.1	52379	8.2	19.7
2014	11269.5	11.1	57346	9.5	19.7
2015	11885.5	5.5	63241	10.3	18.7
2016	12578.2	5.8	67569	6.8	18.6
2017	—	—	74318	9.9	—

资料来源：各年度《中国劳动统计年鉴》以及国家统计局网站等，部分数据根据增长率测算得到。

2. 失业保险金的支出规模与结构

失业保险制度最基本的功能是为失业人员提供基本的生活保障。由表 11 - 4 的数据可知，虽然我国的失业保险金在保障生活方面的支出以及失业保险金的总支出规模都呈增长趋势，但是失业保险基金在保障生活方面的支出占失业保险金总支出的比重却呈逐年下降的趋势。此外，我国的失业保险金用于保障基本生活方面的支出和失业保险基金支出总额的增长都相对缓慢，造成了我国失业保险基金的结余呈逐年增加的趋势。这一现象也反映出我国的失业保险金用于保障基本生活方面的支出水平较低、基金的支出规模较小等问题。从表 11 -4 的失业保险金支出的结构中可以看出，失业保险金用于保障基本生活方面的支出占失业保险基金总支出的比重呈下降趋势，这表明失业保险用于保障基本生活的功能还没有完全发挥出来。

表 11 -4　　失业保险基金收支和结余情况　　单位：亿元/年，%

年度	失业保险金支出（保障生活）		滚存结余		失业保险基金总收入	失业保险基金总支出	失业保险金支出比例
	金额	增长率	金额	增长率			
2006	126	-4.98	708	39.65	385	193	65.3
2007	129	2.86	979	35.09	412	218	59.2
2008	140	7.81	1310	33.81	585	254	55.1
2009	146	4.52	1524	16.30	580	367	39.8
2010	140	-3.07	1750	14.85	650	423	33.1
2011	160	13.89	2240	28.03	923	433	37.0
2012	181	13.1	2930	30.75	1139	451	40.1
2013	—	—	3686	25.80	1289	532	—
2014	—	—	4451	20.75	1380	615	—
2015	—	—	5083	14.20	1368	736	—
2016	—	—	5333	4.92	1229	976	—
2017	—	—	5552	4.11	1113	894	—

资料来源：各年度《中国劳动统计年鉴》以及相关新闻报道测算。

二、失业保险制度促进就业功能评价

虽然针对经济形势出台了一些促进就业政策，但由于我国失业保险基金支出范围有限，失业保险基金结余不断增加。从表 11 -4 中的数据可以看出，除 2016 年和 2017 年度失业保险基金结余增长率相对较低之外，其他年度基金结余增长率均较高，甚至达到近 40%，说明基金结余规模增长较快，失业保险基金没有更多的支出渠道用于促进就业。

按照《失业保险条例》规定，失业保险基金的支出范围包括职业介绍补贴和职业培训补贴。从表 11 - 5 可以看出，2008 ~ 2016 年，在职业介绍机构中，职业介绍成功率仅在 50% 左右，基本呈下降趋势。这表明了我国在促进失业人员再就业方面虽然取得了一定的效果，但是仍然需要进一步提高职业介绍成功率。

表 11 - 5　　职业介绍成功率　　单位：%

年度	2008	2009	2010	2011	2012	2013	2014	2015	2016
成功率	68.0	48.9	47.4	46.2	45.2	43.7	42.0	41.4	37.3

资料来源：根据 2008 ~ 2017 年《中国劳动统计年鉴》数据计算所得。

三、失业保险制度预防失业功能评价

（一）失业保险制度预防失业的方式

我国社会经济不断发展，但同时也存在局部产能过剩问题，在解决产能过剩，进行深层次经济结构调整的过程中，失业问题逐渐凸显，解决失业问题越来越受到重视。利用较为完善的失业保险制度预防失业是欧洲发达国家的主要做法。我国失业保险制度起步较晚，于 1999 年 1 月 20 日第一次明确将“待业保险”更名为“失业保险”并颁布《失业保险条例》；2011 年 7 月实施《中华人民共和国社会保险法》，进一步明确了现行失业保险制度的覆盖范围、缴费规定、享受待遇条件、待遇项目及标准、基金支付范围、关系转移接续等。总体来说，我国失业保险制度虽然有了一定的发展，但是还有很多不足之处，尤其在预防失业方面。例如，对于某些因国际国内经济形势或其他特殊情况下不得不缩小经营规模的参保缴费企业，可通过多种方式给予扶持。政府可以通过失业保险基金资助方式对其多余的职工进行转岗培训，实施岗位补贴、社保补贴或工资补贴等措施，以及降低社会保险费率和缓缴社会保险费等政策。进一步发挥失业保险制度预防失业功能，必须通过扩大失业保险基金的使用范围，援企稳岗，充分利用失业调控和失业监测等手段。

（二）失业保险制度预防失业的成绩

我国失业保险制度从目前政策规定上看覆盖对象是城镇就业人员，在城镇就业的农民工也在覆盖范围之内。针对我国凸显的失业问题，在人力资源和社会保障部门的指导下，各地积极发挥失业保险制度的功能，采取了一系列措施预防失业，并取得了一些成绩。

首先，受益群体规模扩大，受益对象范围拓宽。针对我国目前部分产能过剩，失业尤其是结构性失业凸显，城镇化进程不断加快，经济结构不断优化的具体情况，失业保险的服务对象和就业帮扶政策也在不断调整，失业保险支出的保障群体范围也不断地调整扩大。总之，失业保险受益群体扩大了，覆盖了更多的就业困难人员，从城镇失业人员逐步扩大到履行过缴费义务的城镇失业人员和用人单位。同时，在权利义务相对等原则逐步凸显的基础上，失业保险基金重点保障低保家庭、大龄失业人员、零就业家庭和残疾人等帮扶对象。

以农民工失业保险参保情况为例，我国 2008 年参加失业保险的农民工人数为 1549 万人[①]；2013 年参加失业保险的农民工人数为 3740 万人，比 2012 年末增加 1038 万人；全年共为 77 万名劳动合同期满未续订或提前解除劳动合同的合同制农民工支付了一次性生活补助。[②] 2014 年，参加失业保险的农民工人数为 4071 万人，比 2013 年末增加 331 万人，是 2008 年的 2.63 倍，农民工参保率达到 14.9%；全年共为 78 万名劳动合同期满未续订或提前解除劳动合同的合同制农民工支付了一次性生活补助。[③] 而到了 2017 年，参加失业保险的农民工人数为 4897 万人，比 2016 年末增加 238 万人，是 2008 年的 3.16 倍，农民工参保率达到 17.1%。可见，农民工参保率呈现逐年增加的趋势，具体如表 11－6 所示。

表 11－6　　农民工失业保险参保情况　　单位：万人，%

年度	农民工总人数	参保农民工人数	农民工参保率
2008	22542	1549	6.9
2009	22978	1643	7.1
2010	24223	1990	8.2
2011	25278	2391	9.5
2012	26261	2702	10.3

① 数据来源：《2008 年度人力资源和社会保障事业发展统计公报》。

② 数据来源：《2013 年度人力资源和社会保障事业发展统计公报》。

③ 数据来源：《2014 年度人力资源和社会保障事业发展统计公报》。

续表

年度	农民工总人数	参保农民工人数	农民工参保率
2013	26894	3740	13.9
2014	27395	4071	14.9
2015	27747	4219	15.2
2016	28171	4659	16.5
2017	28652	4897	17.1

资料来源：根据2009～2017年《人力资源和社会保障事业发展统计公报》计算。

其次，失业保险基金的支出范围不断扩大。我国失业保险制度鼓励灵活就业和自主创业，鼓励通过创业带动就业。因此，失业保险基金的使用范围不断扩大。尤其是在2009年后，失业保险基金增加了一些支出项目，主要是人力资源市场信息网络建设和公共实训基地的建设等方面。比如浙江省，2012年将失业保险基金促进就业经费扩大到档案代管补贴、职业介绍补贴、高校毕业生见习补贴、职业指导培训补贴、职业技能鉴定补贴、职业培训补贴、在岗转岗培训补贴、用人单位稳定就业的社会保险补贴、用人单位稳定就业岗位等岗位补贴、创业培训补贴、创业补贴、人力资源市场信息网络建设补贴、小额担保贷款贴息，以及经省级人民政府批准的与促进就业、预防失业有关的其他支出。同时，其他未列入试点的部分省市，也根据本省市的实际情况，开始适度扩大失业保险基金的支出范围。以湖南省为例，在2012年将失业保险基金支出范围扩大到转岗培训补贴、岗位补贴、预防失业与失业人员服务费用支出。失业保险基金支出总额控制在上年度基金收入的20%以内。河北省也积极探索拓宽失业保险基金的有效使用，采取多种措施稳定岗位。对于因实施产业结构调整政策而导致经营受到严重影响的企业，在其依法参加失业保险并连续缴费1年以上且无欠缴，无裁员或裁员20人以内且裁员人数占企业职工总人数比例不超过10%的情况下，给予稳定岗位补贴，该补贴主要包括转岗培训补助、岗位补助和社会保险补助。稳定岗位补贴由失业保险基金支付。[①] 河北、内蒙古等省份，还为失业人员发放取暖补贴。湖北、陕西等省份，将对用人单位发放的稳岗补贴标准提高到该单位上年度失业保险缴费额的40%。此外，甘肃省积极探索合理运用失业保险基金来促进失业人员尽快就业，并解决失业

① 资料来源：调结构企业不裁员可获补贴［N］．河北青年报，2014－04－17．

人员医疗保险问题等。[1] 全国上下进行的一系列积极的探索尝试与应用为拓宽失业保险基金使用范围以及充分发挥其预防失业功能起到了重要的作用。

第四节

我国失业保险制度面临的障碍及其原因

一、失业保险制度面临的障碍

（一）针对“促就业、防失业”功能的投入不够

我国失业保险基金的使用，在“促就业、防失业”方面虽有拓展，但支出额度并不算多，支出的失业保险费用主要用在了保障失业人员的基本生活上。以援企稳岗政策为例，其中仅有社会保险补贴和岗位补贴用在稳定就业和预防失业的项目上。根据我国《失业保险条例》规定，失业保险基金的支出项目仅包括：领取失业保险金期间失业人员的失业保险金；医疗补助金；死亡失业人员的丧葬补助金和其供养的配偶、直系亲属的抚恤金；失业人员接受职业培训、职业介绍的补贴；国务院规定或者批准的与失业保险有关的其他费用。可见，我国失业保险针对“促就业、防失业”功能发挥的投入还远远不够。

（二）基层失业保险费征缴存在困难

我国的市场经济体制逐步建立和发展起来，但还是有很多企业不能及时调整经营管理机制以适应市场经济的要求，出现经营管理不善、效益下降、不能按时发放职工工资等现象。在这种情况下，这些企业显然没有能力按时足额缴纳失业保险费用，造成了欠缴失业保险费时间长、数额多等严重状况。个别自收自支的事业单位也因经营不善，创收能力有限，无力正常缴纳失业保险费用。部分靠财政拨款的机关事业单位也有因专项资金拨付不到位，而无法正常缴纳失业保险费用的现象。

---

① 卫小春．扩大我国失业保险基金支出范围［EB/OL］．http：//www.xiangrikui.com/shehuibaoxian/shiyebaoxian/20140310/366967.html，2014－03－10.

从整体上讲，我国公有制企业参保缴费情况较好，民营企业、个体企业因种种原因参保缴费率普遍偏低。很多民营企业的企业主参保缴费意识不高，个体企业经营形式灵活，组织分散，人员流动性较大，使得失业保险扩面征缴存在一定困难，征缴成果也难以巩固。此外，还有一些企业存在重养老轻失业的思想，这些也不利于企业及时参保缴费。

（三）权责不一致影响失业保险功能发挥

按照《失业保险条例》，各区县级经办机构负责失业保险基金的征缴管理、失业人员失业保险的核定和发放，以及为失业人员提供免费政策咨询和再就业服务工作。同时，按照《失业保险条例》规定，失业保险基金在直辖市和设区的市实行市级统筹；失业保险基金若出现缺口，由市财政补贴兜底。可以看出，各市和各区县的权责是不一致的。各区县级经办机构负责按照规定征缴费用，以及负责失业人员的再就业，而具体支出政策则来自于市级机构，这种事权与财权的不对等不利于失业保险促进就业、预防失业政策的具体实施，从而制约失业保险制度功能的正常发挥。

（四）用人单位及职工对失业保险功能缺乏了解

有些用人单位和职工对失业保险促进就业、预防失业的功能不够了解。促进就业、预防失业是失业保险的重要功能，而且也得到了国际社会的普遍认可，是失业保险制度发展的新趋势。如果此功能发挥得当，可以在一定程度上防止企业职工在企业生产经营困难时进入失业状态，对于已失业人员也可以起到促进就业的作用。

对于按时缴费参保的企业和职工来说，如果没有失业发生，自然不能享受到失业保险的待遇，失业的概率显然没有变老的概率大，可能也没有医疗保险的使用频率高，这些可能会使一部分人觉得“亏”，因此导致许多用人单位和职工个人缴费积极性不高，认为缴纳太多而享受很少。这些用人单位和职工个人，尤其是部分机关事业单位，对失业保险意义的认识不够，没有从社会全局的角度来考虑失业保险的重要性。部分单位认为职工不存在失业的风险，缴纳失业保险只是白做贡献，付出太多而得到很少，缴纳只是没有必要的浪费，导致失业保险基金规模受到影响，从而影响了失业保险功能的发挥。

二、失业保险制度面临障碍的原因

（一）失业保险基金支出结构不合理

首先，我国的失业保险基金主要用于保障满足领取失业保险金待遇条件的失业人员的吃、穿、住、用等基本生活的需要，通常以生活费补贴、医疗费补贴、生育补助金和丧葬抚恤金为主。由于失业保险基金规模有限，故而失业保险基金用于促进就业和预防失业的额度不足。其次，在非常有限的促进就业的项目中，由于项目本身的不完善，使得部分促就业项目即使有失业保险基金支持也无法顺利实施。最后，由于我国的公共就业服务体系不够完善，实际上每年通过失业保险促进就业项目重新就业的失业人数并不多，这也是我国失业保险基金关于促就业防失业方面支出规模偏低的原因之一。总之，失业保险基金支出结构不合理，阻碍了失业保险防失业功能的有效发挥，不利于缓解失业问题。

（二）认识上存在偏差，参保率偏低

失业保险的风险发生率远远不及养老保险与医疗保险，因此，可能出现越是经营状况良好的企业缴费积极性越不高的现象。由于缺乏对失业保险的充分了解和认识，有些用人单位对非正规就业人员的参保不够重视，再加上这部分就业人员的流动性大，管理起来难度很大，这些都造成失业保险参保率偏低。我们应当以法律为依据，加强管理以及宣传，从各方面入手设法提高失业保险的参保率。

（三）基层政府责任不明确

由于失业保险费用的征缴与管理涉及不同的部门，职能界定存在交叉或不清晰状况，导致对于企业欠缴保险费问题处理不到位，历史遗留问题严重。没有能够及时对欠缴失业保险费情况进行全面检查，建立清欠目标责任制，制定补缴计划，从而造成失业保险拖欠问题严重。

（四）统筹层次低，跨省转移渠道不畅通

目前我国失业保险制度的统筹层次处在市县级层面，统筹层次较低，参加

失业保险虽不受本人户籍所在地限制，但是一旦失业办理领取失业保险金手续时，需要在单位所属地办理，相关的补助、津贴也由所属统筹区域的失业保险相关机构发放。如果失业保险参保人变动工作单位在异地跨统筹区域重新就业，就会涉及失业保险关系转移接续问题，统筹层次越低，这一问题就越突出。关于失业保险关系转移接续问题，《失业保险条例》中有一些关于办理程序的说明。但在失业保险基金能否转移方面规定的不够细致，导致劳动力跨省转移渠道不通畅。

第五节

完善我国失业保险制度的对策

一、完善失业保险制度保障生活功能的对策

（一）进一步扩大制度覆盖面

依照国际劳工组织颁布的《社会保障最低标准公约》的有关规定，失业保险覆盖率占全体劳动力的比例应当不低于50%。在欧洲，尤其是英国和德国，失业保险覆盖率已经分别达到全部劳动力的86%和68%。我国还远没有达到这一水平。因此，我国当前的主要任务是扩大失业保险制度的覆盖面。

我国的失业保险既要覆盖城镇企事业单位职工，也要覆盖乡镇企业的职工和进城务工的农民工，同时也要覆盖跨区域流动的劳动力。通过建立失业保险制度使得更多失业者得到生活保障，才能保障社会公平，减少失业对国家政治和经济产生的负面影响。按照统筹城乡就业发展与基本建立覆盖城乡居民的社会保障体系的总体要求来看，扩大失业保险制度覆盖面，将所有具有失业风险的人员尽力纳入参保范围内，已经成为重中之重。目前，失业保险应逐步扩大到以下四类人群：第一类，国家机关和参照公务员制度管理的机关工勤人员；社会团体及其专职人员，民办非企业单位及其职工；部队所属机关、事业单位中的无军籍职工；有雇工的城镇个体工商户及其雇工。第二类，城乡的各类企业，主要是乡镇企业及其员工。第三类，城乡劳动力市场统一后进城务工人员。第四类，灵活就业人员。《中华人民共和国社会保险法》为扩大失业保险制度覆盖面提供了法律依据。根据《中华人民共和国社会保险法》相关的规

定，没有雇工的个体工商户自愿参加社会保险，未在用人单位参加社会保险的非全日制从业人员以及其他灵活就业人员，应主动向社会保险经办机构办理社会保险登记。失业保险覆盖的范围越来越广，但是仍然不够，持续扩面还将是一个长期的过程。

（二）确定合理的失业保险待遇

首先，要根据实际情况制定合理的缴费标准，并逐步改革失业保险待遇的计算依据。在保证失业者基本生活得到满足以及在失业保险金的可承受范围内，失业保险待遇应与本人缴费水平、缴费年限和实际工资水平挂钩，确保失业保险权利与义务二者相统一。其次，领取失业保险金期间重新就业的失业人员，可以一次性领取剩余期限的失业保险金，也可以保留尚未享受的失业保险待遇期限，等到重新就业并参保后连续计算缴费的期限，而不是按照现在的规定，一旦失业人员在领取失业保险金期间重新就业，即刻中止失业保险金的领取；经认定再次失业且没有参保的，应当可以享受剩余期限的失业保险待遇。最后，建立失业救助和失业保险制度并存的模式。长期失业等其他未能享受失业保险待遇的失业人员以及没有被失业保险覆盖的非正规就业人员是失业救助制度的重点保障对象。

二、完善失业保险制度预防失业功能的对策

（一）完善法律法规并明确失业保险基金支出项目

2019 年以来我国持续推进供给侧结构性改革，从中央到地方都将供给侧结构性改革作为主线，持续将改革推向纵深，着重于破解我国经济运行中的结构性矛盾和问题。将环境污染型、资源消耗严重的企业进行升级改造等，需要增加失业保险基金支出项目，扩大项目覆盖范围，建立预防失业机制，运用失业保险基金稳定就业、预防失业。针对企业而言，具体来说包括以下几点。

第一，规范培训类补贴。一是规范转岗培训补贴。对于积极组织单位富余人员进行转岗培训，培训后安置人数达到法律法规规定的比例，并且按规定参加社会保险的，可由失业保险基金根据其实际承担的转岗培训成本予以补贴。二是规范一般技能与特殊技能培训补贴。对为提升职工技能进行培训且按时足额缴纳社会保险费的企业给予培训补贴。

第二，完善社会保险补贴。凡是推进节能减排实现升级转型且积极开展失业预防工作，采取稳岗措施的企业，可以按照单位实际缴纳社会保险的人数，对单位缴纳部分按单位实际缴纳数额的一定比例予以补贴，并在相关法律法规中明确加大对该类企业的支持力度。

第三，适时增设岗位补贴或者工资性补贴。法律法规中应该明确，在经济萧条期间，对采取缩短工时、适度降低工资但尽量不裁员且参加社会保险的企业，可按规定享受岗位补贴或者工资性补贴。对聘用“长期失业人员”和“特困家庭失业人员”的企业，给予岗位补贴或者工资性补贴。

第四，创造就业机会补贴。主要对在就业特别困难地区创造就业岗位的企业给予补贴。对于通过创业带动就业的，设立创业资助项目补贴计划。

另外，还可以针对个人进行补贴。比如，设立异地就业补贴和建立青年支持计划。鼓励长期失业人员异地就业、大学生扶持基层或贫困边远地区就业等，在住房、交通、通信等各个方面进行补贴。针对各国普遍出现的青年失业问题，我国可以借鉴欧洲经验，设立青年实习补贴、青年求职补贴、青年创业补贴、社保缴费补贴等项目，帮助青年充分就业。

（二）建立失业预防基金并明确基金的来源与支出方向

失业预防基金是指从失业保险基金中提取一定比例用于预防失业的专项基金。失业预防基金的用途在于防止大规模失业。例如，由于重大自然灾害、重大疫情、金融危机等突发事件造成的就业局势不稳定。在当前我国的失业保险基金呈现出不断增长趋势的情况下，可以将其中一部分基金按照一定的比例提取建立失业预防基金。

（三）建立“失业监测—失业预测预警—失业调控”立体动态模式

建立失业监测有利于发挥对失业人员以及失业保险效果的监督管理，及时发现问题并及时处理问题。失业监测包括失业保险监测和失业保险动态重点监测两方面。失业保险监测是通过金保工程的失业保险支付系统对登记失业人员的信息进行归纳整理和分析。失业保险动态重点监测是利用国家人力资源和社会保障部专门开发的失业保险动态重点监测系统软件，对不同地区不同行业的重点企业的岗位流失与岗位增加情况进行研究，并形成分析报告。

失业预测预警，包括失业预测和失业预警两方面。失业预测是指利用对失业监测提供的信息，研究把握就业、失业之间的转换规律，对未来失业状况预先做出推测和判断。失业预警是通过对反映就业、失业状况的监测指标进行跟踪分析，在监测指标达到或接近设定的失业预警线时，进行事先预报。根据失业预测，用人单位可以通过适当缩短工时、降低工资、轮流上岗、组织实施待岗转岗培训等多种方式，预防较大规模的失业。根据失业预警，政府部门可以采取财政、税收、社会保障等综合性政策措施，避免出现较大规模的失业。

失业调控包括失业调节和失业控制两方面。失业调控的目的是有效控制失业人数过快增长，避免失业群体过于集中，保障失业人员基本生活并促进其再就业，缓解大规模失业可能带来的各种问题。失业调控通过综合运用法律手段，经济手段和必要的行政手段，对产生失业的源头进行调控。实施失业调控可以根据经济社会发展状况，合理确定并组织实施对就业、失业影响比较大的结构调整、关闭破产项目等。在就业形势十分严峻，无法承受过多失业人员的时候，政府可以采取及时调整企业关闭破产计划、严格审批条件、放缓组织实施节奏等措施，甚至可以根据实际情况，采取限制企业规模性裁员、暂停对可能导致较大规模失业的关停并转项目审批等超常规的措施，抑制失业规模的快速扩大。

经济结构调整可能会暂时影响就业局势，需要建立“失业监测—失业预测预警—失业调控”立体动态模式，通过失业监测提供的原始资料和分析报告，把握失业的变化规律，进而进行及时的预测；当失业率达到或接近事先设定的警戒线时，程序发出预测预警信号，告知相关部门及时采取措施，启动调控预案，将失业危害降到最低。

（四）提高失业保险统筹层次

《失业保险条例》规定，失业保险基金在直辖市和设区的市实行全市统筹，省、自治区可以建立失业保险调剂金。事实上，我国绝大多数省份实行的是市县级统筹，统筹层次低，基金规模小，管理分散，保障能力弱，不利于有效分散风险，不利于建立和完善失业保险制度保障生活、预防失业、促进就业的新机制，不能充分发挥失业保险的应有作用。

应充分考虑提高失业保险的统筹层次。由于我国不同地区的经济发展不平衡，提高失业保险基金统筹层次可以分阶段实施。在初级阶段，全国各地实行市级统筹，建立省级调剂金制度；在后续阶段，所有省份全部实行“统收、统支、统一管理”的真正意义上的市级统筹，部分省份实现省级统筹；在最终阶段，全面实行省级统筹，并逐渐完善失业保险的省际转接机制。

三、完善失业保险制度促进就业功能的对策

（一）建立失业保险与就业的联动机制

失业保险制度本身应当是一套完整的就业与失业管理信息系统。基本要求是及时搜集整理信息，把失业人员参与就业促进项目情况、参保人员的就业与收入情况、再就业跟踪状况、就业信息服务、参保人员缴费情况、失业保险待遇申领等信息及时输入计算机网络系统。这样也可以促进失业保险经办机构与劳动力市场、再就业服务机构之间的联系，完善工作规范和业务流程；可以规范街道社区平台，为用人单位和失业人员提供更优质、高效的服务，并保证失业保险关系及时接续。

同时，《中华人民共和国就业促进法》规定，县级以上人民政府应当根据就业状况和就业工作目标，在财政预算中安排就业专项资金用于促进就业。就业专项资金用于职业介绍、职业培训、公益性岗位、职业技能鉴定、特定就业政策和社会保险等的补贴，小额贷款担保基金和微利项目的小额担保贷款贴息，以及扶持公共就业服务等方面。通过建立失业保险与就业的联动机制，可以弥补就业专项基金的不足，达到以促进就业来预防失业的目的。

（二）进一步提高失业保险再就业培训的作用

我国当前《失业保险条例》中的促进就业措施仅仅有职业培训、职业介绍、免费职业咨询服务等，仍需继续改善，方能充分体现失业保险制度促进就业的功能。

首先，完善再就业培训措施。一是要根据市场的需求不断丰富完善就业培训形式，增加培训项目，拓宽培训内容的广度和深度，尽量将热门就业全部纳入到培训中去，并针对不同的失业人员给予不同的培训项目。同时，还要加大对一般技术失业人员的培训力度，主要包括计算机培训等简单易上手的培训项目，要体现以人为本，按需培训的原则，结合失业人员自身的特点来实施。二是跟进考核和反馈，建立再就业培训考核体制与反馈机制。考核参加再就业培训的失业人员，同时让失业人员就培训内容、培训环境等进行评价，以便今后

不断改进。三是加强对公共培训机构管理，适当扶持私人培训机构，政府给予失业人员补贴，把选择权交给失业人员，让其自由选择培训机构。

其次，健全并完善再就业职业介绍机制。一是要求了解失业人员失业的原因并合理规划失业人员再就业。找出适合失业人员的行业并细化到岗位类型，根据方案对失业人员进行有效的职业介绍。二是搭建好雇佣单位与失业人员之间的桥梁，避免摩擦性失业。为雇用单位介绍符合要求的失业人员，为有需求的失业人员提供招聘信息，并组织双方进行洽谈，提高就业效率。三是加强劳动部门监管力度，有效监管职业介绍机构，规范职业介绍行为，维护失业人员再就业权利，对非法利用职业介绍手段牟取利益、骗取钱财的人员进行处罚。

（三）改革失业保险待遇给付方式

首先，借鉴欧洲经验，采取递减给付的方式。在确定初次领取失业保险金的数额为失业前收入的一定比例以后，根据失业时间的延长递减给付，以促进就业。其次，严格失业保险待遇给付条件。严格审查失业人员的失业保险缴费情况、工作时长、是否已经就业等基本信息，避免隐性就业，节省失业保险基金。最后，对退休前一直未失业或者未能享受失业保险待遇的，建议退还其个人缴纳失业保险部分，或者计入其养老保险账户，以保持职工积极参保的热情，同时增强失业保险基金的可持续性。

（四）建立灵活费率调整机制

首先，根据不同地区失业风险和失业保险基金结余情况，实行不同费率。我国地域辽阔，各省、自治区、直辖市经济发展不平衡，失业情况存在很大差异，失业保险基金结余情况也有很大差异，不宜一刀切，需要执行有差异的失业保险费率。

其次，同一地区根据各单位缴费情况记录，以及行业失业风险和单位员工流动程度等情况，对单位缴费区别对待，实行浮动费率。具体来讲，对参保缴费正常，不出现失业或很少失业的单位，适用低费率政策；对解雇员工较多的参保缴费企业，执行高费率政策。

最后，对在节能减排与经济结构调整中有必要裁员但尽力不裁员的企业，可以适当降低失业保险缴费率，帮助其渡过难关，稳定就业。

四、构建“三位一体”失业保险制度的对策

（一）调整失业保险基金支出结构

调整失业保险基金支出结构，不仅要保障失业人员的基本生活，而且要激励他们积极参加工作。目前，我国的失业保险发展仍处于保障生活阶段，主要功能还是为失业人员提供短期生活保障，还不能有效预防失业风险。

我国失业人员以系统性、摩擦性或结构性失业为主。由于劳动力市场信息不对称，劳动者的知识技能与市场需求往往脱节。因此，必须建立多阶段、多层次、广覆盖的就业促进服务项目，在完善工作介绍、就业指导、就业咨询、职业培训等传统项目的同时，还应该大力支持创业培训、创业资助，建立就业中介服务体系，鼓励企业雇用失业人员，鼓励城镇失业人员去农村创业，创造更多公益性、社区性的公共岗位，提供更多的就业机会。

（二）实施积极的劳动力市场政策

首先，加强劳动统计制度改革，积极促进弱势群体就业。借鉴欧洲劳动力市场管理经验，标准化劳动统计指标，并加强对就业困难群体的调查，准确识别其特征和就业状况，了解和判断其生活条件和社会需求，以促进就业。

其次，促进城乡劳动力市场的统一。推进城乡劳动力市场一体化，逐步建立统一的城乡就业登记制度，加快农村地区的城市化进程，积极推进户籍制度、就业制度和社会保障制度的改革。

最后，理顺失业登记、就业培训、职业介绍等就业服务，清除强制性认证造成的就业门槛，发挥其提高劳动者就业技能、促进就业的作用。在制定和完善积极的就业政策时，要将刚刚毕业的大学生和失地农民纳入政策体系。

（三）确立就业与失业联动机制

加强对失业人员的动态管理，实现失业保险和就业服务机构一体化运作，促进失业人员再就业。具体来讲，需要雇主、雇主协会、雇员、工会、失业保险经办机构、政府有关部门尽最大努力协助失业人员进行再就业，以形成多层次、多层面促进就业的格局。

参考文献

［1］李元春．国外失业保险的历史与改革路径——政治经济学视角［M］．北京：中国财政经济出版社，2011.

［2］杨燕绥．社会保险法［M］．北京：中国人民大学出版社，2002.

［3］邹宝根．社会保障制度——欧盟国家的经验与改革［M］．上海：上海财经大学出版社，2001.

［4］种明钊，许明月．社会保障法律制度研究［M］．北京：法律出版社，2000.

［5］和春雷．社会保障制度国际比较［M］．北京：法律出版社，2001.

［6］丁建定．从济贫到社会保险：英国现代社会保障制度的建立［M］．北京：中国社会科学出版社，2000.

［7］龚莉．就业和社会保障发达国家两大难题［M］．北京：人民出版社，1996.

［8］章晓懿．社会保障：制度与比较［M］．上海：交通大学出版社，2004.

［9］刘利．萨科齐与法国社会保障制度改革［J］．当代世界，2007（11）：34－36.

［10］吕芳．法国社会保障体系对完善我国社会保障制度的启示［J］．集团经济研究，2007（20）：377－378.

［11］郑秉文．中国社会保险“碎片化制度”危害与“碎片化冲动”探源［J］．社会保障研究，2009（5）：209－224.

［12］邓颖平．法国社会三方博弈退休制度［N］．文汇报，2007－08－09.

［13］张敏．欧盟劳动力市场政策创新与变革［J］．国外社会科学，2009（4）：102－110.

［14］周英，吴永生．欧盟推行积极劳动力市场政策的主要做法及启示［J］．中国就业，2004（12）：43－48.

［15］吴芹．欧盟失业问题研究——高失业率持久化的市场障碍分析［D］．博士学位论文，复旦大学，2007.

［16］李姿姿．欧洲应对失业风险的主要做法和启示［J］．国外理论动态，2015（6）：68－78.

［17］昌硕，邵亚萍．OECD国家劳动力市场波动的解释路径及新趋势［J］．理论月刊，2018（4）：135－140.

［18］魏红英．社会保障制度比较［M］．北京：新华出版社，2007.

［19］周谭豪，李化人．法国新任总统马克龙的执政理念探析［J］．国际研究参考，2017（7）：1－4.

［20］龚鸣．法国改革失业保险，加强对失业人员的监督和核查［N］．人民日报，2018－03－28.

［21］（德）沃夫冈·舒尔茨．全球政治经济视角下的社会保障：历史经验与发展趋势［J］．社会保障评论，2017（1）：135－152.

［22］陈志萱．法国启动失业保险制度改革［N］．经济日报，2008－05－08.

［23］董克用，李刚．比利时失业保险体系对中国失业保险改革的启示［J］．人口与经济，2008（3）：71－75.

［24］郑秉文．中国失业保险制度存在的问题及其改革方向——国际比较的角度［J］．中国经贸导刊，2011（5）：12－16.

［25］周弘．如何认识欧洲社会保障制度的转型？［J］．社会保障评论，2017（1）：125－134.

［26］彭华民．社会排斥与社会融合——一个欧盟社会政策的分析路径［J］．南开学报，2005（1）：23－30.

［27］余建年．社会经济变迁中的欧盟劳动就业政策［J］．武汉大学学报（社会科学版），2001（5）：610－618.

［28］孙时联．德法两国如何应对失业难题［J］．经济世界，2002（12）：66－67.

［29］杨伟国．从欧洲就业战略到新欧洲就业战略［J］．新视野，2005（2）：75－77.

［30］杨雪．欧盟劳动力税收和救济金制度改革及其影响［J］．人口学刊，2006（5），40－45.

[31] 杨继瑞，袁春晓．欧盟就业政策及其对我国再就业政策的启示[J]．四川大学学报（哲学社会科学版），2000（1）：45－50.

[32] 吕学静．各国失业保险与再就业[M]．北京：经济管理出版社，2000：199－203.

[33] 郑功成．社会保障学[M]．北京：中国劳动社会保障出版社，2005：62－63.

[34] 杨文杰，宋凤轩．社会保障概论[M]．北京：人民邮电出版社，2014：88－90.

[35] 庞晓芳．丹麦解决失学青年教育与就业问题的经验及其启示[J]．世界教育信息，2006（10）：25－27.

[36] 郑桥．从丹麦模式看经济结构调整中的工会[J]．中国劳动关系学院学报，2006（8）：65－68.

[37] 沈琴琴．西方工会参与促进就业、维护工人劳动就业权益的基本经验及其启示[J]．中国劳动关系学院学报，2006（8）：1－6.

[38] 杨伟国，蔡为民．丹麦的灵活保障制度："金三角"模式及其借鉴[J]．国家行政学院学报，2008（3）：105－107.

[39] 成新轩，于艳芳．丹麦灵活保障模式的运行效果探析[J]．中国软科学，2010（10）：110－114.

[40] 财政部社会保障司．丹麦社会保障制度概况[J]．预算管理与会计，2014（9）：50－53.

[41] 陶冶．丹麦社会福利制度运行机制对中国的启示[J]．现代商贸工业，2012，24（9）：55－57.

[42] 郑春荣．淮南为橘 淮北为枳：高福利模式在南北欧国家的实施效果差异及对中国的启示[J]．南方经济，2014（1）：1－15.

[43] 王治英．德国失业保险制度对我国的启示[J]．山西财经大学学报，2011（4）：52－53.

[44] 马永堂．国外失业保险制度改革及对我国完善失业保险制度的启示[J]．中国劳动，2015（4）：36－39.

[45] 楚建忠．瑞典的失业保障制度及其对我国的启示[J]．南开管理评论，1996（4）：30－34.

[46] 杨文忠．德国的失业保险和促进就业[J]．中国劳动保障，2009

(4): 61-62.

[47] 成新轩，冯洁. 德国青年失业治理的策略及其启示 [J]. 河北大学成人教育学院学报，2016 (9): 95-98.

[48] 丁大建，张瀚予，廖雪骄. 德国失业保障制度评述 [J]. 北京航空航天大学学报 (社会科学版)，2015 (9): 16-23.

[49] 马永堂. 国外改革失业保险促进就业措施 [J]. 中国劳动，2007 (1): 30-32.

[50] 魏瑞清. 国外失业保险制度在促进就业方面对我国的启示 [J]. 中国管理信息化，2012 (4): 48-49.

[51] 魏莉，张晓歌. 国外失业保险制度的经验借鉴 [J]. 中国财政，2016 (4): 70-71.

[52] 宋德玲. 国外失业保险制度的特点及启示 [J]. 经济纵横，2006 (12): 54-56.

[53] 孟卫军. 借鉴国际经验，发挥失业保险制度的主要功能 [J]. 财会研究，2008 (2): 74-76.

[54] 阿塔·侯赛因. 欧盟各国的失业保险计划 [J]. 中国社会保障，2009 (1): 34-36.

[55] 姚玲珍. 德国社会保障制度 [M]. 上海：上海人民出版社，2011.

[56] 李莉. 德国失业保险制度的调整及其依据 [J]. 辽宁工程技术大学学报 (社会科学版)，2005，7 (5): 479-481.

[57] 侯莉莎. 德国失业人群再就业培训及其对我国的启示 [D]. 硕士学位论文，天津大学，2007.

[58] 丁纯. 90 年代以来德国的失业状况及对策初探 [J]. 德国研究，2004，19 (1): 31-35.

[59] 刘跃斌，黄琳. 德国的失业保障政策研究 [J]. 德国研究，2003，18 (3): 29-33.

[60] 刘玉侠. 美国、德国和瑞典失业保险制度对我国的启示 [J]. 东岳论丛，2004，25 (1): 196-198.

[61] 何欧. 国外失业保险在促进就业方面采取的措施及对我国的启示 [J]. 人口与经济，2007 (4): 122-124.

[62] 陈媛. 浅谈国外失业保险制度的特点及对我国的启示 [J]. 劳动保

障世界（理论版），2011（10）：69－72.

［63］王丽华，许春淑．德国失业保险制度的改革及对我国的启示［J］．天津商业大学学报，2007，27（5）：25－28.

［64］刘娜．困境与出路：欧盟的青年就业问题研究［D］．硕士学位论文，华东师范大学，2011.

［65］秦琳．欧盟职教："双元制"仍是应对青年失业问题的良方［J］．大学（学术版），2013（3）：96.

［66］应永胜．瑞典失业保障制度解析及启示［J］．福建商学院学报（原福建商业高等专科学校学报），2006（5）：64－67.

［67］杨伟国，李光耀，李欣．瑞典失业保障政策：历史、现状与述评［J］．教学与研究，2015，49（1）：26－34.

［68］人力资源和社会保障部失业保险考察团．瑞典失业保险考察报告（节选）［J］．中国就业，2010（5）：57－59.

［69］孙洁茹．瑞典社会保障制度研究［D］．硕士学位论文，辽宁大学，2015.

［70］赵频．瑞典积极劳动力市场政策研究［D］．博士学位论文，武汉大学，2012.

［71］王颖．各国失业保险制度比较［J］．金融纵横，2002（9）：25－27.

［72］粟芳，魏陆．瑞典社会保障制度［M］．上海：上海人民出版社，2010.

［73］丁忠兰，余艾力．试论瑞典的政党制度与议会选举的模式［J］．中央社会主义学院学报，2010（6）：90－93.

［74］莫荣．发挥失业保险预防失业促进就业的作用［J］．新视野，2011（1）：63－65.

［75］吕薇洲．"北欧福利国家及其批判"评析［J］．政治学研究，2012（3）：18－28.

［76］杨文忠．英国的就业、失业保险状况［J］．中国劳动保障，2006（1）：52－53.

［77］杜选，高和荣．典型国家失业保险制度功能完善对中国的启示［J］．金融与经济，2015（9）：76－81.

［78］薛勇．西方失业理论的演变［J］．西安电子科技大学学报（社会科

学版)，2007，17（3）：100－101.

［79］刘燕斌．构建积极的失业保险制度［EB/OL］．http：//www.rensb.com/showarticle.php？articleID＝16350，2011－01－09.

［80］马永堂．英国强化就业服务促进就业的重要举措［J］．国外劳动和社会保障，2001（5）：14.

［81］周涛．英国积极的就业政策研究［D］．硕士学位论文，华东师范大学，2004.

［82］阿塔·侯赛因．欧盟各国的失业保险计划［J］．中国社会保障，2009（1）：34－36.

［83］杨斌，丁建定．国外就业保障的发展及对中国的启示——以美国、英国和德国为例［J］．理论月刊，2016（5）：177－181.

［84］张新文，李修康．英中两国失业保险制度比较研究［J］．湖南行政学院学报，2011（3）：98－101.

［85］许晓燕．就业导向下英国职业教育改革趋势研究［D］．硕士学位论文，湖北工业大学，2012.

［86］杨佳．英、美两国再就业培训的研究［D］．硕士学位论文，福建农林大学，2012.

［87］覃薇．英国职业资格证书制度研究［D］．硕士学位论文，四川师范大学，2009.

［88］杨运忠．英国职业培训绩效对我国的启示［J］．理论月刊，2011（4）：169－171.

［89］周红，夏义堃．英国高校就业指导服务的发展启示［J］．江苏高教，2006（5）：122－124.

［90］王文君．关于英国大学生就业能力培养的初步研究［D］．硕士学位论文，福建师范大学，2009.

［91］王乐鹏，施泉生，费敏．英国大学生就业服务体系及对中国的启示［J］．科技广场，2009（2）：229－232.

［92］朱继光，祝伟．英国大学生就业能力培养模式及其启示［J］．世界教育信息，2010（5）：69－71.

［93］苏敏．英国高校提升大学生就业力的策略研究［D］．硕士学位论文，东北师范大学，2007.

[94] 王三秀. 英国促进贫困人群可持续就业政策及其借鉴 [J]. 中国行政管理, 2011 (2): 94-97.

[95] 许洁明, 刘苏荣. 英国的残疾人就业政策及对我国残疾人事业的启示 [J]. 思想战线, 2012 (1): 129-130.

[96] 信长星. 借鉴国外经验 充分发挥失业保险促进就业的作用 [J]. 中国党政干部论坛, 2007 (8): 21-24.

[97] 王璐. 英国失业保险法律制度的变迁及启示 [D]. 硕士学位论文, 山西大学, 2010.

[98] 肖荣璐. 二战后英国职业培训政策发展研究 [D]. 硕士学位论文, 河北师范大学, 2007.

[99] 陈娜. 英国大学生就业能力开发研究 [D]. 硕士学位论文, 华东师范大学, 2012.

[100] 邹治, 陈万明. 英国提升高校毕业生就业力的经验与借鉴 [J]. 煤炭高等教育, 2008 (5): 44-46.

[101] 人力资源和社会保障部失业保险考察团. 匈牙利失业保险考察报告 (节选) [J]. 中国就业, 2010 (6): 56-58.

[102] 于金财. 关于匈牙利失业保险制度的考察报告 [J]. 劳动保障世界, 2010 (7): 49-49.

[103] 翟宇婷. 波兰、匈牙利、捷克三国失业保险制度改革及其对中国的启示 [J]. 吉林省教育学院学报 (下旬), 2010, 26 (10): 57-58.

[104] 纪军. 匈牙利的社会保障制度及其改革 [J]. 天津市工会管理干部学院学报, 2000 (2): 34-38.

[105] 谭金可, 王全兴. 论失业保险法的就业保障目标扩展 [J]. 中州学刊, 2012 (1): 71-76.

[106] 汪洁. 新中国60年失业保险发展的历程及思考 [J]. 改革与战略, 2012 (5): 89-92.

[107] 张铨. 意大利、西班牙社会保障考察记 [J]. 首都经济, 2002 (3): 43-45.

[108] 李珍, 王海东. 完善失业保险之微观保障及宏观管理功能研究——基于金融危机的启示 [J]. 保险研究, 2010 (2): 37-43.

[109] 吕学静. 预防失业稳定就业——我国发挥失业保险基金预防失业

促进就业功能的措施与成效 [J]. 中国就业，2010 (1)：51－53.

[110] 刘燕斌. 加快实现从失业保险到就业保障的转变——充分发挥失业保险预防失业促进就业的作用 [J]. 中国就业，2009 (8)：54－56.

[111] 张然. 欧盟灵活保障就业政策研究 [D]. 博士学位论文，华东师范大学，2008.

[112] 郑秉文. 中国失业保险基金增长原因分析及其政策选择——从中外比较的角度兼论投资体制改革 [J]. 经济社会体制比较，2010 (6)：1－20.

[113] 徐悦，李志明. 从失业补偿到就业促进：发展型社会政策视角下中国失业保险制度的改革与发展 [J]. 社会保障研究，2011 (3)：44－48.

[114] 卫松，周江涛. 我国失业保险制度与就业联动机制研究述评 [J]. 改革与战略，2011 (3)：180－182.

[115] 李辉. 西方国家的失业保险法律制度及其启示 [J]. 山西高等学校社会科学学报，2013 (2)：67－70.

[116] 李磊. 失业保险制度与其就业促进功能研究 [D]. 硕士学位论文，华中科技大学，2011.

[117] 张福康. 失业保险制度再就业促进功能的研究 [D]. 硕士学位论文，北京交通大学，2011.

[118] 葛玉霞. 完善我国失业保险制度的就业促进功能研究 [D]. 硕士学位论文，河北大学，2008.

[119] 郭正华. 我国就业导向型失业保险制度构建研究 [D]. 硕士学位论文，江西财经大学，2012.

[120] 陈谦. 我国失业保险制度评估及改革研究 [D]. 硕士学位论文，西北大学，2014.

[121] 杨方方. 中国失业保险制度的回顾与展望 [J]. 北京行政学院学报，2003 (3)：65－70.

[122] 黄洞秋. 失业保险制度的工作激励政策——中美失业保险法的比较 [J]. 江南大学学报（人文社会科学版），2012 (6)：56－62.

[123] 邵芬. 欧盟诸国社会保障制度研究 [M]. 昆明：云南大学出版社，2003.

[124] 董克用，李刚. 比利时失业保险体系及其运行 [J]. 人口与经济，

2008 (1): 67-74.

[125] 张蓉蓉. 失业保险功能研究 [D]. 硕士学位论文, 中国科学技术大学, 2011.

[126] 郭玲玲. 国外失业保险对我国的启示 [J]. 大观周刊, 2011 (40): 39.

[127] 宫春子, 秦悦. 国外失业保险的启示与思考 [J]. 辽东学院学报 (社会科学版), 2008, 10 (1): 45-50.

[128] 袁铁铮. 意大利社会保障改革新趋向 [J]. 中国社会保障, 2001 (6): 50-51.

[129] 王爱华. 失业保险制度的国际比较及借鉴 [J]. 福建论坛 (经济社会版), 2002 (8): 69-71.

[130] 谢冬慧. 中外失业保险制度的比较研究 [J]. 西南政法大学学报, 2003 (3): 43-47.

[131] 颜颖颛. 金融危机引发全球性失业危机 [N]. 新京报, 2009-3-15.

[132] 张瑞锋, 张映芹. 失业保险基金供求失衡矛盾的探析 [J]. 西安建筑科技大学学报 (社会科学版), 2012 (6): 9-13.

[133] 李辉. 西方国家的失业保险法律制度及其启示 [J]. 山西高等学校社会科学学报, 2013 (2): 67-70.

[134] 李凯旋. 意大利福利制度改革及启示 [J]. 经济研究参考, 2018 (7): 70-75.

[135] 翁仁木. 国外失业保险制度覆盖范围研究 [J]. 人事天地, 2014 (9): 26-31.

[136] 田大洲, 梁敏. 积极的失业保险政策研究: 概念与理论框架 [J]. 中国劳动, 2018 (6): 21-29.

[137] 李凯旋. 意大利劳动力市场灵活化改革解析 [J]. 当代世界与社会主义, 2018 (2): 113-121.

[138] 康春燕. 失业保险制度的国际比较与借鉴 [J]. 甘肃行政学院学报, 2002 (3): 30-31.

[139] 李常印. 各国失业保险制度比较研究及完善我国失业保险制度的建议 [J]. 中国人力资源社会保障, 2019 (2): 40-42.

[140] 荆姗姗. 中国与西班牙社会保障体系的比较 [J]. 科技信息, 2014 (1): 126-139.

[141] 杨文忠. 西班牙的失业保险制度 [J]. 中国劳动保障, 2009 (8): 60-61.

[142] 蔡社文. 西班牙、德国的失业保险与再就业 [J]. 中国财政, 1998 (2): 61-63.

[143] 景朝阳. 以西班牙为例解析欧盟社会保障制度 [J]. 经济, 2016 (31): 68-70.

[144] 梁波. 西班牙社会保障制度对中国的启示 [J]. 学理论, 2008 (21): 53-55.

[145] 吕丹, 曲展. 典型国家失业保险制度 [J]. 中国劳动, 2014 (10): 29-33.

[146] 唐克. 中国失业保险促进就业功能研究 [D]. 硕士学位论文, 吉林大学, 2011.

[147] 杨勇. 中英失业保险制度比较分析 [J]. 兰州大学学报, 2006 (6): 108-115.

[148] 于艳芳. 欧盟劳动力市场灵活保障模式研究 [D]. 博士学位论文, 河北大学, 2011.

[149] 翁玉虎. 中英失业保险制度之比较 [J]. 经济视角 (中旬), 2011 (5): 145-146.

[150] 马永堂. 国外失业保险制度改革及对我国完善失业保险制度的启示 [J]. 中国劳动, 2015 (7): 36-39.

[151] 赵俊康. 积极社会保险策略助推就业 [J]. 中国社会保障, 2010 (2): 29-31.

[152] 郭庆松. 我国失业保险制度存在的问题 [J]. 经济研究参考, 1997 (55): 40-41.

[153] 高煦照. 西方失业理论及其启示 [J]. 合作经济与科技, 2014 (23): 106-107.

[154] 于艳芳. 欧盟劳动力市场灵活保障模式研究 [M]. 北京: 人民出版社, 2014.

[155] 袁良栋. 失业保险制度的现状与发展 [N]. 工人日报, 2018-

12－4.

［156］黄范章．也谈福利主义［J］．瞭望周刊，1988（17）：38－39.

［157］杨叙．北欧就业政策的经验及借鉴［J］．北京社会科学，1999（3）：152－156.

［158］何灵，郭士征．完善失业保险制度 应对国际金融危机冲击——以上海市失业保险制度为例［J］．经济纵横，2010（3）：70－73.

［159］刘延芳．北欧福利国家模式的观察与思考［J］．劳动保障世界，2017（26）：21.

［160］沈全水．中国劳动就业制度亟待进一步改革——兼论瑞典就业政策对中国的启示［J］．发展，2001（8）：4－9.

［161］成新轩，于艳芳．欧盟灵活保障模式：内涵、运行与启示［J］．河北学刊，2010（10）：154－157.

［162］孔德威．劳动就业政策的国际比较研究［D］．博士学位论文，东北师范大学，2007.

［163］杨双东．金融危机下丹麦劳动力市场的灵活安全性模式分析［D］．硕士学位论文，河北师范大学，2012.

［164］李元春．国外失业保险的历史与改革路径：政治经济学视角［M］．北京：中国财政经济出版社，2011.

［165］王晓宾．就业促进视角下的失业保险制度完善研究［D］．硕士学位论文，上海交通大学，2013.

［166］郝晓猛．瑞典劳动力市场政策对完善我国失业保险制度的启示［J］．山东纺织经济，2014（8）：17－18.

［167］王佳玮．基于再就业视角的失业保险基金运行状况研究［D］．硕士学位论文，辽宁大学，2017.

［168］黎大有，张荣芳．从失业保险到就业保险：中国失业保险制度改革的新路径［J］．中南民族大学学报，2015（35）：108－110.

［169］李炜．瑞典福利模式的改革及启示［J］．河南师范大学学报（哲学社会科学版），2009，36（2）：60－63.

［170］聂爱霞．中国失业保险制度与再就业问题研究［M］．北京：中国科学出版社，2013.

［171］吴芹．欧盟失业问题研究［J］．西北人口，2011，32（3）：80－83.

[172] 杨文忠. 充分发挥失业保险综合服务功能 [J]. 中国社会保障, 2003 (11): 18-19.

[173] 成新轩, 柳佳龙. 北欧国家社会保障制度改革的经济效应研究 [J]. 社会保障研究, 2014 (6): 4-10.

[174] 谭伟, 吴永求. 社会保障与经济发展协调度比较及原因分析 [J]. 西北人口, 2011, 32 (3): 83.

[175] 应永胜. 瑞典失业保障制度解析及启示 [J]. 福建商业高等专科学校学报, 2006, 10 (5): 64-65.

[176] 李缘. 福利国家劳动力市场政策积极转向及其类型化研究 [D]. 硕士学位论文, 南京大学, 2016.

[177] 霍静娟, 侯冰然. 瑞典积极的劳动力市场政策有效性分析 [J]. 河北青年管理干部学院学报, 2008 (2): 4.

[178] 杜选. 失业保险制度研究述评 [J]. 河北工业大学学报 (社会科学版), 2016, 8 (2): 2-6.

[179] 苏吉永. 论欧盟积极的失业治理政策 [J]. 理论学刊, 2008 (11): 45.

[180] 黄安森, 张小劲. 瑞典模式初探 [M]. 哈尔滨: 黑龙江人民出版社, 1989.

[181] 别朝霞. 西方失业保险理论: 评述与启示 [J]. 江西财经大学学报, 2007 (2): 20-22.

[182] 王传荣. 经济全球化进程中的就业研究 [D]. 博士学位论文, 西南财经大学, 2005.

[183] 丁建定. 北欧国家社会保障制度比较研究 [J]. 南都学刊, 2003 (1): 56-60.

[184] 刘玉安. 北欧福利国家剖析 [M]. 济南: 山东大学出版社, 1995.

[185] 夏洛·斯文松, 马志良译. 瑞典社会民主主义与第三条道路——艰难的选择 [J]. 国外社会科学, 2004 (6): 48-53.

[186] 吕学静. 中国失业保险面临大考 [J]. 中国社会保障, 2009 (1): 30-31.

[187] 弗兰茨-科萨维尔·考夫曼. 社会福利国家面临的挑战 [M]. 王学东译. 北京: 商务印书馆, 2004.

[188] 佘余．福利国家模式是否必然影响经济增长——围绕北欧福利国家模式的争议［J］．发展研究，2013（2）：4－6.

[189] 赵频．积极劳动力市场政策研究综述［J］．商业研究，2012（11）：1－6.

[190] 杨伟国．瑞典失业保障政策：历史、现状与述评［J］．教学与研究，2015（1）：27－33.

[191] 粟芳，魏陆．瑞典社会保障制度［M］．上海：上海人民出版社，2010.

[192] 王延中，张车伟．当前失业保险制度需要新的发展定位［J］．中国党政干部论坛，2005（7）：22－24.

[193] 马永常．瑞典促进就业的长效机制［J］．中国劳动保障，2007（5）：34－36.

[194] 赵祖平．OECD 国家积极的劳动力市场政策体制中的三方机制［J］．中国劳动关系学院学报，2005（12）：56－58.

[195] 成新轩．国际社会保障制度概论［M］．北京：经济管理出版社，2008.

[196] 丁建定．瑞典社会保障制度的发展［M］．北京：中国劳动社会保障出版社，2003.

[197] 郭庆松，马道双．国外失业理论述评［J］．国外社会科学，1998（6）：55－58.

[198] 刘兰．西方失业理论的最新发展及启示［J］．经济纵横，2004（1）：48－52.

[199] 刘春燕．西方失业理论对解决我国大学生就业难问题的启示［J］．黑龙江对外经贸，2010（8）：131－133.

[200] 宋德玲．国外失业保险制度的特点及启示［J］．经济纵横，2006（12）：54－56.

[201] 赵军，龚明．国外失业保险制度的最新发展及启示［J］．消费导刊，2009（3）：160.

[202] 王璐．英国失业保险法律制度的变迁及启示［D］．硕士学位论文，山西大学，2010.

[203] 王振华．英国的失业问题与布莱尔政府的就业政策［J］．世界经

济与政治，1998（4）：70－72.

［204］金碚，张世贤，谢晓霞．对英国失业状况和就业政策的考察［J］．南京师大学报（社会科学版），2000（1）：28－35.

［205］丁建定．两次世界大战之间英国的失业保障制度［J］．南都学坛，2004（1）：20－23.

［206］张盈华，张占力，郑秉文．新中国失业保险70年：历史变迁、问题分析与完善建议［J］．社会保障研究，2019（6）：3－15.

［207］吕学静．各国社会保障制度［M］．北京：中国经济管理出版社，2001.

［208］杨翠迎，冯广刚．我国失业保险金功能异化及失业贫困问题分析——基于社会保障待遇梯度的比较视角［J］．云南社会科学，2014（1）：155－161.

［209］郑莉．我国失业保险制度面临四大待解难题［N］．工人日报，2015－03－03.

［210］卫小春．失业保险金，如何走出“有钱难花”的窘境？［N］．人民政协报，2014－03－11.

［211］卫小春．扩大我国失业保险基金支出范围［EB/OL］．http：//www.xiangrikui.com/shehuibaoxian/shiyebaoxian/20140310/366967.html，2014－03－10.

［212］李珊珊．河北省失业保险暨援企稳岗交流会在邯郸召开［N］．邯郸日报，2015－01－23.

［213］调结构企业不裁员可获补贴［N］．河北青年报，2014－04－17.

［214］郑炬文．法国高福利保障下的负面影响［N］．中国社会报，2016－4－11.

［215］龚鸣．法国改革失业保险，加强对失业人员的监督和核查［N］．人民日报，2018－3－28.

［216］郝君富，李心愉．失业保险制度机制设计的国际比较与启示［J］．兰州学刊，2018（8）：173－185.

［217］程惠霞．失业保险制度促进就业功能的发挥及递进研究［J］．社会保障评论，2018（10）：85－98.

［218］杨岚．英国失业保险制度促进就业功能研究［D］．硕士学位论文，

河北大学，2019.

[219] 赵频．积极劳动力市场政策研究综述［J］．商业研究，2012 (11)：48－54.

[220] 龚鸣．法国改革失业保险加强对失业者的监督和核查［EB/OL］．http：//mini.eastday.com/mobile/180328050020190.html，2018－03－28.

[221] 高谋洲．榆林产业结构调整中的就业问题研究［D］．硕士学位论文，陕西师范大学，2002.

[222] 柯卉兵．从失业保险到就业保障［D］．硕士学位论文，华中科技大学，2004.

[223] 刘纯．加强失业动态监测力促充分就业［J］．四川劳动保障，2015 (5)：22－23.

[224] 梁淑玲，胡昭玲．丹麦、挪威失业保障制度及借鉴意义［J］．国际经贸研究，1996 (4)：39－42.

[225] 刘艳丽，孔德威．丹麦劳动力市场模式分析［J］．河北建筑科技学院学报（社科版），2006 (3)：13－14.

[226] 董克用，李刚．比利时失业保险体系对中国失业保险改革的启示［EB/OL］．http：//max.book118.com/html/2015/0204/12099394.shtm，2017－08－31.

[227] 人力资源和社会保障部失业保险考察团．匈牙利失业保险考察报告［EB/OL］．https：//wenku.baidu.com/view/5a0c9d87e53a580216fcfe1d.ht，2012－05－14.

[228] 任丽．中小企业融资策略探讨［J］．现代经济信息，2010 (9)：128.

[229] 田大洲，梁敏．积极的失业保险政策研究：实施统一水平与灵活调整相结合的费率政策［J］．中国劳动，2018 (11)：43－53.

[230] 李凯旋．意大利劳动力市场灵活化经历了哪些改革［J］．劳动保障世界，2019 (13)：66－67.

[231] 熊爱宗．促进就业：美欧当前的第一要务［N］．中国财经报，2012－06－14 (008).

[232] 魏莉，张晓歌．国外失业保险制度的经验借鉴［EB/OL］．http：//www.doc88.com/p－0611390590569.html，2017－03－14.

［233］ 李颖．以促进失业者再就业为导向的失业保险制度改革研究［D］．硕士学位论文，天津财经大学，2017.

［234］ 杨文忠．西班牙的失业保险制度［EB/OL］．http：//www.docin.com/p－1556824798.html，2016－05－01.

［235］ 何玮．社会保障对经济增长的影响探究［J］．劳动保障世界，2017（35）：60－63.

［236］ 吴梦缘．西班牙保险市场分析［J］．合作经济与科技，2019（11）：70－71.

［237］ 张景增．关于菏泽市失业保险促进就业和稳定就业的调查与思考［J］．价值工程，2011，30（8）：189－190.

［238］ 徐恒秋．社会转型：欧洲的经验和我国面对的挑战［D］．博士学位论文，山东大学，2007.

［239］ 马永堂．让失业保险助力就业 借鉴国外经验 完善我国失业保险制度［J］．中国就业，2012（11）：11－13.

［240］ 曹陈震．云南省失业保险促进就业功能研究［D］．硕士学位论文，云南财经大学，2019.

［241］ 马永堂．论实施以创业带动就业战略［J］．中国劳动，2012（1）：10－14.

［242］ 吴彦琴．社会保险在社会和人们生活中的地位［J］．企业导报，2010（22）：32.

［243］ 贺乐乐．综述新凯恩斯主义菲利普斯曲线模型基本假设［J］．知识经济，2011（6）：3.

［244］ 陈树文．社会保障中基本主体的责任分析［J］．科研管理，2003（1）：20－24.

［245］ 陈媛．我国现行失业保险制度存在的问题及完善研究［D］．硕士学位论文，浙江财经学院，2012.

［246］ 郑启福．西方国家失业保险制度及其启示［J］．就业与保障，2006（8）：36－39.

［247］ 赵国君．德国的失业保险制度［J］．中国劳动，1998（7）：31－34.

［248］ 张倩肖．德国失业保障制度及启示［J］．陕西师范大学学报（哲

学社会科学版），1998（S2）：3.

［249］赵蔚．失业保险预防失业和促进就业功能问题研究——结合阳泉市实例的分析［D］．山西财经大学，2015．

［250］李雅超．发挥失业保险促进就业的功能研究——以河北省为例［D］．硕士学位论文，河北大学，2017.

［251］徐紫怡．北欧福利国家失业保险制度运行效果研究［D］．硕士学位论文，河北大学，2018.

［252］马永堂．2011年全球经济与就业扫描［J］．中国劳动，2012（4）：25－28.

［253］唐银佐．武汉市失业保险制度功能实现研究［D］．硕士学位论文，中国地质大学（北京），2014.

［254］徐恒秋．瑞典社会福利政策模式的探讨与启示［J］．学术界，2007（4）：286－291.

［255］陆周莉．欧盟失业保险法律制度研究［D］．硕士学位论文，中央民族大学，2005.

［256］万玉勤．关于西宁市失业保险发展问题的思考［J］．开发研究，2010（6）：75－78.

［257］李付俊．我国区际产业转移的就业效应研究［D］．博士学位论文，首都经济贸易大学，2016.

［258］陈谦．我国失业保险制度评估及改革研究［D］．硕士学位论文，西北大学，2014.

［259］李林．“保生活、促就业、防失业”——进一步发挥失业保险制度“三位一体”功能的对策［J］．经济研究参考，2015（63）：36－41.

［260］张景增．我国失业保险制度预防失业功能的探索与实践——以菏泽市为例［D］．硕士学位论文，山东师范大学，2011.

［261］周春飞．论失业保险制度的促进就业功能［D］．硕士学位论文，华东政法大学，2011.

［262］杨翠迎．我国失业保险金功能异化及失业贫困问题分析——基于社会保障待遇梯度的比较视角［J］．云南社会科学，2014（1）：155－161.

［263］李艳霞．全面建设小康社会进程中政府治理失业研究［D］．博士学位论文，吉林大学，2010.

[264] 杨斌．国外就业保障的发展及对中国的启示——以美国、英国和德国为例 [J]．理论月刊，2016（5）：177－181.

[265] 黄日强．英国国家职业资格证书制度概述 [J]．上饶师范学院学报（社会科学版），2003（8）：94－97，102.

[266] 郭伟萍．英国职业资格证书制度的研究 [D]．硕士学位论文，天津大学，2005．

[267] 肖荣璐．基于公益性责任构建现代化职业教育体系 [J]．产业与科技论坛，2014（7）：207－208.

[268] 李名梁，李媛媛．我国职业技能大赛对职业教育吸引力的影响分析 [J]．职教论坛，2012（24）：73－76.

[269] 李名梁．利益相关者视域下职业教育吸引力提升对策研究 [J]．教育与职业，2012（6）：5－8.

[270] 许晓燕．就业导向下英国职业教育改革趋势研究 [D]．硕士学位论文，湖北工业大学，2012．

[271] 刘苏荣．布莱尔政府的就业政策及其原因分析 [J]．出国与就业（就业版），2010（6）：97－99.

[272] 回建东．论英国新工党的就业政策改革 [D]．硕士学位论文，河北师范大学，2005.

[273] 刘苏荣．战后英国社会救助制度研究 [D]．博士学位论文，云南大学，2011．

[274] 卫小春．扩大我国失业保险基金支出范围 [EB/OL]．https：//www.youhro.com/shiyebaoxian/19683.html，2018－01－29.

[275] 陈敏．探索失业保险发展新思路 完善失业保就业功能 [EB/OL]．https：//www.docin.com/p－1424122390.html，2016－02－27.

[276] 高榕榕．浅谈失业保险费的欠费原因及对策 [EB/OL]．https：//wenku.baidu.com/view/76149129ee06eff9aef807f5.htm，2013－08－13.

[277] 伍思杭．强化失业保险制度的就业功能研究 [D]．硕士学位论文，江西财经大学，2014.

[278] 柏灵，王晓龙．我国失业保险制度存在的问题及对策 [J]．当代经济，2007（12）：34－35.

[279] 于艳芳．丹麦劳动力市场的灵活保障就业模式 [J]．中国财政，

2011 (7): 76 - 77.

[280] 张格根多仁．欧盟待业青年继续教育研究——基于欧盟成员国《青年保障实施计划》[D]．硕士学位论文，西南大学，2016.

[281] 丹麦劳动力市场灵活安全性分析 [EB/OL]. https://www.docin.com/p-1200415394.html, 2015-06-28.

[282] 刘艳丽．丹麦劳动力市场的灵活安全性分析 [D]．硕士学位论文，河北师范大学，2007.

[283] 孙光勇，刘艳丽．丹麦灵活安全性劳动力市场的启示 [J]．前沿，2011 (17): 149-151.

[284] 西班牙失业与失业保险制度之研究 [EB/OL]. https://www.docin.com/p-391190287.html, 2012-04-26.

[285] 关于赴英国创业培训促进就业培训的报告 [EB/OL]. https://www.docin.com/p-261114526.html, 2011-09-20.

[286] 刘雅晴．失业保险对劳动供给影响研究 [D]．硕士学位论文，山东大学，2013.

[287] 杨斌，丁建定．国外就业保障的发展及对中国的启示——以美国、英国和德国为例 [EB/OL]. https://wenku.baidu.com/view/b7cb62dff80f76c66137ee06eff9aef8941e481b.html, 2017-02-11.

[288] 孙曼娇．保障生活·预防失业·促进就业——失业保险制度的改革与完善 [J]．安庆师范学院学报（社会科学版），2010，29 (8): 30-34.

[289] 张能强，易守宽．失业保险制度促进就业功能浅析——以昆明市为例 [J]．云南财经大学学报（社会科学版）．2012 (3): 118-120.

[290] 郑秉文．失业保险条例亟待修订 [N]．中国证券报，2015-04-27.

[291] 邓大松，黄溪．金融危机冲击下的中国就业难题与制度完善 [J]．财政研究，2009 (8): 65-68.

[292] 赵静．社会保险缴费结构的就业效应研究 [J]．重庆大学学报（社会科学版），2014 (4): 39-45.

[293] 张玲玲．城镇失业人口再就业问题分析——以沈阳市为例 [J]．现代经济信息，2016 (4): 467.

[294] Lalive, R., Jan C. Van Ours and J. Zweimüller. The Effect of Benefit

Sanctions on the Duration of Unemployment [J]. Journal of the European Economic Association, 2005 (3): 1 -32.

[295] Maibom Jonas, Rosholm Michael and Svarer Michael. Experimental Evidence on the Effects of Early Meetings and Activation [J]. Scandinavian Journal of Economics, 2017, 119 (3): 541 -570.

[296] Fredriksson Peter and Holmlund Bertil. Optimal Unemployment Insurance in Search Equilibrium [J]. Journal of Labor Economics, 1998, 19 (2): 370 - 399.

[297] Danny Pieters. the Social System of the Member States of European Union, Antwerp - Oxford - Nex - York, Intersentia, 2002.

[298] Smedmark G. Sweden. The Swedish Social Insurance System: A Model in Transition [J]. International Social Security Review, 2010, 47 (2): 71 -77.

[299] Phelps E S. Microeconomic Foundations of Employment and Inflation Theory [J]. 1970, 153 - 157.

[300] Mortensen D. Unemployment Insurance and Job Search Decisions [J]. Industrial and Labor Relations Review, 1977, 30 (4): 505 -517.

[301] Hamermesh, Daniel S. Social Insurance and Consumption: an Empirical Inquiry [J]. The American Economic Review, 1982, 72 (1): 101 -113.

[302] Dalit Continia, Matteo G Richiardia. Reconsidering the Effect of Welfare Stigma on Unemployment [J]. Journal of Economic Behavior & Organization, 2012, 8 (84): 229 -244.

[303] Constantine, S. Unemployment in Britain between the Wars [M]. London: Longmans, 1980.

[304] Benjamin D. K. & Kochin, L A. Unemployment and Unemployment. Benefits in Twentieth - Century Britain: A Reply to Our Critics [J]. Journal of Political Economy, 1982, 90 (2): 410 -436.

[305] Minford P. Unemployment: Cause and Cure [J]. Economics, 1983 (55).

[306] Lee N. Grim down South? The Determinants of Unemployment Increases in British Cities in the 2008 - 2009 Recession [J]. Regional Studies, 2014, 48 (11): 1761 -1778.

[307] Livanos I. Involuntary Non - Standard Employment and the Economic Crisis: Regional Insights from the UK [J]. Regional Studies, 2015, 49 (7): 1223 - 1235.

[308] Beveridge W H, Dearle N B, Wolfe A B. Unemployment: a Problem in Industry. Journal of Political Economy [J]. 1909.

[309] Liebenberg C. The Social Security System of Germany and Sweden in the Area of Unemployment [J]. 2009.

[310] Wan X. Difference Analysis of Chinese and British College Students' Employment Expectation and Unemployment Insurance Institution [J]. Journal of Southwest Petroleum University, 2012, 14 (3): 38 -43.

[311] Robinson M. The Chance to Work in Britain: Matching Unemployed People to Vacancies in Good Times and Bad [J]. Regional Studies, 2015, 49 (12): 2070 -2086.

[312] Meyer. B. Unemployment Insurance and Unemployment Pells [J]. Econometrica, 1990, 58 (4): 757 -782.

[313] Davidson C, Woodbury S A. Optimal Unemployment Insurance [J]. Journal of Public Economics, 1997, 64 (3): 359 -387.

[314] Conny Wunsch. Optimal Use of Labor Market Policies: The Role of Job Search Assistance [J]. IZA Discussion Paper, 2010 (2): 1 -45.

[315] David R Howell, Bert M Azizoglu. Unemployment Benefits and Work Incentives: the US Labour Market in the Great Recession [J]. Oxford Review of Economic Policy, 2011, 27 (2): 221 -240.

[316] David Card. Unemployment Insurance Taxes and the Cyclical Seasonal Properties of Unemployment [J]. NBER Working Paper, 2000 (1): 102 -105.

[317] Milan Vodopivec. Introducing Unemployment Insurance to Developing Countries [J]. IZA Policy Paper, 2009 (6): 1 -40.

[318] Bas van der Klaauw, Jan C. van Ours. Carrot and Stick: How Reemployment Bonuses and Benefit Sanctions Affect Job Finding Rates [J]. IZA Discussion. Paper, 2010 (7): 1 -31.

[319] William Beranek, David R Kamerschen. Unemployment Benefits and Unemployment [R/OL]. Social Sciences Research Network. http: //papers. ssrn.

com/sol3/papers. cfm? abstract_ id = 1756263. 2015 – 11 – 10.

[320] Brenner S O, Levi L. Long – term Unemployment among Women in Sweden [J]. Social Science &amp: Medicine, 1987, 25 (2).

[321] Hallsten L, Grossi G, Westerlund H. Unemployment, Labour Market Policy and Health in Sweden during Years of Crisis in the 1990's [J]. International Archives of Occupational and Environmental Health, 1999, 72.

[322] Yuliya Kuznetsova, Betul Yalcin, Mark Priestley. Labour Market Integration and Equality for Disabled People: A Comparative Analysis of Nordic and Baltic Countries [J]. Social Policy &amp: Administration, 2017, 51 (4).

[323] Bent Greve. What Characterise the Nordic Welfare State Model [J]. Journal of Social Sciences. 2007, 3 (02).

[324] Óscar Afonso. Effects of Labour – market Institutions on Employment, Wages, R& Dintensity and Growth in 27 OECD Countries: From Theory to Practice [J]. Economic Modelling. 2016, 53.

[325] Carling et al. The Long Road to Flexicurity: The Development of Job Security Regulation in Denmark and Sweden [J]. Nordic Political Science Association, 2010, 32 (4).

[326] Meyer, Bruce. Umployment Insurance and Unemployment Spells [J]. Econometrica, 1990, Vol, 58 (4).

[327] Brown, New Settings for the European Labour Markets: The Flexicurity model [J]. Paradigmes, 2014, 14.

[328] ConnyWunsch, Optimal Use of Labor Market Policies: The Pole of Job Search Assistance [J]. IZA Discussion Paper. 2010.

[329] Nancy Bermeo ed. Unemployment in the Europe, Cambridge: Cambridge University Press. 2001: 62.

[330] Eurostat. Key figures on Europe: 2013 Digest of the Online European Union: 2013: 75 – 77.

[331] Daniele Cecchi, Marco Leonardi. Labour Market Reforms in Italy 2008 – 2013: the Crisis and Beyond, International Labour Office Research Department, Geneva: ILO. 2015: 29 – 30.

[332] United States Social Security Administration, Social Security Programs

throughout the World: Asia and the Pacific, 2016, Washington, D. C: SSA Publication, 2017.

[333] J. Golley. Regional Patterns of Industrial Development during China's Economic Transition. Economics of Transition, 2002 (10).

[334] Cullen J. B., Grube J. Does Unemployment Insurance Crowed out Spousal Labor Supply? [J]. Journal of labor Economics, 2000, 18 (3).

[335] Jean - Pierre Laborde. Social Security and the European Union. Managerial Law, 2005 (47).

[336] Arttu Saarinen. The Opinions of Finnish Physicians on Social Security System. International Journal of Sociology and Social Policy, 2009 (29).

[337] Raj Chetty, Moral Hazard vs. Liquidity and Optimal Unemployment Insurance. National Bureau of Economic Research. 2008.

[338] Heer B. Employment and Welfare Effect of a Two - Tier Unemployment Compensation System. International Tax and Public Finance, 2003, 10 (03).

[339] Mathias J. Reforming the Swedish Employment - Related Social Security System: Activation, Administrative Modernization and Strengthening Local Autonomy [J]. Regional & Federal Studies, 2017 (3): 1 - 17.

[340] Hammarstedt M, Ekberg J. Unemployment Compensation and the Use of Social Assistance among Second - generation Immigrants in Sweden [J]. International Journal of Social Welfare, 2010, 13 (3): 254 - 265.

[341] Soltes M. Does Unemployment Insurance Affect Productivity [R]. Charles University: Institute of Economic Studies (IES), 2017.

[342] Marta Lachowska, Merve Meral, Stephen A. Woodbury, Effects of the Unemployment Insurance Work Test on Long - term Employment Outcomes [J], Labour Economics, 2016 (5): 246 - 265.

[343] Conny Wunsch. Do Long - term Unemployed Workers Benefit from Targeted Wage Subsidies? [J]. German Economic Review, 2015, 16 (1).

[344] Schmieder, J. F., Till. von Wachter, and Stefan Bender. The Effect of Unemployment Benefits and Nonemployment Durations on Wages [J]. American Econconomic Review, 2016, 106 (3): 739 - 777.

[345] Torben M. Andersen, Michael Svarer. The Role of Workfare in Striking a

Balance between Incentives and Insurance in the Labour Market [J]. Economica. 2014 (321).

[346] Fougère, D., J. Pradel and M. Roger. Does the Public Employment Service Affect Search Effort and Outcomes? [J]. European Economic Review, 2009 (53): 846-869.

[347] Hotz, V. Joseph, Guido Imbens and Jacob Klerman. Evaluating the Differential Effects of Alternative Welfare - to - Work Training Components: A Re - analysis of the California GAIN Program [J]. Journal of Labor Economics 2006 (24): 521-566.

[348] Karan. Unemployment Insurance and Job Search Decision [J]. Industrial and Labor Relations Review, 1991 (30): 505-517.

[349] Low. The Effect of Unemployment Insurance on Unemployment: The Case of Federal Supplemental Benefit [J]. The Review of Economics and Statistie, 1991 (2): 34-38.

[350] Boone, Jan and Van Ours J. C. Modelling the Effect of Sanctions on Unemployment Duration [R]. Tilburg University, 2000.

[351] Hägglund, Pathric. Are There Pre - programme Effects of Swedish Active Labour Market Policies? Evidence from Three Randomised Experiments [R]. Uppsala: Institute for Evaluation of Labour Market and Education Policy, 2007.

后　记

失业是国家工业化进程中面临的巨大社会风险。失业保险制度通过保障失业人员的基本生活，充分发挥预防失业和促进就业的功能，对化解社会风险，维持社会稳定起到重大作用。欧洲失业保险制度起步早，逐渐成熟完善，并卓有成效。作为河北大学社会保障专业硕士生导师和河北大学欧洲研究所成员，我一直关注并致力于欧洲失业保险制度研究。

2018年初，很荣幸获得经费支持，开始了《欧洲失业保险制度及其启示研究》一书的撰写历程。经过文献资料的搜集整理，研究思路框架的确定，数据资料的统计分析等一系列琐碎工作，书稿基本完成，感慨万千！

在本书的撰写过程中，得到很多领导、老师和研究生的支持和帮助。首先，感谢李林老师和钤青莲老师。他们为研究框架的确定以及具体研究方法的选择提供了有益的思路和帮助，并分别负责撰写第二章、第四章、第十一章和第三章、第六章、第八章第二节内容。其次，感谢2015级社会保障研究生徐紫怡同学，2016级社会保障研究生杨岚同学，2017级社会保障研究生贯凯旋、闫薇、任晓雅、吕琦同学，以及2018级社会保障研究生冯书航、李瑞倩、赵海燕、高禹、贾康蓉同学。他们为德国、英国、瑞典、丹麦、匈牙利、意大利、西班牙等国家失业保险制度的资料收集与文稿编排付出了辛苦劳动。最后，感谢学院领导的支持和关注。他们一直以来对我的鼓励和帮助，指引我继续前行。本书为作者2019年承担的河北省社会科学基金项目，项目编号：HB19GL067。

同时，我还要感谢我的家人，一直以来对我的理解和支持。女儿长大懂事了，不再要求我必须陪伴，而是鼓励我完成自己的工作，用良好的心态和巨大的进步给我安慰。先生则一如既往的承担生活琐事，耐心的倾听，无限的宽容。

由于本人学识有限，加之国外数据、资料收集相对困难，因而本书疏漏之处在所难免，有些问题的研究，尤其是实证研究尚需进一步深入开展，恳请各位专家、学者批评指正。

于艳芳
2019年12月
于河北省保定市